经贸法学文库

“三权分置”下
农地金融创新的制度研究

柴振国　潘静　等｜著

法律出版社
LAW PRESS·CHINA

本书为河北省社会科学基金资助项目（批准号HB17FX016）

课题主持人：柴振国

课题组成员：潘　静　朱方强　李　菲　李梦影
石小蒙　王　晶　赵新潮

总　序

燕赵大地自古多慷慨之士。这里曾是群雄逐鹿、争霸天下的战场，也是拱卫京师的畿辅重地。河北经贸大学坐落于河北省省会石家庄市，毗邻滹沱河畔。河北经贸大学法学院的前身是成立于1993年的经济法系，1998年建院并获得经济法专业硕士学位授权点，2011年获得法学硕士一级学科授权，现有9个硕士招生专业，2016年被确定为河北省“国家一流法学学科”建设单位。学院拥有国家级法学特色专业、国家级法学专业综合改革试点、国家级大学生校外实践教育基地、河北省德治与法治协同创新中心、河北省人文社科重点研究基地、河北省重点学科等教学和科研平台，是河北省法学会经济法学、财税法学、世贸法学、法哲学研究会会长单位，也是河北省法学研究生教育指导委员会主任单位。

经过20年的发展，法学已经成为河北经贸大学的骨干学科，法学院也成为河北省法学教育、科研和人才培养的重镇。这里汇聚了一批心怀法治梦想的老中青学者，大多拥有国内外一流法学院校的博士研究经历。他们立足讲台、教书育人，培养了大批优秀的法律人才。他们在各自的学科领域内辛勤耕耘，创造了一批有分量的科研成果，同时还为国家建言献策，担当着法律智库的重要角色。

在京津冀协同发展国家战略和雄安新区建设千年大计的引领下，近年来，法学院发展态势良好，在教书育人、科学研究和服务社会方面取得了可喜的成绩。作为法学高等教育和科研机构，我们始终将教学和科研作为学科建设的重点。科研成果的数量和质量是学科建设的外在标志，其内在动力则是全体师生教学相长、同行切磋、相互砥砺而形成的浓厚科研氛围。

为了及时反映法学院的学科建设成果，努力打造法学学术精品，我们与法律出版社法治与经济分社共同策划和组织出版了这套“经贸法学文库”。我们计划将法学院教师近年来承担的国家社科基金项目、教育部人文社会科学项目、司法部国家法治与法学理论项目等高层次项目成果通过这套丛书介绍给大家，为推进中国特色社会主义法学学科体系、学术体系、话语体系的创新贡献绵薄之力。

在“经贸法学文库”出版之际，衷心感谢法律出版社领导与编辑的信任与支持，为我们提供了展示的舞台。全体经贸法学人将不负使命，精雕细琢，奉献精品。同时，我们诚挚欢迎社会各界的关注，愿意敞开胸怀接受大家的批评和建议，期盼“文库”能够沐浴学术阳光，经受现实考验，成为中国法学学术园地的瑰宝！

 *

2019年3月

* 柴振国，原河北经贸大学党委常委、副校长，教授。

内容提要

“三权分置”制度是适应性选择,具有时代正当性。农地“三权分置”的制度设计,在落实集体所有权的基础上,通过稳定农村土地承包权、放活土地经营权,完成了对产权结构的调整,实现了农地产权主体的分化,使不同主体在这种制度设计下,获得农地产权的最大激励,最大限度地释放土地红利。在“三权分置”制度改革下,农地金融是以经营权的产权交易改革为核心、以农地流转扩大农民财产为目的的金融服务行为。2017 年中央一号文件中共中央、国务院《关于深入推进农业供给侧结构性改革加快培育农业农村发展新动能的若干意见》明确提出“加快农村金融创新”,“积极推动农村金融立法”。中央也非常重视农村金融创新的法治化问题,通过农地金融化拓展农业发展资金,开展集约化经营,提高农业化效率固然重要,但在大力开展农地金融的过程中必将遇到制度冲突和现实障碍,这时便需要法治作为农地金融化顺利推行的坚实保障。目前,中国农地金融实践尚处于起步阶段,甚至农地金融中的个别产品与具体制度还存在冲突。因此,在法治的框架下,梳理已有制度与农地金融化规则之间的冲突,建构合法合理高效的农地金融制度具有重要的理论意义。农地金融创新,就是在“三权分置”下,建立专业土地银行、完善农地保险制度、构建农地证券化机制、拓展农地信托制度。农村土地流转需要金融业的大力支持,而现有的农村金融服务体系不能适应农村土地流转金融需求的新特征、新要求,农村土地流转金融需求与信贷供给矛盾,制约了农村土地流转进程。结合我国实际,探索和拓宽农村土地流转的融资渠道,破解农村土地流转过程中的“融资瓶颈”,是当前我国发展现代农业所面临的重大课题。在此基础上探索农地金融创新方式,保障农地经营权,将农地金融扩展到信托、保险、证券化领域。随着产权流转交易市场的发展,需要完善农地金融制度为实现农地经营权抵押、融资、担保等功能提供支持。在坚持农村土地承包经营制度、土地农业用途的前提下,运用减免税收、财政补贴等政策优惠推动农地金融服务发展,激活农地的资本功能。

目　　录

第一章 “三权分置”的一般问题

“三权分置”制度是适应市场经济发展的需要而不断变迁和创新的一种制度安排。“三权分置”的土地改革，是我国农村土地制度改革从“自发诱导性”向“政府诱导性”变迁的演进。农村土地“三权分置”就是平衡所有权、使用权、占有权的权能，使处于弱势地位的农民的土地财产权利得到有效的保障，是保障农民的财产制度。制度演化存在一种被称为路径依赖的规律性现象，“三权分置”制度是适应性选择，具有时代正当性。推行以土地所有权、承包权、经营权为核心的“三权分置”改革，是我国农村改革经验的总结，是农村社会实践的需要，是对农村土地所有权制度的顶层设计。为了促进土地流转，扩大农民财产权，实现农业规模化和产业化的充分发展。

一、“三权分置”的内涵

“三权分置”是农村改革的“第三次飞跃”。第一次飞跃实现了土地所有权与使用权的分离；第二次飞跃促进使用权的流转，实现适度规模经营；第三次飞跃实现所有权、承包权、经营权的分离，极大地提升农村改革活力。农村家庭联产承包责任制作为改革开放农村经济改革的一部分，创造性地提出土地所有权与土地承包经营权“两权分离”的模式，集体拥有所有权，承包经营权归农户。它使人们从难以解决温饱的现状中解脱出来，极大地调动了农村农民的积极性，取得巨大成功。

随着经济发展，我国现阶段的矛盾变化，我国社会主要矛盾已经从民日益增长的物质文化需要同落后的社会生产之间的矛盾转化为人民日益增长的美好生活需要和不平衡不充分的发展之间的矛盾。在农村经济领域的表现就是，着力发展农村不平衡不充分的经济模式，满足人们对日益增长美好生活的需要。需要提高农民的财产性收入，顺应农村现有的经济模式发展，提高农村经济活力。在保障农民的承包权的同时，顺应经济形势，加快土地流转，适时配权，所有权形式不变，将土地承包经营权分为承包权、经营权，实行所有权、承包权、经营权并行发展(简称“三权分置”)。我们将对农地“三权分置”制度从法经济学角度进行分析，阐述农地“三权分置”制度的基本问题。

(一)“三权分置”的含义

“三权分置”实质是一种理论表述，体现的是权利嬗变的形式。家庭联产责任承包制的“两权分离”理论即分为所有权、土地承包经营权，在此基础上再次进行权利的分化，创设所有权、承包权、经营权。这属于理论上的分权探讨，其实是权利假设理论。如何将这种理论设想付诸实践的运用，需要挖掘理论背后的现实基础和理论价值。“三权分置”制度不是理论的凭空假设，而是现实的需要，是历史演进中逐渐形成的适应农村经济发展的制度构造。我们社会主义制度的基础就是全民所有制，体现在农村就是农村集体土地所有制，这是“三权分置”的制度前提，在农村土地集体所有权下的权利嬗变，应坚持农村土地集体所有制。一方面，体现政策、法律的稳定性，在土地承包经营权的基础上，打破现有理论的束缚，盘活农村经济，赋予经营权的流转，在经济上防止现有权利的束缚。另一方面，必须保证农民的土地承包关系，需要稳定农民的承包权，使农民享有对承包土地占有、使用、收益以及基于物权所产生的流转、经营权抵押权利，甚至能实现担保的作用。在这样的理论框架下，对农村土地权利进行再分置，形成所有权、承包权、经营权的“三权分置”机制。

“三权分置”改革是农村土地改革的重要内容，是我们党对于土地改革的理论创新，同时也是一场自上而下的土地改革。因此，学界对“三权分置”理论提法一直有所争论，对于“三权分置”包含的“三权”有不同的认识，包括以下几种情形：第一种情况，农地的“三权”包括所有权、承包权和经营权；第二种情况，农地的“三权”包括所有权、承包经营权和经营权；第三种情况，农地的“三权”包括所有权、使用权和经营权。最终，国家明确在坚持农村土地集体所有的基础上，“实现所有权、承包权、经营权三权分置”。[1] 对于“三权”的讨论意义在于从法理角度论证权能的分配。随着“三权分置”制度的不断推进、政策的指导完善、试点工作的开展，对于“三权分置”的理论提法之争，已有确定答案。

“三权分置”是农村土地制度适应性选择，具有时代正当性。[2] “时代正当性”(era legitimacy)指的是在不同历史阶段下，经济基础形态带来不同的社会需要，新矛盾带来的新问题，在特定时代下，形成契合自身需要和感受之下的判断，以此形成的价值的优先性倾向。中国进入新时代，这是历史的正确判断。我国农业进入新时代高速发展时期，为适应农业现代化的要求，在坚持集体所有权是稳定的基础上，保障农户利益，让农村土地承包权得以稳定，为扩大农民财产权，利用土地经营权的灵活性，进行金融创新，加快土地流转，以期完成农村土地产权结构改革，释放农村经济活力。在农村调研中，基层工作人员称之为“三改”，在下发的相关文件中称之为

---

〔1〕《中共中央办公厅、国务院办公厅印发〈关于引导农村土地经营权有序流转发展农业适度规模经营的意见〉》，载中华人民共和国中央人民政府网：http://www.gov.cn/xinwen/2014-11/20/content_2781544.htm，最后访问日期：2018年9月8日。

〔2〕参见冉昊：《“时代正当性”与我国叠代发展下的财产法律建设》，载《法治现代化研究》2017年第4期。

“农村集体产权制度改革”。

（二）“三权分置”的特点

中共中央办公厅、国务院办公厅联合印发《关于完善农村土地所有权承包权经营权分置办法的意见》（以下简称《完善三权分置意见》）指出，农村土地制度改革是在顺应农民土地承包权、将土地经营权进行流转的意愿下进行的深化改革，“三权”分置并行，实现农业现代化，是改革开放农村土地改革的又一次重大制度创新。“三权分置”的特点就是：落实集体所有权，稳定农户承包权，放活土地经营权，充分发挥“三权”的各自功能和整体效用。建构农村土地权利层次分明、结构合理、平等保护的格局。

1. 坚持集体土地所有权

集体土地所有权是农村土地改革的基础，坚持农村土地集体所有权是农村土地经营制度的根本，应该予以充分的保障和坚持。我国《宪法》规定：“农村集体经济组织实行家庭承包经营为基础、统分结合的双层经营体制。”集体所有权是稳定的基础，保障农户利益，让农村土地承包权得以稳定。集体土地所有权作为不同于私法上独特的所有权，不仅能最大限度地保障农民的权利，而且与我国农业发展水平相适应。

集体所有权是农业基本经营制度的基础制度。《完善三权分置意见》指导原则要求守住政策底线。加强“四个”坚持，坚持农村基本经营制度、农村土地集体所有、家庭经营地位、稳定土地承包关系。做好“四个”不能，不能改垮农村土地集体所有制、不能减少耕地、不能减弱粮食的生产能力、不能损害农民利益。“三权分置”下坚持集体所有权，就是稳定农村基本经营制度，可以使农民增收、农业进步、农村经济发展、农村社会稳定，对“三农”问题的解决和农村土地改革具有重大作用。

2. 稳定农户承包权

稳定农户承包权，就是稳定土地承包关系并保持长久不变，为“三权分置”制度实施提供稳定的基础。中共中央《关于全面深化改革若干重大问题的决定》的表述是“稳定农村土地承包关系并保持长久不变”。《完善三权分置意见》指出：“农户享有土地承包权是农村基本经营制度的基础，要稳定现有土地承包关系并保持长久不变。”因此，稳定土地承包关系一直是我国农村土地政策的基本目标。[1]

稳定土地承包关系，还“涉及是否有一个较长的、合理的承包期限”的问题。《深化农村改革综合性实施方案》提出：“抓紧修改有关法律，落实中央关于稳定农村土地承包关系并保持长久不变的重大决策，适时就二轮承包期满后耕地延包办法、新的承包期限等内容提出具体方案。”随后党的十九大报告提出，将土地承包期再延长三十年。在政策层面保障和稳定“长久不变”的土地承包关系，也是对“增人不增地、减人不减地”政策的延续。立足于稳定农民对承包地预期的根本，激发农民

---

〔1〕 参见张红宇：《农村土地“三权分置”政策解读》，载《领导科学论坛》2017年第8期。

农业生产投入并促进土地流转合同长期化。[1] 这极大地稳定了农民的参与“三权分置”农村化改革的积极性。

3. 盘活土地经营权

完善农村基本经济制度的关键是放活土地经营权,保障经营主体土地经营权这也是本次“三权分置”土地改革的重要一环。土地经营权是农地“三权分置”改革中的新型权利,“三权分置”的目的就是盘活土地经营权。土地经营权流转是“人地分离加剧、自由流转受限和生产资金短缺的新情况逐渐催生新的模式”。[2] 因此,政策顺应实践要求,提出引导土地经营权有序流转。在我们实践调查中发现,农村许多劳动力进城务工,将土地转包给他人耕作,自己收取租金,地还是自己的,这种现象很普遍。

农地“三权分置”制度设计的基点就是盘活土地经营权,使土地资源更合理地利用,同时,保障和维护经营主体从事农业生产的权利。为扩大农民财产权,利用土地经营权的灵活性,进行金融创新,加快土地流转,以期完成农村土地产权结构改革,释放农村经济活力。

(三)“三权分置”的权利属性

农地“三权分置”制度中权利的合理界定至关重要。科斯理论认为,权利界定清晰,资源才能得到有效配置。“三权分置”是我国农村“联产承包制”经营体制后农村改革又一重大制度创新。习近平总书记指出,“要在坚持农村土地集体所有的前提下,促使承包权和经营权分离,形成所有权、承包权、经营权‘三权分置’,经营权流转的格局”。中国农村土地产权制度一直沿着“土地承包经营权物权化”和“强化土地使用权”的方向发展。[3] 如果说,农村集体土地产权第一次分离的形成轨迹可归结为实践先行、政策指导和法律兜底的“三部曲”模式。[4] 那么,农地“三权分置”改革就是现实需要、顶层设计、政策先导和法律实施的“四驱共进”的模式。

只有将权利界定清晰,农村土地“三权分置”理论才能更好地指导实践,这就需要对承包权和经营权分离后的权能范围与权利内容进行合理界定。“三权分置”是在原有的“两权分离”(所有权和土地承包经营权分离)的基础上创设的所有权、承包权、经营权“三权”分置的理论,是对“两权分离”理论的再创新。“三权”界定明晰可以有效发挥农地“三权分置”制度的功能,同时预防因权属不明带来的负面效应,

---

〔1〕 参见高帆:《农村土地承包关系长久不变的内涵、外延及实施条件》,载《南京社会科学》2015年第11期。

〔2〕 参见耿卓:《农地三权分置改革中土地经营权的法理反思与制度回应》,载《法学家》2017年第5期。

〔3〕 参见高海燕.:《二十世纪中国土地制度变迁》,法律出版社2015年版。

〔4〕 参见陈小君:《我国农村土地法律制度变革的思路与框架——十八届三中全会〈决定〉相关内容解读》,载《法学研究》2014年第4期。

理论意义重大。

1. 所有权的权利属性

“三权分置”农村土地改革下农村土地所有权的根本地位必须始终坚持。根据物权所有权理论，农村土地集体所有权具有完全的所有权权能，其构造包括占有、使用、收益和处分的权能。当然，根据权利限制理论，[1]用益物权的存在就是对所有权的限制。换句话说，就是所有权是基础权利、源权利，用益物权是物上权利，限制所有权。因此，农村集体土地所有权是“三权分置”制度的根本。

“三权分置”制度是适应市场经济发展的需要而不断变迁和创新的一种制度安排。党的十八届三中全会决议提出，要在我国农业经营体制中建立“三权分置”(土地所有权、承包权、经营权分置)的模式。“三权分置”制度下，所有权、承包权、经营权分离。在坚持所有权的基础下，权利分离后不同，承包人所拥有的权利也不同。第一种情况，承包人自己使用土地，可以继续占有和使用承包的土地，承包人享有占有权能和使用权能。第二种情况，承包人将土地流转，承包人成为间接占有人，丧失土地的直接占有。在经营权抵押、信托、入股时丧失土地经营性的使用权。通常情况下“三权”分置后，在土地集体所有制下首先确定的就是承包人对土地的占有和使用权。集体土地所有权是“三权分置”改革的基础。

“三权分置”制度实践化的过程，也是矛盾变化的过程。“三权分置”推进的过程虽然不可避免地要面对所有权客观基础的变化以及农村集体组织形态变化，但是所有权制度的坚持不可以牺牲其他权利为代价。中央政策明确提出，尊重集体所有权，不宜通过扩大其调整和强制收回农户承包地的权利来体现，也不宜通过收取土地承包费、参与土地流转资金分配来体现。如何防止所有权在权利嬗变中的风险？在权利嬗变的过程中，所有权分离出承包权与经营权，为防止所有权受到承包权与经营权的限制，农村土地集体所有权应该发挥基础优势，发挥集体成员资格确认权能、用途监督，以及土地补偿方面所有权的权能。

2. 承包权的权利属性

在农地“三权”分置之下，土地承包权带有很明显的身份属性。[2] “三权分置”中的土地承包权，应是一种具有财产性质的成员权；权利主体包括个体的集体经济组织和团体的集体经济组织中成员的农户。[3] 2019 年 1 月 1 日实施的《农村土地承包法》第 9 条明确提出了土地承包权和土地经营权：“承包方承包土地后，享有土

[1] 权利限制理论认为，权利都是有边界的，也都是受限的。例如，所有权是绝对权，但受用益物权的限制。

[2] 参见马俊驹、丁晓强：《农村集体土地所有权的分解与保留——论农地“三权分置”的法律构造》，载《法律科学》(西北政法大学学报)2017 年第 3 期。

[3] 参见丁文：《论“三权分置”中的土地承包权》，载《法商研究》2017 年第 3 期。

地承包经营权,可以自己经营,也可以保留土地承包权,流转其承包地的土地经营权,由他人经营。”

承包权的主体是农户,实践中,我国户籍制度成为确定资格的主要标准。家庭联产承包责任之下农户是承包主体,“三权分置”下,农户承包权主体地位应该继续坚持,家庭成员间可以有偿退出和继承承包权。确定承包权主体后,应该确定承包权的权利内容。

权利内容体现了权利性质的规定性,决定了权利的范围和边界。对土地承包权内容的界定,主要体现在承包人权利的规定之中。《农村土地承包法》第17条规定,〔1〕承包权人享有使用和收益的权利。“三权分置”制度下,承包权还包括,承包农户使用、流转、抵押、退出承包地等各项权能。具体而言,土地承包户依法对承包地有占有、使用权利,建设必要的配套、附属设施的权利;有权获得承包地通过转让、互换、出租(转包)、入股或其他方式流转承包地产生的收益;有权自主经营并获得产品收益;流转是承包户的权利,其他组织和个人不得强迫和限制土地流转;有权对经营权进行抵押、对土地获得补贴,以及依法有偿退出承包土地;如果土地被征收、征用、占用,有权依法获得相应补偿、社会保障。

因此,土地承包权的内容主要有基于集体成员身份承包请求权、占有、使用、收益以及获得补偿等权能。在“三权分置”制度设计下,赋予承包权更多权能,包括承包地维持权、分离对价请求权、征地补偿获取权、继承权、退出权、农地利用监督权。〔2〕在“三权分置”过程中,土地流转承包人的承包权利还包括:土地流转收益权、承包土地收回权、获得征收补偿权及保障权、土地有偿退出权和继承权,还有承包监管权,即土地承包权人在承包地因流转被他人取得土地经营权时,对土地经营权人行使经营权进行监督的权利。

3.经营权属性

我国的国家政策将土地承包经营权分为承包权和经营权,实行“三权分置”并行。农村集体土地产权第一次分离的形成轨迹可归结为实践先行、政策指导和法律兜底的“三部曲”模式。〔3〕中国农村土地产权制度一直沿着“土地承包经营权物权化”和“强化土地使用权”的方向发展。“强化利用、淡化所有”是集体土地所有权制

〔1〕《农村土地承包法》第17条规定:“承包方享有下列权利:(一)依法享有承包地使用、收益的权利,有权自主组织生产经营和处置产品;(二)依法互换、转让土地承包经营权;(三)依法流转土地经营权;(四)承包地被依法征收、征用、占用的,有权依法获得相应的补偿;(五)法律、行政法规规定的其他权利。”

〔2〕参见潘俊:《新型农地产权权能构造——基于农村土地所有权、承包权和经营权的权利体系》,载《求实》2015年第3期。

〔3〕参见陈小君:《我国农村土地法律制度变革的思路与框架——十八届三中全会〈决定〉相关内容解读》,载《法学研究》2014年第4期。

度改革的核心导向,[1]其中的经营权是"物化的债权",这是国家政策起主导作用的结果。诺斯指出:"初始行动团体是一决策单位,其决策支配了创新安排的全过程,这一单位可以是单人,也可以是单人组成的团体,正是行动团体认识到存在一些收入(此收入是其成员现在不能获得的),除非它们能改变安排的结构,这些收入就可以增加。""三权分置"制度改革的核心就是分离经营权,为适应农村经济发展需要,经营权的分离取决于承包户的自主选择。

《农村土地承包法》第37条规定:"土地经营权人有权在合同约定的期限内占有农村土地,自主开展农业生产经营并取得收益。"经营权包含占有权能、自主经营权能,以及收益权能。为有利推进"三权分置"制度,农村承包土地实行"三权分置"的改革措施之后,承包权和经营权是否分离、是否流转可以由享有土地承包经营权的农户选择。如果选择经营权分离,将土地流转,承包人与经营权人分离,同时进行土地权利划分,经营权人通过经营权流转合同取得承包土地的占有、使用权以及收益权;如果选择不分离,承包人可以自己占有、使用、经营,也可以将权利让渡,自己仅保留承包权,还可以将经营权设定抵押、信托等权利。

二、"三权分置"的历史演进及理论基础

(一)"三权分置"的历史演进

1. 农村土地产权制度变迁

我国农村土地的改革,伴随着我国经济发展和现代化的过程,也是农地产权制度变迁的过程。改革开放之前,在人民公社体制下的农村,土地归集体所有、集体使用,农村经济体制实行"三级所有、队为基础"、"统一分配、统一生产",还没有土地承包经营权的概念。农村经济改革作为改革开放的重要组成部分,掀起了一场自下而上的"自发式"农村土地改革,我国农村土地产权制度也随之变迁(见表1-1)。

表1-1 改革开放以来我国农村土地产权变迁

时间	政策或法律	内 容
1978年		包产到户
1982年	中共中央批转的《全国农村工作会议纪要》	(1)将土地产权分为所有权和经营权 (2)承包经营权"不准买卖,不准出租,不准转让,不准荒废"

[1] 参见杨青贵:《集体土地所有权实现的困境及其出路》,载《现代法学》2015年第5期。

续表

时间	政策或法律	内　容
1983 年	中央一号文件	确立了“联产承包责任制”
1984 年	中央一号文件《关于一九八四年农村工作的通知》	(1)延长土地承包期,一般应在 15 年以上 (2)“大稳定,小调整”原则
1986 年	《中华人民共和国土地管理法》	将土地的所有权、使用权分开,土地的承包经营权受法律保护
1986 年	《中华人民共和国民法通则》	规定土地的承包经营权受法律保护
1993 年	《中华人民共和国宪法修正案》(1993)	家庭联产承包为主的责任制写入宪法修正案
1993 年	中共中央、国务院《关于当前农业和农村经济发展的若干政策措施》	稳定、完善以家庭联产承包为主的责任制和统分结合的双层经营体制。中央提倡在承包期内实行“增人不增地、减人不减地”的办法
2002 年	《农村土地承包法》	家庭承包土地可以进行转包、出租、互换、转让等。还规定,承包期内,发包方不得调整承包地。规定耕地的承包期为三十年
2003 年	《农村土地承包经营权证管理办法》	对于不同土地流转的形式、证书和登记等要件进行了规范
2007 年	《中华人民共和国物权法》	规定了土地承包经营权
2008 年	中共中央《关于推进农村改革发展若干重大问题的决定》	完善土地承包经营权权能
2016 年	《关于完善农村土地所有权承包权经营权分置办法的意见》	明确提出“三权分置”制度,包括所有权、承包权、经营权分置并行
2017 年	党的十九大报告	提出保持土地承包关系稳定并长久不变,第二轮土地承包到期后再延长 30 年
2018 年	《农村土地承包法》第二次修正	规定土地承包权、土地经营权

从表 1－1 中我们可以发现,1984 年开始,国家采取一系列改革措施对中国农村集体经营体制进行完善发展。农村土地各项权能逐渐变革,农户承接集体在农地上的权能,权利天平逐渐向农户倾斜,农民获得土地上更多的权利。但随着经济的发展,我国人口的不断增加,土地供给的有限性与人口增加的比例越来越大,土地分配矛盾显现。因此,国家开始实行“增人不增地、减人不减地”,这大大稳定了现有的社会关系,为后面土地制度改革奠定了稳定的基础。随着家庭联产承包制消极影响的逐步显现,土地改革又进入了新的时期。家庭联产承包责任制是在解决“人民公社化”农民自身经济能力提升的基础上,分散经营、规模小不能适应现代化市场经济的发展的举措。为了公平分配土地,在家庭联产承包责任制下,将农地划成小块田,而且肥沃土地和贫瘠土地搭配,未形成规模经济,这样的生产形式将农民束缚到了土地上,增加农民管理成本。“三权分置”的土地改革,可以保持土地承包关系稳定并长久不变,稳定农地产权,盘活农村土地“经营权”,有利于市场经济调节下农村土地经营方式的转变。

诺斯理论认为,制度的非均衡状态是推动制度前进的动力,而在他的制度变迁理论框架中,制度非均衡则表现为,当由外部性、规模经济、风险和交易成本所引起的潜在收益增加时,制度变迁收益大于制度变迁成本,由此往往会引发制度变迁,通过确立新的制度以实现新的均衡。制度变迁的方式有两种:“诱导性”变迁和“强制性”变迁。我国制度经济学理论认为,不存在完全“强制性”的制度变迁。因此,“三权分置”的土地改革,是我国农村土地制度改革从“自发诱导性”向“政府主导诱导性”变迁的演进。

党的十一届三中全会之后,中国农村集体经营体制逐步确立为以家庭联产承包为主的责任制、统分结合的双层经营体制,将农村土地的所有权与承包经营权进行了分离:所有权归集体,承包经营权归农户。集体与农户之间通过签订土地承包合同的方式,农户享有了特定地块的土地使用权、收益权和经营自主决定权,这在当时城乡二元结构的客观情况下适应了经济社会发展的规律,取得了相当可观的生产经营收益。家庭联产承包责任制,是农民“自发诱导性”的制度变迁。

2014 年中央一号文件提出,落实农村土地集体所有权,稳定农户承包权、放活土地经营权,“允许承包土地的经营权向金融机构抵押融资”。2014 年 11 月中共中央办公厅、国务院办公厅《关于引导农村土地经营权有序流转发展农业适度规模经营的意见》提出,在坚持农村土地集体所有的基础上,“实现所有权、承包权、经营权‘三权分置’”。2016 年 10 月,中共中央办公厅、国务院办公厅发布《完善三权分置意见》指出,农村土地集体所有制的有效实现形式,落实集体所有权,稳定农户承包权,放活土地经营权,充分发挥“三权”的各自功能和整体效用。2017 年 10 月《农村土地承包法修正案(草案)》提交人大审议。[1] 根据2018年12月29日第十三届全国人民代表大会常务委员会第七次会议《关于修改〈中华人民共和国农村土地承包法〉的决定》第二次修正、2019年1月1日起施行的《农村土地承包法》规定了土地承包权、土地经营权。同时,明确了土地承包权和土地经营权的权能。土地经营权流转后,为了加强保护,《农村土地承包法》将原第二章第五节的标题修改为“土地经营权”,规定了土地经营权。“三权分置”从政策到立法的演进是中国制度变迁的缩影。从农村集体土地是所有权和经营权合一,到所有权、承包经营权“两权分离”,再到所有权、承包权、经营权“三权分置”,顺应了农民保留土地承包权、流转土地经营权的意愿,映射出农地经营方式的时代变迁。(见图1-1)“三权分置”制度的变迁是国家政策主导的“强制性”的制度变迁的过程。

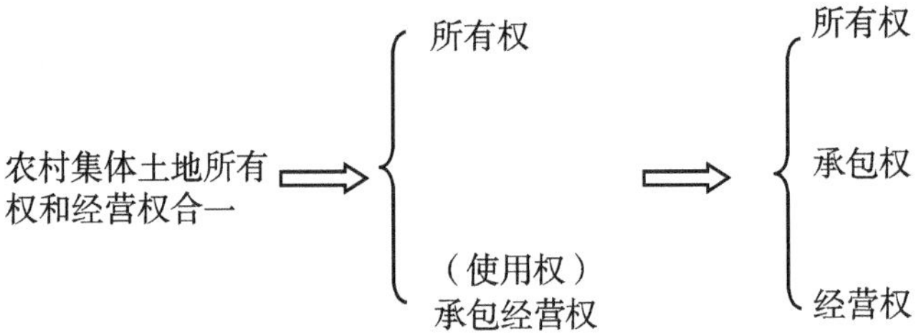

图1-1 农村土地制度权能变迁

2. 从“两权分离”到“三权分置”的变迁

从集体化经营到农村集体经济组织实行家庭承包经营为基础、统分结合的双层经营体制写入1993年《宪法修正案》,从坚持土地公有制下除国有土地外归集体所有,再到1998年农村改革20年强调以家庭承包经营为基础、统分结合的经营制度必须长期坚持,赋予了农民长期而有保障的土地使用权。[2] 从1983年中央一号文件确立“联产承包责任制”到法律确定土地的承包经营权受法律保护,使用权被称为“土地承包经营权”,农村形成了集体土地所有权和承包经营权的农地权利结构,集体土地所有权、使用权为内容的“两权分离”得以确立。集体土地所有权作为自物权,分离出“土地承包经营权”这种用益物权。

2003年《农村土地承包法》实施,2007年实施的《物权法》第124条、第125条规定了依法实行土地承包经营制度和土地承包经营权人依法对土地享有占有、使用和收益的权利,法律上表达为承包人(个人或单位)因从事种植业、林业、畜牧业以及其

[1] 参见《权威解读:农村土地承包法修正案草案解读》,载中国人大网:http://www.npc.gov.cn/npc/1f2t/rlyw/2017-11/02/content_2031363.htm,最后访问日期:2018年5月6日。

[2] 《中国共产党第十五届中央委员会第三次全体会议公报》,载人民网:http://politics.rmlt.com.cn/2013/0605/151452.shtml,最后访问日期:2018年5月6日。

他生产经营项目而承包使用、收益集体所有或者国家所有的耕地、林地、草地以及其他用于农业的土地的权利。《物权法》第127条规定,土地承包经营权自土地承包经营权合同生效时设立。第128条规定,土地承包经营权人依照农村土地承包法的规定,有权将土地承包经营权采取转包、互换、转让等方式流转。土地承包经营权表现为在集体土地上设定的权利,具有一定的期限,产生于承包合同,并可以流转。土地承包经营权虽然产生于承包合同,但不限于承包人和集体经济组织的财产关系,而是一种与债权不同性质的物权,也是传统民法物权种类不能包括的新型物权。土地集体所有权与承包经营权是承包地处于未流转状态的一组权利,是两权分离。土地集体所有权与土地承包权、土地经营权是承包地处于流转状态的一组权利,是“三权分置”。“三权分置”的制度体现的是坚持农地家庭联产承包责任制的经营体制下,农地承包经营权流转状态的划定。

2014年中央提出“三权分置”的政策,就引起了学界剧烈的讨论。据CNKI中国知网指数学术关注度统计(见表1-2),“三权分置”制度成为学术热点话题。主要学科为:农业经济、行政法及地方法制、民商法、金融、投资及其他。主要讨论相关词:土地经营权、“三权分置”、土地承包经营权、土地流转、经营权。因此,“三权分置”有大量的理论支撑基础和论证。“三权分置”理论价值是毫无疑问的,但如何在法律和政策上协调产生了理论争议。

表1-2 CNKI中国知网指数“三权分置”学术关注度统计

年份	学术关注度		媒体关注度		学术传播度	
	中文发文量(篇)	环比增长(%)	媒体发文量(篇)	环比增长率(%)	文献被引量(次)	环比增长率(%)
2011年	0	0	1	0	2	0
2014年	10	0	10	900	2	0
2015年	33	230	9	-10	26	1200
2016年	139	321	70	678	74	185
2017年	285	105	91	30	283	282

资料来源:CNKI中国知网指数,数据截至2017年12月。

注:学术关注度:篇名包含此检索词的文献发文量趋势;

媒体关注度:篇名包含此检索词的报纸文献发文量趋势;

学术传播度:篇名包含此检索词的文献被引量趋势统计。

研究早期,2011~2015年阶段,由于国家未正式出台关于“三权分置”的政策,研究主要集中在“三权分置”理论的价值可行性、设计的合理性问题方面。有观点认为,“土地承包经营权不能分离为独立的土地承包权和土地经营权;土地所有权是法律概念,而土地承包权和土地经营权不是法律概念,法学中的权利与经济学中的产权具有较大的区别,必须在物权债权二元财产权体系中确定农村土地的权利结构”。[1] 还有学者认为,新设置的土地经营权是必须建立在农民集体土地所有权和农民家庭承包经营权之下的权利。[2] 随着研究的深入,研究纠葛于承包经营权分离后,承包权和经营权分置的政策设计,出现对承包权的研究,“土地承包经营权的身份属性是土地承包权与土地经营权分置的理论基础。土地承包权是指农户以集体经济组织成员身份为基础,以承包集体所有土地的同一地块为内容的综合性权利”。[3] 对土地经营权性质的研究,陶钟太朗等[4]主张债权说;孙宪忠[5]、刘恒科[6]等主张物权说;还有学者主张,农地经营权满足物权属性是一种益物权,承包权权属成员权。[7]

(二)“三权分置”政策支撑

“三权分置”是为了增加农民的收入,切实解决“三农”问题的重要举措。一方面,改革开放以来,农村改革的重要转型就是2006年农业税废除,从此开始,我国农村改革迈入新时期。另一方面,“三农”问题一直都是我国经济发展的重要问题。从2004年开始,我国每年的中央一号文件都是关于“三农”问题的政策指导。

2008年中央一号文件要求“完善土地承包经营权权能”。2013年中央一号文件要求“创新符合农村特点的抵(质)押担保方式和融资工具”。同年,中共中央《关于全面深化改革若干重大问题的决定》提出赋予“承包经营权抵押、担保权能”。2014年中央一号文件提出,落实农村土地集体所有权,稳定农户承包权、放活土地经营权,“允许承包土地的经营权向金融机构抵押融资”。我国农村改革主要围绕解决农地融资问题,“三权分置”制度也是为了解决农地融资问题,放活经营权,提高农户财产性收益。

党的十八届三中、四中全会提出建立“三权分置”的农村经营体制。为健全农村

---

[1] 申惠文:《法学视角中的农村土地三权分离改革》,载《中国土地科学》2015年第3期。

[2] 参见孙宪忠:《推进农村土地“三权分置”需要解决的法律认识问题》,载《党政视野》2016年第3期。

[3] 肖鹏:《农村土地“三权分置”下的土地承包权初探》,载《中国农业大学学报》(社会科学版)2017年第1期。

[4] 参见陶钟太朗、杨遂全:《农村土地经营权认知与物权塑造——从既有法制到未来立法》,载《南京农业大学学报》(社会科学版)2015年第2期。

[5] 参见孙宪忠:《推进农地三权分置经营模式的立法研究》,载《中国社会科学》2016年第7期。

[6] 参见刘恒科:《“三权分置”下集体土地所有权的功能转向与权能重构》,载《南京农业大学学报》(社会科学版)2017年第2期。

[7] 参见刘兆军、李松泽:《“三权分置”权利关系下的农地流转方式研究》,载《学习与探索》2018年第2期。

土地产权制度，完善“三权分置”制度，2016 年《完善三权分置意见》正式确立“三权分置”，至此我国“三权分置”制度在政策上正式确立。文件精神要求，农地“三权分置”的基本原则要守住政策底线，做到“四个坚持”，即坚持和完善农村基本经营制度，坚持农村土地集体所有，坚持家庭经营基础性地位，坚持稳定土地承包关系，将土地承包经营权分设为承包权和经营权，实行“三权分置”制度（所有权、承包权、经营权分置并行）有政策支撑。

（三）“三权分置”的产权理论基础

无论是贫穷的国家，还是中等收入国家，贫穷的主要和普遍的原因就是财产权及其权能的欠缺。[1] 根据马克思产权理论，产权是一个历史范畴，产权并不是永恒不变的，而是处在不断变化、不断发展的过程中。[2] 马克思认为，财产在不同的历史时期具有不同的表现形式，“在每个历史时代中所有权以各种不同的方式、在完全不同的社会关系下面发展着”，[3] 我们称之为动态产权理论。马克思土地产权权能理论的核心是土地终极所有权，它是一切权能的基础，具有专属性和排他性。我国实行以公有制为主的社会主义经济所有制形式，无论是家庭承包责任制的“两权分离”还是“三权分置”，农村土地的最终所有权依然是集体土地所有权，这是基本的制度前提。在马克思土地共有产权制度下的结合与分离理论中，在土地共有产权制度下，土地的终极所有权与使用权、占有权的分离，形成了土地所有权主体、土地占有权主体和土地使用权主体的多元土地产权主体格局。我国实行以公有制为主的社会主义经济所有制形式，我国农村地区土地归集体所有，承包土地的农民拥有使用权、占有权。农村土地“三权分置”就是平衡所有权、使用权、占有权的权能，使处于弱势地位的农民的土地财产权利得到有效的保障。

传统财产权理论虽然认为财产关系的归属性是物权制度的核心问题，但面对非所有人对他人所有财产的占有、使用、收益甚至事实上的处分的行为时，需要他物权理论。而他物权就是承认非财产权所有人享有财产权所有权人的部分甚至全部权能，这隐含着对于以所有权为核心的传统财产权目的与宗旨的冲突。他物权的存在当然不能损害所有权的利益，因此只能使他物权的效力受所有权的效力约束，作为依附所有权存在的一种特殊实现形式，因此他物权也被称为定限物权。这样既可以保证所有权的绝对性，又可以保证非所有权人利用财产进行收益的事实，保证了物权理论的完整性和严密性。同时所有权的分离理论，不仅成为马克思产权理论和西

---

〔1〕 See Commission on Legal Empowerment of the Poor, *Making the Law Work for Everyone*, vol. Ⅱ, *Working Group Reports*, New York: UNDP, 2008, p. 64.

〔2〕 参见洪名勇：《马克思土地产权制度理论研究——兼论中国农地产权制度改革与创新》，人民出版社 2011 年版，第 57 页。

〔3〕 参见《马克思恩格斯全集》（第 4 卷），人民出版社 1965 年版，第 180 页。

方现代产权理论的共识理论，也支撑起中国传统财产权理论体系。

财产权利是定义产权理论的核心要素，不同的产权理论都对其做出了自己的规定。马克思的土地产权理论同属于马克思产权理论，这一理论体系是马克思产权理论在土地产权的具体应用，包括土地制度变迁理论、土地产权权能理论、马克思土地产权制度多样性理论、马克思的土地产权配置市场化理论、马克思土地股份理论等。土地产权权能理论是整个马克思土地产权理论的基础。马克思没有明确提出“土地产权”这一概念，但对其著作进行概括发现，马克思的土地产权由终极所有权、使用权、处分权、收益权、转让权、抵押权等权能组成。[1]

“三权分置”制度符合法经济学和马克思法治现代化的规律：

1.“三权分置”制度符合法经济学的一般原理

新制度经济学强调的核心概念是产权与交易费用，产权界定形成制度，制度的功能是降低交易费用，使资源得到合理配置。制度是社会的博弈规则。[2] 充分理解制度以及制度变迁困境的关键，在于人们能认识到其生活在之中的构成行事准则和规则的东西是在长时期中逐渐演化而成的[3]。日本学者青木昌彦提出的进化博弈理论是“有限理性与博弈论最好的结合”，他认为制度不是由谁设计出来以后突然实行的，它可以归结为是一定的历史所造就的，而且新旧制度之间互相不断的作用实现了制度进化。[4]

制度演化存在一种称为路径依赖的规律性现象，其基本含义是今天的制度演化受以往制度的影响。将“深改决定”中“三权分置”政策解读为所有权、承包权、经营权“三权分置”的农村土地权利结构，正是基于“两权分离”制度的路径依赖。[5] 将土地承包经营权分解为承包权、经营权，是为了进一步促进承包地流转，因为“农地流转无疑对扩大经营规模和提高劳动生产率等产生积极的影响”。[6] 经营权独立出来后，“则通过在更大范围内流动，提高有限资源的配置效率，并由此发展新型经

---

[1] 参见洪名勇：《马克思土地产权制度理论研究——兼论中国农地产权制度改革与创新》，人民出版社2011年版，第76页。

[2] See Douglass C. North. Institutions, *Institutional Change and Economic Performance*, Cambridge, Cambridge University Press, 1990.

[3] See Douglass C. North. Institutions, "Transaction costs and Economic Growth", *Economic Inquiry*25, 1987, pp. 419－428.

[4] 参见周冰、靳涛：《青木昌彦的制度观与制度演化的进化博弈思想评析》，载《江苏社会科学》2004年第3期。

[5] 参见高飞：《农村土地“三权分置”的法理阐释与制度意蕴》，载《法学研究》2016年第3期。

[6] 参见黄季焜等：《中国的农地制度、农地流转和农地投资》，格致出版社、上海三联书店、上海人民出版社2012年版，第248页。

营主体和多元化土地经营方式”。[1]

当制度变迁带来报酬递减效应时，制度往往会陷入一种无效率的“闭锁”状态，而解决这个状态的办法就是依靠政府干预。运用国家手段，加强对经营权流转的监管，保障农民利益，严控土地用途。防止市场经济的自发性、盲目性和滞后性导致农村土地经营权价格不合理变动，因此要充分发挥宏观调控手段的作用，实现农村土地经营权流转价格的合理化。制定严格的经营权获取准入机制，对工商资本进入农村进行严格把关。

2.“三权分置”制度符合马克思法治现代化的规律

“三权分置”制度符合马克思法治现代化的规律。“三权分置”制度的设立有其时代正当性，适应经济发展的需要，有利于时代发展的需要。农地“三权分置”制度是法治现代化的过程。法治现代化伴随社会变革的转型的现代化过程，是传统生活方式及体制向现代化生活方式的历史革新。人类法治文明进程是人对于自我认识发展的过程，商品经济伴随文明社会法权关系的深度革命，形成了以“人的依附关系”、以“物的依赖关系”和以“人的自由个性”为根基的社会文明建构的社会治理发展的历史进程。[2] 法治的现代化进程就是由人的依赖关系的制度文明下的人治走向物质依赖的个人独立发展下的用法治理的平等型社会。从人民公社化的“集体所有，集体经营”，到集体所有和农村土地承包经营权的“两权分离”，再到集体所有、农地承包权、农地经营权的“三权分置”并行。农村土地改革经历了法治现代化的过程，从集体经营的“人的依附关系”到“两权分离”对土地依附的以“物的依赖关系”再到以“三权分置”并行农民从土地中解放出来的“人的自由个性”的历程，符合马克思法治现代化的进程规律，具有理论的正确性。

三、“三权分置”的内容

“三权分置”是对农村土地承包经营权的再分离。随着“三权分置”不断深入，“三权分置”已不是单纯的制度规划，而是指导我国农业现代化的、适度规模经营的政策，是贯彻新发展理念、进行农业供给侧改革、实现乡村振兴的有利“抓手”。现阶段的研究应有所转变，从纠葛于“三权分置”的制度设计价值转变为法律的解释和法理化，为生产实践提供理论指导，为政策和法律制定提供依据参考。

---

〔1〕 参见冯海发：《为全面解决“三农”问题夯实基础——对十八届三中全会〈决定〉有关农村改革几个重大问题的理解》，载《农民日报》2013 年 11 月 18 日，第 1 版。

〔2〕 参见中共中央马克思恩格斯列宁斯大林著作编译局编著：《马克思恩格斯全集》（第 4 卷），人民出版社 1965 年版，第 104 页。

刘振伟在关于《农村土地承包法修正案（草案）》的说明中指出，[1]为与民法总则、物权法、农业法等法律相衔接，草案保留了“土地承包经营权”概念。农村土地改革应在继承的基础上发展。土地承包经营权是宪法赋予的权利，我们应该坚持。因此“三权分置”制度应该是“2+2模式”，既所有权、土地承包经营权和土地承包经营权之下的承包权和经营权。立法者认为，土地集体所有权与承包经营权是承包地处于未流转状态的一组权利，是两权分离。土地集体所有权与土地承包权、土地经营权是承包地处于流转状态的一组权利，是三权分置。

土地承包经营权是我国农村经营体制改革下的新型物权。从法理角度讲，在稳定土地承包经营权不变的基础上，分离出承包权和经营权。从用益物权的基础法理出发，论证“三权分置”的合理性，为法律制定提供参考。土地承包经营权是一种用益物权，这是我国《物权法》确定下来的。土地承包经营权成立于承包合同，这种新型物权本身成立之初就带有债权的属性和集体成员身份属性。因此，从土地承包经营权分离出来的承包权具有集体成员的身份属性，从土地承包经营权分离出来的经营权具有债权属性，因为可以流转。但是从目前的国家政策来看应让经营权以物权化，因为探索经营权流转，金融创新、抵押等，这些都是物权的类型。[2]

以现有法制的解释论为中心逐一确定转包、出租、互换、转让及入股流转方式是否能产生土地经营权以及所产生的土地经营权的性质。土地承包经营权人将其承包经营权中的部分权能让与了受转包方或者承租方，这部分权能以及由此可能带来的收益形成了新的权利，这种由受转包方和承租方所享有的权利，将其称为土地经营权。[3] 但由此却忽视了对于土地金融创新的要求，土地经营权还有其他的金融要求，必须予以考虑。

当土地承包经营权未流转时，未流转的土地承包经营权包含承包请求权和承包收益权。承包请求权即承包权主体基于其集体成员身份，对集体经济组织就土地承包等依法享有的请求权。承包收益权即承包权主体在土地承包权与土地经营权分置情形下，土地经营权因转让等方式发生了物权性流转或被征收而导致灭失，以及承包人自愿退出承包地，应获得的以流转或补偿费用为内容的权利。

“农村土地承包经营权”在我国民法体系中是用益物权，随着经济的发展、农地金融创新，“农村土地承包经营权”用益物权的性质已不能适应经济发展的需要，应

〔1〕 参见《农村土地承包法修正案草案解读》，载中国人大网：http://www.npc.gov.cn/npc/xinwen/lfgz/2017－11/02/content_2031279.htm，最后访问日期：2018年4月5日。

〔2〕 参见孙宪忠：《推进农地三权分置经营模式的立法研究》，载《中国社会科学》2016年第7期。

〔3〕 参见陶钟太朗、杨遂全：《农村土地经营权认知与物权塑造——从既有法制到未来立法》，载《南京农业大学学报》（社会科学版）2015年第2期。

赋予“农村土地承包经营权”完整的物权性质,然后分出经营权这种“债权”,在逻辑和法理上具有合理性。土地承包经营权这一准所有权派生出土地承包权和土地经营权两项独立的权利。当用益物权达到准所有权(类所有权)的属性之时,我们允许其再派生出用益物权,由于这一派生的用益物权不是由典型的所有权派生出来的,我们暂且称其为准用益物权(类用益物权)[1]。那么在承包土地的相关权利体系中,土地承包权与土地经营权,则可以被解释为土地承包经营权这一准所有权所派生出的准用益物权。由此,我们可以较清晰地理清土地所有权、承包权、经营权三种权利的内容及关系。而实践中,随着经济的不断发展,社会的不断进步,新的物权在不断地产生。

一些权利虽因表现形式、构成要件等原因无法被传统的用益物权或担保物权认可,但却丝毫不影响其具有一定的物权效力的属性,而《物权法》又不能随时修改,那么就可以通过对物权,尤其是用益物权的扩张解释,扩充用益物权范畴及内涵,来实现对这些权利所具有的物权效力的解释。将用益物权做扩大解释,将非典型的用益物权囊括其中,能够最大限度发挥资源的配置作用,实现权利的流转,创造新的财富。同时无须采用逐一列举的方式,仅需法律明确的授权,赋予其物权性即可。

“三权分置”制度,需要看农户的选择。如果选择自己使用土地,依旧是所有权与土地承包经营权并行;当选择土地承包经营权流转时,“三权分置”制度下所有权、承包权、经营权分置并行。

(一)所有权

这里的所有权是指农村土地集体所有制,这是我国农村土地的基础。坚持农村土地集体所有是农村土地改革的根本,实行“三权分置”并行应坚持农村集体土地的集体所有制。

那么行使所有权主体是谁?在我国与土地相关的法律中,《农业法》《土地管理法》等使用了不同的称谓。2007 年新颁布的《物权法》第 59 条第 1 款规定:“农民集体所有的不动产和动产,属于本集体成员集体所有。”“本集体成员”作为集体土地所有权主体的地位被明确。通过本集体成员资格的判断就能确定集体土地所有权的实质主体。而且,“本集体成员”作为集体土地所有权主体,突出了成员的主体性,更加注重农民权益的保障。农民集体表现在法律上就是村集体经济组织、村民委员会、村民小组等。[2]《民法总则》规定集体经济组织、村民委员会为特别法人,这些都将成为集体所有土地所有权的主体。主体不仅享有占有、使用、收益、处分权能,还享有管理权能,“该管理权能包括集体成员的民主管理、民主监督和集体组织的执

[1] 此概念出自梁慧星:《物权法总论》(第 5 版),法律出版社 2010 年版,第 76 页。

[2] 《物权法》第 59 条规定农民集体所有的不动产和动产,属于本集体成员集体所有。农民集体包括村集体经济组织、村民委员会、村民小组等。

行管理和监督管理”。[1]《农村土地承包法》第4条、第5条规定,农村土地承包后,土地的所有权性质不变。承包地不得买卖。农村集体经济组织成员有权依法承包由本集体经济组织发包的农村土地。任何组织和个人不得剥夺和非法限制农村集体经济组织成员承包土地的权利。

因此,将农村承包土地所有权的实质主体认定为农民集体成员全体最为贴切。其他常见的组织形式如农村集体经济组织、村民委员会、村民小组等通常情况下只是具有了行使权利的外观,是农村承包土地所有权的代行主体。代行主体在行使所有权权利时,必须充分尊重集体成员的意思,按照法定程序进行。所有权的实质主体实际上就是集体成员,即为承包权主体,对于成员资格认定问题,我们将在下节论述。

农民集体土地所有权的主体是农民集体。我国是社会主义国家,坚持公有制为主体,表现在农村土地上就是农村土地归集体所有,这是宪法赋予的权利。[2]根据《农村土地承包法》第5条的规定,作为农民集体土地所有权的主体是农村集体经济组织成员,享有发包方的权利和义务。在“三权分置”制度下,农民集体经济组织作为发包方应该监督、配合承包方的土地经营权流转。健全集体经济组织民主议事机制。根据《物权法》规定,集体经济组织或者村民委员会、村民小组应当依照法律、行政法规以及章程、村规民约向本集体成员公布集体财产的状况。农民集体应切实保障集体成员的权益。

(二)承包权

《农村土地承包法》第16条规定,家庭承包的承包方是本集体经济组织的农户。农户内家庭成员依法平等享有承包土地的各项权益。本集体经济组织的农户作为承包方享有承包土地的权利和承担义务,享有承包权。农户承包权的身份属性是中国特有的制度安排。这种身份属性具有三重功能:第一,承包权的身份属性是农业产业依赖下的激励性的产权制度安排。第二,中华人民共和国成立后,农业红利为中国经济做出突出的历史贡献,身份属性的承包权是制度性的补偿。第三,农村乡村经济发展相较于城市比较落后,社会保障能力不足,身份属性的承包权是对乡村社会保障的制度性补充。[3] 农地“三权分置”之下的土地承包权,绝不仅仅只是《农业法》意义上的“土地承包权”,不仅仅蕴含着本集体成员所拥有的承包土地的资格,而且是具有“使用、流转、抵押、退出承包地等各项权能”的财产权。[4]

---

〔1〕 参见韩松:《论农民集体土地所有权的管理权能》,载《中国法学》2016年第2期。

〔2〕《中华人民共和国宪法》第10条规定,农村和城市郊区的土地,除由法律规定属于国家所有的以外,属于集体所有。

〔3〕 参见刘云山:《论“三权分置”中的农户承包权》,载《师大法学》2017年第1期。

〔4〕 参见高圣平:《农地三权分置视野下土地承包权的重构》,载《法学家》2017年第5期。

政策文本对承包权单独界定,固然出于审慎稳妥动机,但循此路径进行法权设计与改造,必不可免会引致诸多制度缺陷。因此,对承包权的权能,学界存在不少争议,主要有:第一种情况,土地承包权不是一种独立的权利类型。例如,有学者对“三权分置”进行解读时,认为土地承包权只是集体经济组织成员权在土地分配上的一种特定化,不是一种独立的权利类型。第二种情况,土地承包权是受经营权限制的土地承包经营权。例如,有不少学者认为,“三权分置”中的土地承包权,应为受到经营权限制的土地承包经营权的代称,亦即土地承包权在严格意义上仍是土地承包经营权,只是因承包经营权的部分权能让渡于经营权而产生的新的权利内容,并非单纯承包土地这样一种权利资格。第三种情况,土地承包权是具有身份意义上的成员权。例如,有学者认为,“三权分置”中的土地承包权,应理解为成员权。成员权本为集体土地所有权主体制度的重要成分,但将该权利从集体土地所有权制度中分离出来具有重大意义,一方面,可以通过强化农村集体经济组织成员的身份认同,避免集体土地所有权主体缺位,促使其依法行使所有权以壮大集体经济;另一方面,成员权的确立也可以使农村集体经济组织成员分享集体利益的渠道畅通,实现农村集体经济组织成员享有的公平分配权。

改革开放以来,经过积极探索,确立了以“家庭承包经营为基础、统分结合的双层经营体制”的农业基本经营制度,其既符合生产关系要适应生产力发展要求的规律,也符合农业生产自身的特点,具有广泛的适应性和旺盛的生命力。40 多年的改革实践证明,农村基本经营制度是农村改革与发展的基石,也是未来农村改革的制度基础。此外,农户的主体地位也有政策和法律依据。农户主体地位的确立,经历了由政策调整到法律确认的过程。从 20 世纪 80 年代开始,在多个中央一号文件中就已经多次出现过“农户”的表述,特别是 1998 年中共中央《关于农业和农村工作若干重大问题的决定》,明确指出应当确实保障“农户的土地承包权、生产自主权和经营收益权,使之成为独立的市场主体”。在法律上,《民法通则》第 27 条首次确认了“农村承包经营户”的主体地位,而《农村土地承包法》第 16 条更是明确规定“家庭承包的承包方是本集体经济组织的农户”。

承包权的主体与所有权的实质主体应该是一致的,即为集体成员。农民作为集体成员,是农村承包土地的所有权主体,依据其身份就可以与集体经济组织签订土地承包合同,就能获得土地承包的权利。除此之外,农民享有的承包权的性质为成员权,依据该权利,农民可以参与集体事务的决策,可以取得土地的承包经营权,可以分享集体收益等,这在《物权法》中有明确规定。[1]

土地承包权是一种具有身份属性的财产权。“三权分置”中的土地承包权,作为农户享有的一种保障性权利,兼具身份性、专属性、保障性、自发性以及过渡性等性质特点。而这些特点,是受经营权限制的土地承包经营权不应当具有的。从物权法的角度来看,土地承包经营权(未分离出经营权之前)的用益物权属性就决定了其会对集体土地所有权(派生用益物权的母权)进行一定程度的限制,所有权的部分权能必定会让渡给土地承包经营权。农民依据其集体成员资格从获得土地承包经营权,依据其身份参与分配集体土地收益。承包权的权利内容应在发包方与承包方签订土地承包合同时就予以明确,此时的承包权与经营权并没有分离,农民从发包方取得的承包土地权利是包括经营权内容和承包权内容的。但是,土地承包经营权的取得是基于权利人的身份特征,土地要素和劳动力要素的初始配置不具有市场引导的特性,因权利人职业偏好、社会各行业收益水平的差异,以及职业选择的可能性等条件的不同,必然会有很大一部分农民不再从事农业生产。特别是在农业经营的比较收益较低、社会职业选择的可能性较大时,农村土地承包经营人脱离所承包的土地、放弃农业经营的可能性就越大。话虽如此,在现有的土地承包经营体制下,土地承包经营权对于农民来说,除了生产功能外,还具有社会保障的功能,不能轻易地完全转让或放弃。而且,土地承包经营制度规定土地承包经营权是依身份取得,且这种身份权利不能任意取得,不能随意转让,这就产生了身份权利不可变更与财产权利流动运作的冲突。

(三)经营权

完善农村承包地“三权分置”制度,在依法保护集体土地所有权和农户承包权前提下,平等保护土地经营权。农村承包土地经营权可以依法向金融机构融资担保、入股从事农业产业化经营。按现有国家政策,将土地经营权物权塑造是必要的。权利的塑造,应本着世易时移之念,根据动态的社会发展,作阶段性的动态塑造,方能在保持法律稳定性的基础上,保障法制的有用性。[2] 因为物权塑造的必要性,同时满足法律逻辑的自洽性。我们认为,经营权是一种物化的债权。随着理论的发展,一些物权逐步债权化,一些债权也逐步物权化。例如,买卖不破租赁,租赁作为一种债权,法律为了保障租房者的利益,满足租户的住房需求,因此进行规定。遵循此思

---

[1] 《物权法》第59条第2款:“下列事项应当依照法定程序经本集体成员决定:(一)土地承包方案以及将土地发包给本集体以外的单位或者个人承包;(二)个别土地承包经营权人之间承包地的调整;(三)土地补偿费等费用的使用、分配办法;(四)集体出资的企业的所有权变动等事项;(五)法律规定的其他事项。”

[2] 参见陶钟太朗:《从空间权看宅基地使用权》,载杨遂全:《民商法争鸣》(第7辑),法律出版社2014年版,第56~65页。

路,物权分出债权是合理的,我们可以规定经营权为一种特殊的债权,可以抵押,进行融资。这样在稳定现有法律秩序的情况下,可以更好地保护农户利益。

以家庭承包方式取得的土地承包经营权在流转中分为土地承包权和土地经营权。赋予第三方经营主体土地经营权,是完善农村基本经营制度的一个重要内容。土地承包经营权和土地经营权都可以向金融机构抵押担保融资。中共中央《关于全面深化改革若干重大问题的决定》提出“鼓励土地承包经营权在公开市场上向专业大户、家庭农场、农民合作社、农业企业流转”,这就要求对经营权主体不再有身份上的限制,不用受集体经济组织成员资格问题的约束,而使土地流转更加具有开放性,使具有农业生产能力的农民大户、农业公司、农业合作社、农业信托公司等各类型主体能真正进入农业领域,做大、做强农业产业。因此我们认为,应制定细则适度放开对土地经营权流转对象的限制,允许工商资本、企业进入农业生产领域,向农业输入现代化的生产要素和现代化的经营模式,从而激发农业生产的活力。

但是,放开经营权主体身份限制的同时,在制度设计上还要规范受让主体维持农业生产,防止非农身份主体持有大量资本进入农地领域后进行非农生产。一方面,相关部门在经营权流转过程中要进行监督,必须对受让主体的农业生产经营能力进行考察,从资金、技术、物质装备以及管理条件上都能表明其能够进行农业生产的主体才能流转,严格限制不具有农业生产经营能力的主体受让经营权。另一方面,为防止经营权人不遵守农业经营承诺、不按照土地规定用途开发利用土地,要规定相应的处罚责任。可在流转合同签订之时要求其缴纳保证金,若违反合同约定使用农地则不予退还,已有多个地区采取这一措施来避免“农地非农化、非粮化”,如浙江、江苏等地。

土地承包经营制下本应达成的立法目的,是使土地利益在国家、集体和个人之间进行合理、公平的分配,进而形成有利于土地资源高效配置的激励与约束机制。历史证明,在土地生产力既定的前提下,任何土地制度借以实现上述目标的正确方法和有效手段,就是赋予和维护最直接的生产经营者以充分、有效的土地产权。在我国目前的社会生产力水平下,土地经营的模式正在向多样化的现代农业发展,而“三权分置”这一重大的土地制度变化的核心内容之一,就是要明确在土地经营权流转的情况下最直接的生产经营者享有的经营权的权利内容,并对其进行法律保护,平衡“三权”主体间的利益关系。作为流转客体的土地经营权至少应包括的权利内容为:自主经营决策权、获得经营收益权、获得征收补偿权、获得农业补贴权,以及经营权处分权。

四、“三权分置”实践中存在的问题

(一)法律论证难以实现法律逻辑的自洽性

有学者认为应立足于我国实现农业现代化的目的对“三权分置”论证,不应受现行法律和理论的束缚。应立足于我国尽快实现农业现代化和保障农地高效集约利用的战略高度,结合现阶段农地经营和流转发展的实际情况,在适度权衡法律自洽的前提下确认土地经营权属性。[1] 笔者认为,这种出发点是好的,法律制定必须契合既定实践的目的性。但是,法律有其本身的继承性,不是适度权衡法律的自洽性,而是在必须承继法律本身的逻辑,必须满足法律的自洽性。

“三权分置”制度难以实现逻辑自洽性主要在于对“经营权”概念性质的法律逻辑的阐释,也是法学学界争论最大的问题。传统是人类过去向现在的传延,是时间在历史中创造性的继承和本源的认知载体。传统是历史延续下从过去发展到今天依然在控制着人们的思维方式和行为方式的实践元素。法律继承性与现代法的追求在根本上有其相同性。社会的发展也不可能完全和过去历史断裂,社会秩序和组织在某种程度上是社会的延续纽带,而这种纽带联系也是对社会调整的要求。农地“三权分置”制度在理论上具有正确性,但不应仅仅考虑政策目的的需要,忽视其法律本身的需要。因为,农地“三权分置”制度作为农业指导的政策,必须被法律确定下来,才能更好地服务实践的发展。

(二)权利分置后权利冲突的风险

1. 承包权与经营权分置后的潜在风险

第一,权利内容分配不均、利益难以平衡。一方面,从土地流转过程来看,在自发流转过程中,土地承包经营权人将土地转租给同集体经济组织的人,按约定收取费用。这样的转租价格相对较低,承租方经济实力有限,因自然原因等双方纠纷较大,转出方经营权流转难以得到充分实现。在规模流转中,由于通过村组等中间协调,土地承包经营权流转土地通过与大的公司签订流转合同,将经营权流转。由于承租方拥有绝对的经济地位和优势,转出方的农民由于知识水平受限、土地信息不对称,导致对土地规模化预期收益不足,难以实现经营权流转的真正效益。承包权和经营权的权利在实践中真正的理论均衡受限,难以达到理论分析的权利内容。

另一方面,从土地权利分离博弈来看,“农业是弱质产业,短期内难有成效,如果经营权分离出来的时间过短,农业投资就难以回收,经营权人就无法稳定投资;如果允许农地长期流转并一次性交付租金,就等于变相出售经营权,农民手中剩下的承包权的价值堪忧”。[2] 权利人对分离期限与分离对价的博弈不可避免,所以在处理这一问题上要兼顾二者利益:要防止强势的工商资本通过农业规模化生产对农民利益空间的挤压,使收入水平本就比较低的农民受到更严重的剥削,要保证承包权人能够比较稳定地、长久地从承包土地中获取利益;同时,不能挫伤经营权人规模生产

---

〔1〕 参见刘兆军、李松泽:《“三权分置”权利关系下的农地流转方式研究》,载《学习与探索》2008年第2期。

〔2〕 参见潘俊:《农村土地“三权分置”:权利内容与风险防范》,载《中州学刊》2014年第11期。

的积极性。承包权和经营权分离后的利益平衡问题应值得关注。

第二，承包权保障属性被冲击的危险。土地承包经营权的产生，就是为了稳定农村经济，保障农民生活水平。“三权分置”下，承包权与经营权分离，承包权具有保障功能。土地承包权是权利人对承包土地依法享有占有、使用和收益的权利。“三权分置”中的土地承包权，作为农户享有的一种保障性权利，兼具身份性、专属性、保障性、自发性以及过渡性等性质特点。《完善三权分置意见》明确集体土地承包权属于农民家庭，但经营权流转后承包权成为理论上的权利，经营权人享有占有、使用的权利。在农户承包关系长久不变情况下，如果经营权长期流转，经营权的占有权能扩大，相当于“准所有权”，替代了农民成为土地的实际长期占有者。如果农民未能在城市中稳定下来，最终返回农村，在城乡社会保障体系不健全的情况下，因土地长期流转，除流转租金外，农民无法从土地上获取额外的产出利益，从而导致农民基本生活难以维系，承包权本身的保障属性将受到冲击。

土地承包权和经营权分离，导致土地价值增值，由于工商资本的逐利性，可能导致工商资本大量涌进农村，挤压农民利益。如果不重视分散的普通农户的需求，而将主要资源、政策、话语都服务于所谓的新型经营主体，就可能在服务新型农业经营主体的过程中进一步削弱当前为普通农户提供的最低限度的生产服务，从而导致普通农户的破产。[1] 应保证农民从土地上获得应有的利益。

2. 集体所有权与承包权权属冲突

第一，承包权扩张挤压集体所有权。无论是“两权分离”还是现在的“三权分置”，其基础就是我国公有制的所有制基础，农村土地集体所有是宪法规定的。过分强调承包权的分离、扩大承包权的权能，有可能使承包权得到扩张，集体所有权被挤压。新土地制度要稳定承包户关系长久不变，承包期被无限延长。党的十九大报告指出，第二轮土地承包到期后再延长30年。农民土地承包长久不变，使农户的承包权具有“准所有”的性质。在“三权分置”下，因集体所有权的基础，这种“准所有”导致承包权和所有权产生冲突。以往的政策和法律注重强调农村土地的所有权，《农村土地承包法》就是在集体所有的基础上，强调发包方权利、义务、签订合同；承包期对土地承包经营权的保护。而“三权分置”制度，农户承包权得到强化，按原来集体所有权基础上的土地再发包的基础已基本不存在，承包权扩张挤压集体所有权，使集体所有权与承包权冲突依然存在。

第二，集体所有权侵犯承包权。因为集体所有权的代行主体是村民委员会、村民小组。在土地流转过程中，村民委员会代行村集体的职能与承租方签订合同，导致集体所有权对承包权的侵犯时有发生。集体土地所有权的实现应该是在集体成

---

〔1〕 参见《农村土地实行三权分置，严禁土地流转“非农化”》，载《每日经济新闻》2014年10月21日版。

员通过规定程序共同形成决议的基础上,由集体土地所有权代行主体代为行使所有权。而目前的农村土地承包制度中规定土地承包经营权则由农户直接行使,因主体的不同,代表的利益不同,使两种权利产生冲突。

(三)流转的“非农化”与流转失约的风险

1. 农地流转的“非农化”和“非粮化”风险

土地承包经营权具有保障功能,因此法律有种种限制。在“三权分置”下农地流转过程中,在承包权和经营权分离后,以前流转严格的身份限制被打破,因经营权无身份限制,流转的开放性和流动性大大增加。经营权主体没有特殊限制,流转便利的情况下,加之政策没有限制,资本逐利化导致农地流转的“非农化”和“非粮化”风险,严重威胁粮食安全和农地红线。在调研过程中,我们发现,在现有制度下,农户和本集体经济组织的其他租户签订租地协议,一般期限为五年,每亩地的租金为700元。但转入方因为农业利益小,因此将租来的土地种植苗木,五年的租期刚好符合苗木的生长周期,而且苗木价值大,每亩地产出效益都在几万元,从而又引导其他种粮农户转而种植苗木,使农地流转“非粮化”问题二次加剧。

“基于农业生产企业的逐利性,使农业生产由粮食作物转向非粮经济作物,这会引起我国农业内部结构的改变,这种内部结构的改变必然会危害国家的粮食安全。”[1]流转过程中的资本逐利性导致耕地质量下降、非农化失控等风险。有些资本进入农地流转,是为了取得短期的效益。为牟取短期暴利,对土地过度耕种,缺乏专业农业知识,大量施用化肥等,使耕地被严重破坏,耕地质量下降。在调研过程中,农地流转主要用途不是耕种,而是种植苗木和果木。苗木种植使土地病虫害加重,土地营养流失,土地变得更加贫瘠。有些租户转而签订其他流转合同,再继续逐利。被放弃的土地,由于难以修复,不适合耕种,最后损失的依然是农民。有些流转土地被用于搭建临时的简易住房开展乡村旅游,过度硬化生产,使土地丧失耕种功能。农地“非农化”“非粮化”现象严重。

2. 流转违约风险和农地过于集中的风险

在土地流转初期,参与农村流转的工商资本由于处于强势地位,流转中容易让农民利益受损。一般的村民委员会、集体经济组织是中间人的角色,如果企业通过与村民委员会、集体经济组织达成一致意见,以较低的价钱将大片土地集体流转,势必会挤压农民的利益空间,在农村的征收补偿中,会发生冲突事件。工商资本具有逐利性,追求利益最大化,如果因为流入方经营不善或长期亏损破产,可能出现无法支付流转租金,造成“失约风险”。失约风险造成农民无法获得应有的租金同时,还可能造成复垦成本,影响农户流转的积极性。

---

〔1〕 参见李中、洪必纲:《中西部地区农村土地流转过程中的风险研究》,载《经济纵横》2012年第6期。

在土地流转中期，农村经济中利益博弈是重要的考量标准，以往农村社会结构还是人情社会，村集体、村民小组成员之间是一种“熟人”社会的结构，合同契约还不是解决问题的主要手段。但随着经济的不断发展和教育水平的提高，利益博弈打破原有的体制建构，对于金钱的追求和生活水平的提高，导致传统理念发生变革。为追求利益最大化不惜违反约定，加之违约成本低，因此，在农地流转中流转违约的风险大大提升。在调研过程中我们发现，有的农户为获得更大的利益，一边签合同，答应土地流转，一边在土地上种树、耕种，以求最大的青苗补偿。有些农民因提前知道土地需要流转第二天要收地，当晚又种一片树苗，要求赔偿。对于有些流转出去的土地由于转入方未完成合理规划，土地处于闲置状态，流出方就继续在已流转的土地上耕作。流入方由于管理不善，导致这样的事情时有发生，其他的流出方农户争相效仿。面对群体性违约，流入方企业需要付出大量的管理成本，在流转中期，流出方农民违约风险加大。

“三权分置”使土地利用率大大提升，一些地方政府和村民自治组织为追求片面的流转规模，而使农地过于集中，侵害农民利益。土地具有保障特性，对农民的生代传系具有保障功能，损害土地权益既损害农民的发展利益。农地土地流转后农地过度集中，出现的农业企业、农民合作社等不同主体的风险承受能力弱的话，容易引发违约风险，导致农业生产的受损。

（四）土地立法及配套制度不完善

1. 土地立法亟待完善

现在土地相关的立法主要是《物权法》《土地管理法》《农村土地承包法》等法律和《土地承包法实施细则》等部门规章。《物权法》在第十一章规定了土地承包经营权制度，将宪法条文重新阐述，规定承包期、承包合同、土地流转等个别条款，远远不能适应农村土地改革的需要。适逢民法典编纂，规定物权编。但通过对物权编草案的梳理我们发现，物权编并未对土地相关问题进行系统阐述，只是对个别条款进行修正，并未将“三权分置”等土地改革成果纳入物权编。《农村土地承包法》的修正和颁布实施，加入“三权分置”的内容，但针对土地流转等具体内容规定仍待完善。

农村土地流转法律法规出现空白。首先，现行法律未对有些行为进行规范，有规范也存在不合理。对农村土地承包经营权如何进行抵押等问题未予以回应，“三权分置”改革后，经营权如何进入市场？是否应独立办理经营权证？经营权证与土地承包经营权证的关系？这些问题法律都应有所回应。其次，基本法律进行权利性规定，实施细则和实施性法律法规未及时出台。在实践操作中，基本法律还需补充规定，细化实施。土地立法的细则法规较少，仅有位阶较低的《土地承包法实施细则》。《农村土地承包法》颁布实施后，应该着手对实施细则进行修改。最后，实践中所有权立法虚置，基本法不能将集体土地所有权明确确权，在农村承包地审批、土地征收补偿中存在许多违法违规问题。

2. 土地承包经营权登记制度不完善

第一，农村土地基础数据调查工作难度大，导致登记出现错误。在周至县调研中我们发现，国家土地确权工作从2014年开始启动，周至县为开展农村产权改革，专门设立周至县农村集体产权制度改革领导小组办公室，部署安排“农村产改”的相关工作。开展农村确权登记以来，困难重重，仅农村土地承包经营权证书“专项纠错”就进行了5次之多。[1] 而与第三方测绘公司的合同只有两年。农村土地承包经营权证书问题主要集中在已分配承包土地的农户成员的姓名、性别、出生年月登记错误。最突出的错误是承包土地情况登记错误，登记亩数有误。这也是特别棘手的问题。承包地块都是第三方测绘公司进行测绘制图，如果出现错误，需要实地再进行勘验。在调研中，一位农户拿着土地承包经营权证书纠错表和证书及另一家的土地确权证书和纠错表，原因是两户农户私自置换了土地，将大的地块的土地确权到另一户农户名下，因此想修改。但是，村民委员会未提交他的申请，导致一直不能更改。此农户从2016年起请求修改，截至2018年5月依旧没有结果，前后到县政府、西安市政府信访，最终未果。截至调研结束，农业部已将土地确权登记簿系统封存，进行统一入网，现在还不能修改。[2]

第二，农户风险意识不足和政策宣传力度不够，导致土地登记工作不能及时完结。农户普遍缺乏风险意识，拿到土地流转证书后就锁到箱子封存，没能认真审查，才会造成纠错工作一拖再拖。同时，农业部门将土地勘测、测绘打印等工作委托给第三方机构，以致相关工作需要多方衔接协调。

3. 政策供给不能完全适应“三权分置”实践运用

第一，补偿、收益分配制度不健全。在农村土地征收补偿中还存在一些不规范的现象，如不按规定的程序进行补偿、补偿标准偏低、在条件相同下分配费用不公等问题较为严重。有些地方土地补偿资金管理还出现截留、克扣的现象，对于土地补偿收益分配在集体组织内缺乏明确的规定。村民委员会或者集体经济组织与土地承包商在上级政府的指导下达成协议，商定集体标准，对不满足赔偿标准的农户，有些村民委员会、集体经济组织会联合土地承包商强行地达成协议，以集体之名，损害少数人的利益，存在分配不公的问题。

土地征用和补偿机制不健全，有些土地流转私人签约，不经过土地交易市场，加上土地交易流转市场管理也不规范，很难实现监督。农民作为承包户、土地经营者，享有承包权，但在土地征收征用和补偿中话语权较少，利益很难得到保障。“三权分置”的实践运用，需要相应的配套体系，经营权流转需要制度化、规范化，需要监督和

---

[1] 数据来源：周至县农村产权流转交易服务中心科员访谈。数据截至2018年5月20日。

[2] 2018年7月最后一次集中土地登记权证修改工作全面启动，查漏补缺，尽力完善登记瑕疵。

监管机制,需要健全补偿、收益分配制度。

第二,农村市场有待优化,金融服务供给不足。农村市场的健全繁荣程度是农村经济的重要标志。我国城乡经济发展不平衡,农村市场还不完善。我国发展不平衡不充分问题在乡村中主要表现在:农产品阶段性供过于求和供给不足并存,农业供给质量亟待提高;农民适应生产力发展和市场竞争的能力不足,乡村发展整体水平亟待提升;国家支农体系相对薄弱,农村金融改革任务繁重,城乡之间要素合理流动机制亟待健全;乡村治理体系和治理能力亟待强化。金融作为支撑发展的命脉,金融供给不足将严重限制产业发展。农业本身具有投入时间长、见效慢、收益小的特点,由于金融的逐利性,导致金融资本很少进入农业领域。但是农业强烈需要金融资金的支持,因此更需要政策予以支持。虽然我国在农业政策中一直强调加大金融对农业的供给,但是金融投入面较小,很难形成规模化效应,多是引导政策性银行对农村进行投入。“三权分置”制度的建立,将盘活经营权,经营权的流转需要大量的金融供给和相关基础设施的支持。

第三,农产品价格形成机制、补贴机制不合理。流转中农产品价格形成机制和优化农业补贴存在不合理。农产品价格形成机制,主要是政府主导,不一定适应适度规模化后的现代化农业的市场需求。“三权分置”改革后,经营权流转,农民财产性收入增加,对于实际经营者来说,进行规模化经营,会降低成本。但如果还是像以往一样政策主导价格,实际的经营者难以从市场机制中获益。

一般意义上的农业补贴指的是“对农业的财政补贴,即国家为了实现特定的农业产业政策目的而将财政收入依法定的标准和方式转移给特定的农业生产经营者的国家行为”。[1] 近年来,我国也相继制定了许多农业优惠政策来促进农业的发展,如对种粮农民的直接补贴、良种补贴以及农机购置补贴,中央出台这些补贴政策旨在稳定农业生产安全,保障农民较为稳定的收入水平,并且激发农民从事农业生产的积极性,从而保证国家粮食安全,按照这一初衷应该是“谁种地谁获得补贴”。

由于《农业法》及其他有关土地的立法中没有对农业补贴的具体规定,而在农村土地经营权流转的现实情境中,一般都是“谁的土地谁获得补贴”,也就是说实际上是由承包权人在获得补贴,这对于实际种植农地的经营权人来说是显失公平的。国家对于农业各种形式的补贴应该是要向实际的农业经营主体倾斜,向种粮大户倾斜,向规模经营倾斜。

五、协调“三权分置”机制及其配套制度

(一)实现法律逻辑的自洽性

《民法总则》114 条规定,物权是权利人依法对特定的物享有直接支配和排他的

〔1〕 黄河:《论我国农业补贴法律制度的构建》,载《法律科学》2007 年第 1 期。

权利,包括所有权、用益物权和担保物权。《民法总则》第 116 条规定物权的种类和内容,由法律规定。根据物权法定,物权的内容(权能)应由法律直接规定。农地作为不动产,是物权的客体,农地产权的权能包括所有权、用益物权、担保物权。

要使土地经营权物权塑造能够实现理论上的自洽性,就需要经由《物权法》或者其他法律确定该权利为物权,再确定该权利的公示方法,以使该法律关系绝对化。“土地承包经营权”的物权化的过程,正是依托上述路径完成的。[1] 这是有可能实现的,但这违背了“一物一权”的物权法原理。一物之上除只能成立一个所有权外,还指“一物之上不能同时设立两个或者两个以上在性质上相互排斥的定限物权”。[2] 因为法律保留了“土地承包经营权”,按照《农村土地承包法》的规定,土地承包经营权中分为“土地承包权”和“土地经营权”。如果按这个立法思路,在保留原有的土地承包经营权之后,流转时的土地承包经营权分离出承包权和经营权,此时,就是相互排斥的定限物权。这有违法理,不能满足法律逻辑的自洽性。

在肯定土地承包权作为独立的用益物权的前提下,再将土地经营权分离成一般性的用益物权,数个同层次的用益物权并存,违背“一物一权”原则。[3] 将土地经营权理解为权利用益物权即承包经营权的用益,避免“一物一权”原则的背离,[4]“要把这种权利确定为‘可转让’、‘可抵押’的权利,只有将这种权利依法确定为物权之后,才能满足这样的要求”,[5]同时将土地经营权定位为一种独立的用益物权,对其权利主体身份不作限制,完全符合土地承包经营权的权利类型范畴,可以最大化地发挥土地经营权的经济价值,实现农村土地资源的优化利用。

《农村土地承包法》并未规定土地承包权和土地经营权的权属性质,将 2009 年颁布的《农村土地承包法》第二章第五节的标题修改为“土地经营权”,明确规定了土地经营权。因此,笔者认为土地经营权属于用益物权,这也是我国农业制度的创新。用益物权不能再分出一种用益物权,为保护法律的稳定性,在论证时应该坚持法律逻辑的自洽性。

针对“土地经营权”,笔者在前面已有所论述。针对逻辑的自洽性,笔者还想再换一种思路分析。孙宪忠教授认为,农地“经营权”是指现有的集体、现有承包人之

---

〔1〕 参见陶钟太朗、杨遂全:《农村土地经营权认知与物权塑造——从既有法制到未来立法》,载《南京农业大学学报》(社会科学版)2015 年第 2 期。

〔2〕 参见王利明:《物权法论》,中国政法大学出版社 2003 年版,第 85 页。

〔3〕 参见单平基:《“三权分置”理论反思与土地承包经营权困境的解决路径》,载《法学》2016 年第 9 期。

〔4〕 参见刘征峰:《农地“三权分置”改革的私法逻辑》,载《西北农林科技大学学报》(社会科学版)2015 年第 5 期。

〔5〕 参见孙宪忠:《推进农地三权分置经营模式的立法研究》,载《中国社会科学》2016 年第 7 期。

外的其他人,依法取得农村耕作地并开展耕作性经营活动的权利。[1] 笔者也认同这种观点。按照这个逻辑推理,只有在土地承包经营权流转时也才会出现经营权的问题。因此,这样解释满足立法成本的最小化,也可以在法律逻辑上满足现有理论体系的完整性。同时,协调“三权分置”制度与现行法律之间的自洽性,以期达到最好的目的,在农村家庭联产责任承包责任制、统分结合的农村经营体制下,完成“三权分置”制度改革。

(二)“三权分置”实现中权利冲突的化解

1. 防范承包权与经营权分置后的潜在风险

农村土地流转风险的防范和化解,需要农地流转市场的市场机制调节和政府的宏观调控与监管二者之间的相互配合来实现,以合理设置经营权分离期限,控制农地流转价格和流转规模,达到适度规模。推进承包权与经营权分离,必须协调、平衡承包人和经营权人的利益,把握好承包权与经营权的分离程度。土地承包权与土地经营权之间的利益协调直接关系到“三权分置”的改革效果,关系到能否在促进农业规模化经营的同时实现农民土地财产权益的实现。然而两类权利主体间利益的协调仅凭市场机制是不够的,需要在土地流转过程中逐步探索形成相关的流转惯例或标准。

第一,要合理控制经营权流转的期限。在我国土地流转实践中,多数流转合同签订的期限都较短,甚至很多流转合同是一年一签,这严重影响经营权人对土地生产能力投入的积极性,制约着农业规模化经营的发展。而几乎没有农民愿意将经营权永久地流转出去,因为现阶段土地对于农民所发挥的保障作用还是非常重要的,除非是农民有退出承包权的意愿,鉴于目前相关法律及政策禁止承包权的转让而通过经营权流转期限为永久的方式变相退出承包权,那么,在流转期限的限制方面,应充分考虑农业生产的投资回收周期较长这一性质,有必要确定一个流转期限的范围。笔者认为,综合考虑农业生产特点和农村土地产权的基本情况,经营权流转的最低期限应考虑设置为4~5年,以平衡承包权人和经营权人利益。至于最长流转期限,由于农民本身对流转期限较长、流转后对其影响较大的流转方式有较强的防范意识,且实践中长期流转经营权的情况也确实很少,因此,我们认为没有必要设置具体的期限为最长期限,但不能超过农村土地的承包期限,更不宜直接签订期限为“永久”的流转合同,否则会对承包权产生强烈的冲击,产生一系列的问题。至于确有永久流转经营权意愿的农民,可通过承包权的有偿退出的形式来实现。

第二,要加强经营权流转的价格监管。为防止市场经济的自发性、盲目性和滞

---

〔1〕 参见孙宪忠:《推进农地三权分置经营模式的立法研究》,载《中国社会科学》2016年第7期。

后性，导致农村土地经营权价格不合理变动，要充分运用宏观调控手段，实现农村土地经营权流转价格的合理化，使农业生产经营利润能在承包权人及经营权人之间得到合理分配。可允许政府或者其他有相关资质的中介机构介入经营权流转过程，由政府或中介机构根据农村土地的地形、生产能力等特点，对要流转土地的经营权价值进行评估，确定相应的土地流转参考价格。在这一参考价格的基础上设定浮动范围，在具体的流转过程中再根据流入土地的经营效益以及粮食价格变化等情况来最终确定土地流转价格，这样的动态价格制定相对于一次性确定好流转价格更加合理，均衡地分配农业生产经营利润，保障农民获得更为长远的土地利益。

2. 集体所有权与承包权权属冲突的协调

第一，转变所有权形式。集体所有权是我国农村土地所有权归属的主要法律模式，但对于集体所有权制度的正当性，学者们还是存在争议的。很多学者认为，土地集体所有权已经仅仅是一种意识形态的选择、政治制度的选择，在法律层面已经没有存在的实质意义。但是，在农村社保体系不健全、经济发展差距较大的严酷现实面前，集体所有权能够在很大程度上吸收农村剩余劳动力，为集体成员提供最低层次的物质保障。这种情况下，土地资源就发挥了巨大的作用。正视和反思集体所有权的内涵和功能时无法回避这一现实因素。我国农地制度的发展变化在过去几十年中本身就是在不断地强化农户的土地承包经营权，用益物权的权能不断扩大，对集体所有权的权利已经明显挤压，现在提出“三权分置”包括要尊重所有权，那么原来既有的权利内容在已失去合法性依据的前提下，就要转变所有权的实现形式，不宜再通过扩大其调整和强制收回农户承包地的权利来体现，也不宜通过收取土地承包费、参与土地流转资金分配来体现，而应充分发挥其在集体成员资格确认、土地征收补偿、土地用途监督等方面的权能。

第二，发挥承包权的法律保障机制。对于承包权，因在现行的法律当中没有关于承包权的表述，所以承包权的保护应主要体现在法律保障层面，坚持土地的农业用途，避免农地“非农化”。首先，要立法明确承包权主体的集体成员资格问题，同时要继续在法律中明晰承包权的各项权能，既包括对土地的基础权利，也要构建相关的自治性权利、集体收益分配权等成员权制度。其次，积极回应中央“稳定承包关系长久不变”的土地政策，将承包权“永久不变”写进法律，使农民对土地的承包权利有可靠的法律保障。再次，承包权的权利性质及内容应该明确化，应包括土地流转收益权，获得征收补偿权及安置权、土地到期收回权、有偿退出权、继承权和剩余权。最后，要在农村土地征收补偿制度中单独列出关于承包权的权利被剥夺或限制时应该得到补偿的情况及标准。承包权是农民重要的土地财产权利，具有物权属性及财产属性，其权利被剥夺时理应单独进行补偿。现行的土地征收补偿标准中只有安置补助费，未凸显其财产属性，不尽合理，应予增加。

（三）实践中“三权分置”的风险防范机制

1. 建立农村土地流转失约风险的防范制度

建立经营权流转风险保障机制，切实保障农户自愿流转土地经营权。促进土地经营权流转，实现农业规模化经营是我们的政策目的，也是新的土地制度的初衷，但在流转过程中一定要尊重农民意愿，不能用强制办法，而是在示范和引导的前提下，根据农民意愿进行流转。

建立农村土地流转失约风险的防范，维护交易安全。为保障农户土地流转利益，提高土地流转履约率，防止“毁约弃耕”失约风险发生，政府应强化土地流转合约约束力，推进农业供给侧结构性改革，加强土地流转监管和服务，敦促工商资本履行社会责任，建立土地流转履约保险机制，创设完善土地流转法律制度。

2. 坚持农村土地适度规模经营

应该坚持适度规模经营，合理确定土地经营权流转规模。农村承包土地“三权分置”的目的是促进经营权流转，实现农业规模化经营，提高农地的生产效率，但在政策的执行过程中也要把握好度，防止因短时间大规模流转而造成的工商企业垄断定价而大肆挤压农民利益的问题。我国农业的历史传统就是小农经济，制度变迁都有其路径依赖。人民公社化的农村经济模式不能适应中国农村发展。家庭联产承包责任制，使中国农业进入新时期，但是碎片化的耕地不能满足现代农业的需要。“三权分置”不是照搬西方的农场主模式，因此在土地中应当防止土地过于集中而形成大农场的模式，而应该坚持适度规模经营，这是由我国农业条件和社会状况所决定的。

我国农村改革是适合我国国情的农村土地政策，是适应我国的适度规模经营制度。《完善三权分置意见》要求积极发展适度规模经营，盘活经营权的根本目的就是发展适度规模，建设现代化农业，实现精准扶贫，使人民富裕。要以理性的态度慎重对待，要充分认识农地经营权流转是一个不平衡、循序渐进的过程，不可一哄而起、齐头并进，要参考当地的城镇化进程、农村劳动力转移规模等实际情况，同时要同步推进当地农业社会化服务水平。要坚持循序渐进和适度的原则，农地适度规模应与经营主体的生产经营管理能力相适应，防止贪大求全，应该兼顾效率和公平，培育发展新型农业经营主体，发展多种形式适度规模经营，培育发展家庭农场、合作社、龙头企业、社会化服务组织和农业产业化联合体等多种形式的新型农业主体。

3. 健全农村承包土地经营权流转的监管和风险防范机制

“三权分置”重点在于盘活经营权，扩大农民的财产权。因此，需要健全农村承包土地经营权流转的监管和风险防范。加强监督监管，保障经营权有序流转。建立公示流转制度，防止无限制流转，避免农地“非农化”“非粮化”现象的出现。公示公信是有效的监督方式，在农村土地交易市场建立公示平台，规范和监督区域内的土地经营权流转,对土地流转的期限、农用地性质严格监督。对农地流转后为实现效益,改变农地利用性质的现象加强事前规范,防范农地“非农化”“非粮化”现象。

对于工商资本投入农地经营领域,要建立严格的对经营权受让主体的资质审查、农地用途监管等制度。完善事前监督的同时,建立预防机制,探索风险保障金制度,在土地流转交易时必须缴纳一定的保障金,保证农业用途。对于违反土地经营权流转的经营者,可以扣除保障金并进行处罚,将扣除的保障金和罚金用于改善农地和发展农业。

(四)完善农地“三权分置”配套制度

1. 完善土地相关立法

随着法治中国建设的不断完善,农村集体产权改革和农村供给侧改革的不断推进,农地制度改革不能仅依靠政策支持和推动。“三权分置”制度下应该及时改变农村土地制度的模式,与现有法律相协调,实现从政策规范到法律规范的转变,建立新的机制。同时,完善农地的权利制度和法律框架,保护农民的权益。

第一,完善和修改土地基本法。适逢《民法典》编纂和《农村土地承包法》修改,厘清“三权分置”关系需完善相应的法规。依据实践中已经存在的土地权利关系,对土地基本法中与事实相抵触或过时的内容尽快修改,将已经成熟的土地政策上升为土地基本法的内容,即以法律巩固现有的事实秩序。一是作为上位法的《物权法》应明确肯定农村土地所有权、农村土地承包权和农村土地经营权的物权属性,对三项权利在占有、使用、收益和处置方面的权能边界进行划分,明晰三权权利主体所享有的权利和应当承担的义务。二是要尽快以新修改的《农村土地承包法》为依据,尽快修改、调整《土地承包法实施细则》和《土地管理法》中关于农村土地承包经营权方面的内容。同时,以《物权法》的修改为参照,从法律上承认农村土地所有权、承包权、经营权的“三权分置”。

第二,尽快制定农村土地法律实施细则,相关法规条例。主要包括:《农村土地承包经营权流转条例》、《农村土地承包经营权流转登记条例》,以及《农村土地承包经营权流转合同管理条例》等。从规范和保障经营权流转实现的角度,至少应包括以下内容:经营权权利主体条件及范围、流转具体程序、流转合同基本内容、经营权转让的最低期限和最高期限,以及流转要坚持依法、自愿、有偿原则等。

第三,要逐步推出各具体职能的法规、规章,健全土地立法体系。如出台土地租赁法和土地信托法等专门性的法律法规,在相关立法中尽快将土地经营权抵押合法化。完善土地具体职能法规建设,有利于完善和细化农村土地工作,让农村土地在管理流转中有法可依。

2. 完善农村土地承包经营权确权登记

第一,加强农村政策宣传,完善登记政策。推进农村土地确权颁证工作,明确权利主体,保证土地经营关系长久不变是实现“三权分置”进行土地经营权流转的关键。为适应市场经济发展,盘活农村土地,增加农民收益,进行集体土地产权改革。农村改革背景下,在初始登记之时,登记机关应该认真履职,做好土地确权工作,为“三权分置”改革奠定基础。应该加强农村的政策宣传,将土地确权工作作为重点,深入调研走访宣传,完善登记政策,避免登记错误的发生。

针对农村知识文化水平较低的农户,村领导、干部应该切实认真负责,做好登记配合、数据报告工作,讲清国家对农村的政策支持。加强土地政策、流转相关的法治宣传。引导农户对承包合同、流转合同等合同文件签署的学习,普及农村土地法律政策。加强宣传引导,为农村“三权分置”制度改革扫清思想障碍。利用网络媒体、新闻媒体等多种形式宣传,积极引导农户自查、自报,发现问题解决问题,将容易出现的问题,在宣传中重点宣讲,让农户明白其中的权利和义务,将国家农村土地改革政策深入人心。

第二,建立农村承包经营权证纠错机制。农村土地承包经营权登记还存在许多问题,关乎农村切身利益,基层政府和村民自治组织应积极宣传避免土地承包经营权登记出现问题。在调研中我们发现,农村土地承包经营权证书的注意事项对土地承包经营权证的性质予以描述。“本证记载事项应与农村土地承包经营权登记簿、土地承包合同和其他土地承包档案记载一致,与实际承包土地情况一致。记载不一致时,除有充分证据证明登记簿记载有误外,以土地承包经营权登记簿为准。承包土地如经合法变更,应到登记机关办理变更登记。”以往农村土地承包因为乡土人情大家都知道邻里之间的地块,因此无须登记。

对于农村承包经营权证纠错工作,周至县农村土地承包经营权登记工作领导小组办公室2017年9月发布《关于农村承包经营权证纠错工作的通知》,要求广泛宣传及时通知需要纠错的农户,按照要求准备纠错材料,以镇为单位,统一上报,纠错时间为2017年10月10日至2017年11月10日,此后不再统一纠错。但是,在调查中发现,2018年5月农村产权交易中心的服务登记关于纠错登记的信息还有几百条,同时,还有各镇提交的需要纠错的农村土地承包经营权证书上百份。

第三,完善登记制度督查制度。县农业局和县统筹办对县域内镇(街)推进农村产权改革工作进行专项督查。主要内容关于县域内各镇(街)是否建立农村产权制度改革组织机构、是否有办公室、前期宣传情况、推动改革的具体措施和实施方案、农村产权改革工作进展情况,以及土地确权完成情况检查。开展农村集体产权改革的各项工作,同时应该落实。

3. 完善政策供给适应“三权分置”制度实践

第一,完善征收补偿、收益分配制度。加快推进征地制度改革,规范征地程序,完善对农民合理、规范、多元的保障机制。应该缩小土地征收范围,规范土地征收程序，完善对被征地农民合理、规范、多元保障机制。规范农村土地征用和补偿程序，坚持公开、公正、公平的原则，严格依照法定程序办理。强化保障措施，对被征收的农民进行妥善安置，规定统一标准，保障征地农民的生活。完善征地补偿配套办法，制订科学合理的征用补偿标准。加强对农村土地征用和土地补偿金的监督和管理，对于侵害农民的案件从严处理。

在“三权分置”的农地权利体系下，所有权、承包权、经营权三个权利的权利内容都包括土地征收补偿权，所以在新的土地制度层面就应考虑平衡三者在土地征用过程中的利益分配问题。改革应该由原来的按照农业产值倍数补偿的理念转变为按市场价值补偿，由此解决政府在土地征收中获益最大的现状，切实保护农民的财产权利。村级组织和被征地农户之间的补偿款分配问题应通过立法统一标准，全国按照一个固定的比例分配补偿款给农户，其余部分分配给村集体，村集体再根据自身情况决定补偿款用途，或留作集体经济发展资金或平均分配给集体成员。对于征地改革中补偿问题，一方面，对集体土地上应有土地权利补偿，实践中无统一标准，建议统一标准；对承包权人和经营权人之间的补偿分配，在现有青苗费及地上附着物补偿基础上，适当向经营权人倾斜；增加经营权人的保护和提高经营权人的积极性和对土地的投入。另一方面，是关于集体土地上的他项权利。对于他项权利土地补偿费的计算，原则上应采统一补偿规则，即以未设他项权利的被征收土地的市场价值为基准计算土地补偿费，再由土地所有权人和他项权利人按照各项权利在土地市场价值中所占的比例予以分割。[1]

第二，完善农村市场机制，提高金融服务水平。需要完善农村市场机制，解决发展不平衡不充分的问题，为农村“三权分置”提供良好的市场基础，实现乡村振兴。针对农产品阶段性供过于求和供给不足的问题，需要提高农业供给质量，提高扩大产品销售，生产销售一体化。提升农民适应市场竞争的能力，夯实农业生产能力基础。以农业供给侧结构性改革为主线，加快构建现代农业产业体系、生产体系、经营体系，提高农业创新力、竞争力和全要素生产率。通过“三权分置”农村经济改革，培育出优质的农业经营主体，统筹兼顾培育新型农业经营主体和扶持小农户，采取有针对性的措施，把小农生产引入现代农业发展轨道。

中共中央、国务院《关于实施乡村振兴战略的意见》指出，要提高农村金融服务水平，健全适合农业农村特点的农村金融体系，使金融机构回归本源推动农村经济发展，把更多金融资源配置到农村经济社会发展的重点领域和薄弱环节，更好满足乡村振兴多样化金融需求。要强化金融服务方式创新，防止脱实向虚倾向，严格管控风险，提高金融服务乡村振兴能力和水平。

---

〔1〕 参见田韶华：《论集体土地上他项权利在征收补偿中的地位及其实现》，载《法学》2017年第1期。

第三,完善农产品价格形成机制和优化农业补贴机制。随着农产品市场的逐步开放,为保护农民利益和市场稳定,国家对农产品价格进行调控,国家实行最低收购价格和临时储备政策,使一些产品成为国家垄断。政策主导下的农产品市场影响市场在资源配置中的作用。党的十八届三中全会指出完善农产品价格形成机制,注重发挥市场作用。坚持市场定价原则,探索建立农产品目标价格制度,开展农产品目标价格制度试点,再进行推广。在发挥政府宏观调控的基础上,完善农产品价格形成机制。

提高中央、省级财政对主要粮食作物的保费补贴,降低或取消县级保费补贴,提高主要农作物保险覆盖和风险保障水平。“当下一些地区以承包人而不是农地经营者为农业补贴发放对象且农业补贴金额较低的做法并不利于农村土地经营权的流转,这一作法会减弱转出户土地转出意愿,增强转出户对土地的依赖”,[1]完善优化农业补贴机制对完善“三权分置”制度、促进农地流转有积极促进作用。完善农业补贴制度,提高农业补贴政策导向,重点补主产区、适度规模经营、农民收入、绿色生态。深入推进农业“三项补贴”制度改革。完善粮食主产区利益补偿机制、完善农机购置补贴政策、健全草原、林业等补贴。

随着“三权分置”改革的不断深入,承包权与经营权分离,为保障承包户利益,农业“三项补贴”依旧发放给承包户,只进行经营权流转,实际经营者利用土地适度规模的优势创造更大的利润。再对实际经营者“农业支出保护”进行实际补贴,优化补贴支持方向。2018 年 1 月中共中央、国务院《关于实施乡村振兴战略的意见》指出“完善农业支持保护制度。……落实和完善对农民直接补贴制度,提高补贴效能。健全粮食主产区利益补偿机制”。保障农业补贴向各类新型农业经营主体倾斜,提高农业补贴政策效能,在保障承包户的基础上,提高实际经营者的积极性。

---

[1] 参见冀县卿、钱忠好、葛轶凡:《如何发挥农业补贴促进农户参与农地流转的靶向作用——基于江苏、广西、湖北、黑龙江的调查数据》,载《农业经济问题》2015 年第 5 期。

第二章 “三权分置”下农地流转与农地金融创新

“三权分置”制度是适应性选择,具有时代正当性。农地“三权分置”的制度设计,在落实集体所有权的基础上,通过稳定农村土地承包权、放活土地经营权,完成了对产权结构的调整,实现了农地产权主体的分化,使不同主体在这种制度设计下,获得农地产权的最大激励,最大限度地释放土地红利。“三权分置”都必须坚持三条底线,即坚持农村土地集体所有制,坚持稳定农村土地承包关系,坚持农户家庭经营的基础性地位。

农村土地金融简称农地金融,是以土地承包经营权为担保财产而发生的信用授受行为的总称,具有聚集资金、分散风险和配置土地资源的功能。〔1〕 在“三权分置”制度改革下,农地金融是以经营权的产权交易改革为核心以农地流转扩大农民财产为目的的金融服务行为。“农村土地金融,即为农村地区土地与金融关系的结合和相互衍化,是土地经营者以其拥有的土地产权向金融机构融资的行为关系的总和,它是市场经济条件下农村土地制度以及农村金融体系的重要组成部分。”〔2〕土地权利涉及农民的根本利益,关涉国家稳定和发展。2017 年中央一号文件中共中央、国务院《关于深入推进农业供给侧结构性改革加快培育农业农村发展新动能的若干意见》明确提出,“加快农村金融创新”,“积极推动农村金融立法”。中央也非常重视农村金融创新的法治化问题,通过农地金融化拓展农业发展资金,开展集约化经营,提高农业化效率固然重要,但在大力开展农地金融的过程中必将遇到制度冲突和现实障碍,这时便需要法治作为农地金融化顺利推行的坚实保障。目前,中国农地金融实践尚处于起步阶段,甚至农地金融中的个别产品与具体制度还存在冲突,如农地抵押实践违反《农村土地承包法》、《土地管理法》、《担保法》和《物权法》的法律规定等。由此可见,在法治的框架下,梳理已有制度与农地金融化规则之间的冲突,建构合法合理高效的农地金融制度具有重要的理论意义。

农地金融制度是指农村土地产权人以其拥有的土地产权向金融机构融资的行为关系总和。通过合法有效的农地金融制度和实践,一是可以活化农村土地的金融

---

〔1〕 参见曾庆芬:《土地承包经营权流转新趋势下农地金融问题研究》,中国农业出版社 2011 年版,第 16 页。

〔2〕 杨雪、王永聪:《当前我国农村土地金融研究述评》,载《西南金融》2013 年第 11 期。

功能,盘活固定在农村土地上的呆滞资金,为农业农村发展提供更多的资金支持;二是改变目前空心户、空心村所带来的土地资源闲置,加速土地流转与适度集中,优化农地资源配置;三是农地金融是有担保的金融,金融机构可以通过土地流转等措施获得补偿,提高了其服务"三农"的商业可持续能力。[1]

在现实中,社会投入到农业中的资金不足是制约农村经济发展和农民增收缓慢的重要因素,因此想方设法将农地经营权作为信用进行融资非常关键。一方面,把这种固定在土地上的资源变为流动的资金,以突破当前农村资金缺乏的"瓶颈",实现农业经营体系的新突破。另一方面,农地金融法律制度的推广能够赋予农民更多的财产权利,有益于农民财产权的真正实现。可见该研究课题具有重要的现实意义。

一、"三权分置"与农地流转的关系及其金融创新的理论基础

农村"三权分置"改革背景下,加快农地流转,增加金融供给,需要厘清"三权分置"与农地流转、农地流转与金融创新的关系。农地产权制度改革是当前促进农地金融发展的必由之路,也是当务之急。[2] 农地金融制度的改革与发展,盘活农村沉淀的"财产",充分实现农地的市场价值,为土地规模经营和农业集约化经营的信贷供给创造条件,也为农业结构的战略性调整与农地市场的形成和发育提供可能。[3]

(一)"三权分置"与农地流转的关系

1. 农地流转是"三权分置"的目的

农村土地流转是农村改革与发展的重要措施,为加快农地流转,即农村土地经营权流转,在总结实践的基础上提出农地"三权分置"制度。据农业部数据统计,截至2016年,我国土地流转面积4.71亿亩,2016年的流转面积占比已经达到了35.1%。随着农地流转的不断深入,为适应农业现代化需求,提出所有权、承包权、经营权分置并行制度,目的就是加快农地流转,增加农民财产性收入。《物权法》第128条规定,土地承包经营权人依照农村土地承包法的规定,有权将土地承包经营权采取转包、互换、转让等方式流转。流转的期限不得超过承包期的剩余期限。未经依法批准,不得将承包地用于非农建设。实践中,土地流转方式主要有转让、转包、出租、互换、代耕、托管等方式,实践中农地流转主要指土地经营权流转。

家庭联产承包责任制实施之处,田地按照"沃瘠搭配""远近统筹"的原则以尽可能做到各户公平。这不可避免地带来农地分散化、碎片化的后遗症,直接导致土地流转低效率。"三权分置"是为了促进农地流转,分离独立的经营权,对经营权进

---

〔1〕 参见杜志雄、惠超:《发挥金融对推进乡村振兴战略的支撑作用》,载《农村金融研究》2018年第2期。

〔2〕 参见高之岩:《基于博弈的我国农户融资机制比较研究》,载《现代财经》2013年第2期。

〔3〕 参见高圣平:《农地金融化的法律困境及出路》,载《中国社会科学》2014年第8期。

行流转。“三权分置”制度就是为了促进农地流转,形成适度规模经营的现代农业。

2.“三权分置”是农地流转的手段

农村土地流转的核心之一就是创新土地流转的方式,保障农民财产权益,“三权分置”是农地流转的手段。2014 年中共中央办公厅、国务院办公厅印发《关于引导农村土地经营权有序流转发展农业适度规模经营的意见》[1]指出,随着农户承包土地的经营权流转明显加快,发展适度规模经营已成为趋势。该意见提出坚持农村土地集体所有,实现所有权、承包权、经营权“三权分置”,引导土地经营权有序流转。坚持农村土地集体所有权,稳定农户承包权,放活土地经营权,以家庭承包经营为基础,推进家庭经营、集体经营、合作经营、企业经营等多种经营方式共同发展的原则。

“三权分置”赋予第三方经营主体土地经营权,可以加快农地流转。《农村土地承包法》第二章第五节规定“土地经营权”,第 36 条、第 37 条规定,承包方可以自主决定依法采取出租(转包)、入股或者其他方式向他人流转土地经营权,并向发包方备案。土地经营权人有权在合同约定的期限内占有农村土地,自主开展农业生产经营并取得收益。

第一,农地流转市场发展迅速,农地的集中化趋势明显,农地细碎化的现象有所减轻。[2] 中国农地流转市场正在经历快速发展,农地的集中化趋势初现。中国农地流转市场仍有待发展。中国农地流转市场发展迅速,农地流转对农业产业升级和城镇化建设意义重大,一方面,应该坚持流转土地用途不变,对转变用途的流转交易加强监管,以保护耕地红线和粮食安全;另一方面,应该对流转市场积极引导,减少行政干预,让市场力量发挥更大作用,使农地流转市场的发展更加规范化。政府应着力打造公平透明的市场环境,建立高效灵活的市场机制,使农地流转具有更强的法律保障。

第二,农户参与农地流转的行为决策受到很多因素的影响。家庭的人口特征(家庭劳动力数量、家庭人口数量、家庭负担系数、男性占比、抚育孩子数量、有在读大学生子女等)、经济特征(就业情况、财富水平与收入结构等)、土地禀赋(土地的数量、质量、确权情况以及征收情况等)和社会环境因素(所在村的农地流转整体情况)均会对农户参与农地流转产生显著影响。

第三,“三权分置”下,对农村土地承包经营权流转合同进行备案登记,确保农地流转有序进行。在农村土地流转服务中心(现在称为农村产权流转交易服务中心)

---

〔1〕 参见《中共中央办公厅、国务院办公厅印发〈关于引导农村土地经营权有序流转发展农业适度规模经营的意见〉》,载中华人民共和国中央人民政府网站:http://www.gov.cn/xinwen/2014-11/20/content_2781544.htm,最后访问日期:2018 年 5 月 5 日。

〔2〕 参见何欣、蒋涛、郭良燕等:《中国农地流转市场的发展与农户流转农地行为研究——基于 2013~2015 年 29 省的农户调查数据》,载《管理世界》2016 年第 6 期。

对农村土地承包经营权流转合同进行备案登记。坚持“依法、自愿、有偿”原则，具有农业经营能力的农业企业、农业经济组织或个人，依法通过土地流转方式从事种植业并签订统一制式的土地流转合同进行登记备案。办理条件应该满足：《农村土地承包经营权流转管理办法》第3条、第4条规定，农村土地承包经营权流转不得改变承包土地的农业用途，流转期限不得超过承包期的剩余期限，不得损害利害关系人和农村集体经济组织的合法权益。农村土地承包经营权流转应当规范有序。依法形成的流转关系应当受到保护。《农村土地承包法》第40条规定，土地经营权流转，当事人双方应当签订书面流转合同。土地经营权流转合同一般包括以下条款：(1)双方当事人的姓名、住所；(2)流转土地的名称、坐落、面积、质量等级；(3)流转期限和起止日期；(4)流转土地的用途；(5)双方当事人的权利和义务；(6)流转价款及支付方式；(7)土地被依法征收、征用、占用时有关补偿费的归属；(8)违约责任。承包方将土地交由他人代耕不超过1年的，可以不签订书面合同。登记备案机关对申请人提交的土地流转合同登记备案申请材料进行审核，对符合要求的，准予登记备案，出具《农村土地承包经营权流转登记备案证明》，对材料不齐的或不符合要求的一次性告知补齐。

“三权分置”改革是为了加快土地承包经营权流转，建立健全流转服务体系。关键是四个方面：一是建立交易市场。主要是以县为单位建立农村土地产权交易中心。条件成熟后，可以建立以省为单位的交易中心，最终可建立全国统一的交易市场。二是建立农村土地价格评估机制。要成立有权威、专业化、市场化的土地价值评估机构，建立农村土地价格管理制度。三是建立合同备案、抵押登记、调解仲裁等机制。四是建立政策性的处置中心。以县为单位成立专门的农村土地产权处置中心。建立农村产权处置资产详细清单，将具体处置责任落实到区县、镇、村。

(二)农地流转与金融创新的关系

1. 农地流转对金融创新的功用

(1)土地流转对农地金融有制度建设的促进作用

土地流转可以对农地金融制度建设起到良好的促进作用。一方面，土地流转与农地金融创新是正相关关系，土地流转制度可以促进农业生产绩效的提高，从而使农村金融机构有盈利机会，促进农地金融创新发展。另一方面，《农村土地承包法》关于土地流转的规定为土地流转提供法制保障。土地作为不可再生资源和不动产的属性，有其先天的价值属性。经营权进入市场流转，可以提高债的担保性而且增加贷款的安全性，从而减少金融风险。因此农地金融服务机构创造更好的金融产品，推动农地金融制度发展。例如，根据地方特色周至农科村镇银行，就创造性地推出果园贷、及时雨农户贷款、猕猴桃贷款、苗木贷款。农地有序流转促进农地金融创新。

农村土地流转制度改革落地实施的依托是流转形式的创新,传统土地流转形式主要是转包、转让、互换、委托经营、股份合作等。十七届三中全会通过的中共中央《关于推进农村改革发展若干重大问题的决定》指出:“按照依法自愿有偿原则,允许农民以转包、出租、互换、转让、股份合作等形式流转土地承包经营权,发展多种形式的适度规模经营。”随着土地流转率的不断加大,农户非农收入增加,土地流转加快,促进农地金融不断创新。从抵押融资的合法化,到农地资产化、土地银行的设立、农地证券化等试点的建立和推广,我国农地流转正带动农地金融制度的不断创新。

(2)土地流转对农地金融有金融环境的优化作用

土地流转促进实体经济的发展,实体经济的发展能够催生对金融服务的需求,进而推动金融业的发展。土地流转促进农村闲置土地运用,促进土地适度规模发展,辅以农业机械化,提高劳动效率,促进实体经济发展。从而带动相关农地金融业的发展,如农地投资、保险、抵押贷款等金融服务。土地流转推动农村土地制度变革,促进农村金融主体规模的扩大。盘活农村土地利用,增加农民财产性收入,使农民担保能力提升,提升金融需求主体农户的信用能力,刺激农村金融供给。随着农村的金融基础设施建设和信用体系建设会得到不断完善,土地流转对农地金融有金融环境的优化作用不断增强,从而满足农村金融供给需求,金融环境不断优化,金融服务“三农”的作用将不断加大。

农村土地流转制度改革的重要切入点是健全完善市场机制。农村土地流转制度改革的一个重要原则是让市场在农村资源配置中发挥决定性作用。为发挥市场作用,农村金融基础设施不断完善,很多地方建立农村土地流转交易中心(现在叫农村产权交易服务中心),专门设立产权交易、纠纷受理、确权登记等窗口。建立农地经营权交易市场,扩大市场参与的主体,包括农户、集体经济组织还有其他投资主体,加强相关制度建设,规范市场运营。同时,政府做好公共服务,积极引导各类金融和社会资本进入农村市场,推动农业产业升级转型,使农地金融环境不断优化。

2. 金融创新对农地流转的功用

(1)农地金融创新促进农地流转效率的扩大

农地金融创新促进农地流转效率扩大。目前,我国农地使用分散化、细碎化、低效化问题比较突出。据统计,我国有2亿多分散小农户,户均土地只有8.4亩,只相当于美国的1/50,世界平均水平的40%。同时,农村出现了大量的空心户、空心村,土地资源闲置严重。发展农地金融,提升农村土地的经济价值,有利于加速土地流转,加大农业生产投入,优化农地资源配置,使其与劳动力、资金等要素重新组织,带来耕种规模和经营效率的提升。

发展农地金融,据调查发现,农户农地转出主要受实际租金率的影响。以美国为例,美国农地价格持续上涨,农场主资产负债表不断优化,刺激了美国农村金融发展，美国农村地区的政策性金融、商业性金融、合作性金融、个人金融及民间金融逐步发展壮大，解决了信贷供给和信贷品种问题，为农场扩大规模、购买机械等生产资料、采用新技术提供了健全的金融服务，大大促进了美国农业生产率的提高。[1] 借鉴美国模式，在土地流转过程中，确立市场租金模式，适当提高农地租金，促进农地流转效率扩大。

(2)农地金融创新是农地流转的保障

土地经营权可以进行融资担保，保障农地流转。中央提出深化农村金融改革创新，土地承包经营权和土地经营权都可以向金融机构抵押担保融资。鉴于实践中抵押担保融资的情况复杂，操作方式多样，加之各方面对土地经营权的性质认识分歧较大，在《农村土地承包法》中使用了“融资担保”的概念，包含了抵押和质押等多种情形，既解决农民向金融机构融资缺少有效担保物的问题，又保持了与担保法等法律规定的一致性。《农村土地承包法》要求建立土地经营权的资格审查、项目审核和风险防范制度，其第45条规定，“县级以上地方人民政府应当建立工商企业等社会资本通过流转取得土地经营权的资格审查、项目审核和风险防范制度。工商企业等社会资本通过流转取得土地经营权的，本集体经济组织可以收取适量管理费用”。同时，第47条具体规定了“土地经营权融资担保制度”，“承包方可以用承包地的土地经营权向金融机构融资担保，并向发包方备案。受让方通过流转取得的土地经营权，经承包方书面同意并向发包方备案，可以向金融机构融资担保。担保物权自融资担保合同生效时设立。当事人可以向登记机构申请登记；未经登记，不得对抗善意第三人。实现担保物权时，担保物权人有权就土地经营权优先受偿。土地经营权融资担保办法由国务院有关部门规定”。农地金融创新是农地流转的保障，只有农地金融不断创新，才能保障农地有序流转。

随着社会经济不断发展，农村土地简单的转包、出租形式等已经不能满足农地流转市场的需要。农村“熟人”社会的模式被市场打破，市场经济下，乡风民俗道德下的乡村模式已不能发挥以往的作用。在我国经济转轨过程中，农村经济主体之间广泛而大量地存在“低诚信度”现象，严重影响了农村市场经济秩序的建立和完善，诚信缺失的行为选择与信息不对称之间有着密切的联系。因此，就需要农地金融创新以保障农地流转的需要，加大金融征信建设，完善农村市场主体金融意识，发展普惠金融，为土地流转提供保障。

(三)农地金融创新的理论基础

1. 农地金融创新的政策背景

中央一号文件作为中共中央每年发布的第一份文件，以成为中央重视“三农”问

---

[1] 参见速韬、朱斌、李体欣：《美日农地金融制度对我国的启示》，载《浙江金融》2014年第6期。

题的专用语。从2004年开始，中央一号文件都是涉及“三农”问题，金融服务“三农”也是我们党一贯的政策体现。通过对2004～2018年中央一号文件整理，我们绘制了2004～2018年中央一号文件农地金融一览表。（见表2－1）

表2－1　2004～2018年中央一号文件农地金融一览表

年份	农地金融表述	农地金融具体内容
2004年	改革和创新农村金融体制	金融机构服务农村、利率、贷款、担保
2005年	改革和完善农村投融资体制，健全农业投入机制	农村小型基础设施产权制度改革；推进农村金融改革和创新；发挥银行作用、继续深化农村信用社改革
2006年	加快推进农村金融改革	农村信用社、邮政储蓄、国家开发银行、农业银行；规范民间借贷；建立担保基金或担保机构，解决贷款抵押担保难问题
2007年	深化农村综合改革	继续发挥银行的基础作用；坚持农村基本经营制度，稳定土地承包关系，规范土地承包经营权流转，加快征地制度改革
2008年	稳定完善农村基本经营制度和深化农村改革	加快农村金融体制改革和创新；放宽农村地区银行业金融机构准入；发挥银行作用；推进农村担保方式创新；建立健全农业再保险体系
2009年	稳定完善农村基本经营制度	稳定农村土地承包关系；建立健全土地承包经营权流转市场；提出“三个不得”，不得改变土地集体所有性质，不得改变土地用途，不得损害农民土地承包权益
2010年	提高农村金融服务质量和水平	加强财税政策与农村金融政策的有效衔接，切实解决农村融资难问题；健全农业再保险体系。金融服务被首先提及
2011年	加强对水利建设的金融支持	综合运用财政和货币政策，引导金融机构增加水利信贷资金；积极开展水利项目收益权质押贷款等多种形式融资
2012年	提升农村金融服务水平	增加农村信贷投入，确保银行业金融机构涉农贷款增速高于全部贷款平均增速；完善涉农贷款税收激励政策；积极探索农业科技专利质押融资业务；扩大农业保险险种和覆盖面。再次被首先提及

续表

年份	农地金融表述	农地金融具体内容
2013 年	改善农村金融服务	引导农村土地承包经营权有序流转;充分发挥政策性金融和合作性金融作用;创新符合农村特点的抵(质)押担保方式和融资工具,建立多层次、多形式的农业信用担保体系
2014 年	全面深化农村改革——加快农村金融制度创新	赋予农民对承包地占有、使用、收益、流转及承包经营权抵押、担保权能。稳定农户承包权、放活土地经营权,允许承包土地的经营权向金融机构抵押融资;强化金融机构服务"三农"职责;发展新型农村合作金融组织;加大农业保险支持力度
2015 年	加大改革创新力度——全面深化农村改革	创新土地流转和规模经营方式;推进农村集体产权制度改革;审慎稳妥推进农村土地制度改革;推进农村金融体制改革;"三农"融资担保;支持发行"三农"专项金融债、鼓励涉农企业发行债券;强化农村普惠金融
2016 年	新发展理念——推动金融资源更多向农村倾斜	构建农村金融服务体系,发展农村普惠金融;农村金融机构改革;创新村镇银行设立模式;引导互联网金融、移动金融在农村规范发展;有序推进农村承包土地的经营权抵押;发展农产品期权期货;完善农业保险制度;深化农村集体产权制度改革
2017 年	农业供给侧结构性改革——加快农村金融创新	继续发挥政策银行作用;农村金融机构"三农"金融事业部改革;农村信用建设和农村各类资源资产权属认定;探索建立农产品收入保险制度;涉农企业上市融资、发行债券、兼并重组;推动农村金融立法;深化农村集体产权制度改革
2018 年	乡村振兴——开拓投融资渠道,强化乡村振兴投入保障	深化农村土地制度改革;深入推进农村集体产权制度改革;继续农村金融改革,提高金融服务水平;继续发挥农村金融机构的作用,普惠金融重点要放在乡村;出台非存款类放贷组织条例;推进农村期权期货市场;加强农村金融监管

通过对表 2-1 的分析我们发现,金融创新有其政策支持。自 2004 年开始,中央一号文件每年都是关于"三农"问题的重大部署,农村金融作为"三农"问题的重要一环,金融服务"三农"力度不断加大,金融创新不断增强。关于农村金融的部署,从 2014 年是一个节点。2004~2013 年这 10 年间,农地金融服务"三农"的思想,主

要集中在发挥政策银行的作用、运用财政政策扶持、探索农地担保,解决“三农”融资问题,创新提出农业保险制度。农村金融服务供给严重不足,通过政策导向于实践,我国农村贷款率也不是很高。2014年党的十八大以来,我国农村改革不断深入,农村金融改革随着农村土地改革的不断深入而发展。

自2014年起,加大金融创新,赋予农民对于农民产权权能。首先,赋予农民对承包地承包经营权抵押、担保权能。同时,稳定农户承包权、放活土地经营权,允许承包土地的经营权向金融机构抵押融资,加大农业保险支持力度。其次,创新土地流转和规模经营方式,推进农村集体产权制度改革和农村金融体制改革,加大“三农”融资担保,支持发行“三农”专项金融债、鼓励涉农企业发行债券。提别提出强化农村普惠金融。再次,提出构建农村金融服务体系,进行农村金融机构改革,引导互联网金融、移动金融在农村规范发展,加大金融创新,发展农产品期权期货,完善农业保险制度。随后,要求继续发挥政策银行作用,进行农村金融机构“三农”金融事业部改革,加大农村信用建设、完善农村各类资源资产权属认定,探索建立农产品收入保险制度。继续金融创新,提出涉农企业上市融资、发行债券、兼并重组,加强农村金融立法。最后,不断深化农村土地制度改革,深入推进农村集体产权制度改革,继续农村金融改革,提高金融服务水平,继续发挥农村金融机构的作用,普惠金融重点要放在乡村,出台非存款类放贷组织条例,推进农村期权期货市场,加强农村金融监管。这些政策,为金融创新发展,提供了良好的金融创新环境和政策支持。

党的十九大报告做出中国特色社会主义进入了新时代的正确论断,这是我国发展新的历史方位。[1] 中国特色社会主义进入新时代,必须坚持习近平新时代中国特色社会主义思想,习近平提出全面深化改革,农村改革就是全面深化改革的一部分。通过表2-1我们发现,我国进入新时代以来,全面深化农村改革、新发展理念、农业供给侧改革、乡村振兴,构成了习近平新时代中国特色社会主义思想中的农业思想。从加快农村金融制度创新部署开始,农村金融改革不断深入。2019年中央一号文件指出,打通金融服务“三农”各个环节,建立县域银行业金融机构服务“三农”的激励约束机制,实现普惠性涉农贷款增速总体高于各项贷款平均增速;推动农村商业银行、农村合作银行、农村信用社逐步回归本源,为本地“三农”服务;研究制定商业银行“三农”事业部绩效考核和激励的具体办法;用好差别化准备金率和差异化监管等政策,切实降低“三农”信贷担保服务门槛,鼓励银行业金融机构加大对乡村振兴和脱贫攻坚中长期信贷支持力度;支持重点领域特色农产品期货期权品种上市。

2. 农地金融创新的理论研究

农地金融研究始于国外的重商经济模式。20世纪五六十年代之前,主流经济学

---

〔1〕 参见习近平:《决胜全面建成小康社会夺取新时代中国特色社会主义伟大胜利——在中国共产党第十九次全国代表大会上的报告》,人民出版社2017年版,第10页。

家忽视农地金融问题,随着发展中国家的农地金融问题得不断出现,才慢慢引起重视。对农地金融有影响和指导作用的理论有地租理论、产权理论、农村金融市场理论等。

有学者对地租理论进行系统研究。[1] 认为古典经济学地租理论代表威廉·配第(Willian Petty)在《赋税论》中首次提出,地租是土地上生产的农作物所得的剩余收入。亚当·斯密(Adam Smith)在《国民财富的性质和原因的研究》中把资本主义社会的居民分为资本家阶级、工人阶级和地主阶级,匹配三种基本收入:工资、利润、地租。新古典经济学地租理论把地租定义为物主将其所有的土地、房屋或任何财产租给他人使用所获得的报酬,并不一定专指出租土地而获得的租金。马克思地租理论认为因为土地所有制和土地所有权的存在,同时二者相互分离时才使地租存在。由于土地所有权的存在,不管租种何地都要交纳地租。土地制度和与之相应的地租分配反映了一定时期的利益关系。地租理论为土地流转奠定了理论基础,而金融作为资本的进入将会促进土地合理利用和产出上升。

马克思产权理论认为,产权是财产主体对财产所拥有的排他的、具有归属性的权利或关系,是一种经济权利关系,是由所有权决定的历史范畴,随着社会生产力的发展而变化变化更新。产权权能包括:所有权、支配权、使用权、收益权、处分权和管理权等。马克思土地产权是指由终极所有权及所有权衍生出来的占有权、使用权、处分权、收益权、出租权、转让权、抵押权等权能组成的权利束。农地产权可理解为单项权利的权利束或权利组合,它的不同组合方式形成不同的土地产权结构,不同的产权结构形成了不同的利益主体结构。因此,可以认为农村土地产权制度是农地金融制度建立和存在的基础。

金融市场创新理论包括金融工具创新,金融工具创新是指新的金融工具、金融服务或投资组合产生和推广的过程。有学者认为,[2]广义的金融创新还包括金融制度创新、机构创新、市场创新、监管创新等方面。有经济学家认为,金融创新是提高金融体系效率、促进金融结构优化的原动力。在一个持续演化的经济系统中,在既定垄断结构下稳定运行的金融系统总是受到各种适应于实体经济变化的金融发展带来的扰动。金融创新是实现金融结构优化和升级,促进实体经济和金融结构协调发展的动力;是在对农村金融系统论批判的基础上产生的,强调市场机制的功效,反对政策性金融对市场的干预,主张充分发挥农村内部金融中介在农村金融中的重要作用。

---

〔1〕 参见邱蓉、代慧琴:《对地租理论的思考》,载《安徽农业科学》2011 年第 9 期。

〔2〕 参见刘湘勤、龙海雯:《金融创新与金融结构变迁的演化论解释——凡勃伦金融市场理论的启示》,载《人文杂志》2007 年第 5 期。

二、农地金融创新的必要性与制约性分析

(一)农地金融创新的意义

1. 增加农地金融供给,促进农业发展

我国农村金融供给总量不足、供求错位、服务效率低下,农村金融依然是整个金融体系和农村发展的“短板”。[1] 我国农村金融供给不足,是形成农村投资缺口和影响农村经济发展直接原因。农村金融供给不足,严重限制农业发展。因此,应该增加农地金融供给,促进农业发展。

增加农地金融供给历来是我国政策支持的重要方面。从2004年开始中央一号文件就要求,加大农业银行、政策银行、邮政储蓄银行服务“三农”的力度。国务院《关于印发推进普惠金融发展规划(2016—2020年)的通知》(国发〔2015〕74号)要求大力发展普惠金融。普惠金融是指立足机会平等要求和商业可持续原则,以可负担的成本为有金融服务需求的社会各阶层和群体提供适当、有效的金融服务。加快推进金融基础设施建设,积极引导各类普惠金融服务主体借助互联网等现代信息技术手段,降低金融交易成本,延伸服务半径,拓展普惠金融服务的广度和深度。通过这些手段加强农地金融创新,增加农地金融供给,促进农业发展。

2. 实施乡村振兴,增加农民财产收入

第一,国家提出乡村振兴战略。乡村振兴战略为农村金融的未来发展提供了前所未有的机遇,客观上要求加快建立多层次、广覆盖、可持续、竞争适度、风险可控的现代农村金融体系。同时,也需要金融机构加强创新,提高服务的质量,以更好支持乡村振兴战略的实施。农地作为农民拥有的最重要财富之一,具有稀缺性和不可再生性。由于我国的特殊国情,农地所有权归属于集体,农民享有的是土地承包经营权,因此,农民无法以农地买卖来达到增加财产的目的,农民所拥有的土地承包经营权则是农民增收的途径,在现行法下,土地承包经营权人的融资方式非常有限,这导致长期以来农民无法充分发挥土地的利用功能。土地承包经营权作为财产权应当尽可能地体现出增加农民财产的价值,而实际上,土地承包经营权的让与性很有限,农民的财产增值一直较低。过去不允许土地承包经营权抵押是由于我国农村社会保障体系非常不健全,农民又没有其他收入,因此,承载着保障功能的土地承包经营权成为农民安身立命之本。

将经营权自然地融入到市场经济中,充分发挥其自身的经济价值,拓宽农民融资渠道,提高金融机构提供贷款的积极性,为农民财产收入的增加创造条件。农地

---

〔1〕 参见罗剑朝、庸晖、庞玺成:《农地抵押融资运行模式国际比较及其启示》,载《中国农村经济》2015年第3期。

是农村改革的核心。只有完善农地制度，进一步激活农村巨量存置资产，才能为农村产业兴旺提供更富足的资源要素，保护农村的宜居生态环境，提高农民的收入水平，推进我国农业农村现代化。金融是现代经济的核心，是乡村振兴战略顺利推进的重要支撑，需要金融机构加强创新，提高服务的质量，以更好支持乡村振兴战略的实施。

第二，增加农民财产性收入。农地金融创新可以增加农民财产性收入，农民财产性收入的取得与农民财产权密切相关，是农民依据财产权取得的财产收入。农民财产权是指在我国现行的户籍管理制度中，户籍登记在农村并且持有农业户口（现在城乡均已登记为居民户籍）的我国公民，依法对其所有的财产的占有权、使用权、收益权和转让权，以及运用这几个权利获取相应经济利益的权利，包括农民对于集体土地的宅基地使用权、集体建设用地使用权、农村土地的占有权、使用收益权、流转权、物上请求权等权利。农民财产权的确定促进农地金融创新，增加农民财产性收入。

3. 解决农业经营主体的资金需求，实现农业现代化发展

第一，农地金融创新可以切实解决农业经营主体的资金需求。随着城镇化的加快，农民早已不再将自己束缚于土地之上，而是选择进城务工，农民对农地流转的需求越来越大，然而现行法律制度出于对农地保障功能的考量，对农地流转方式与流转条件做了诸多限制，这导致农民宁愿选择撂荒，也不愿意因为流转土地造成将来可能失地的结局。在当前阶段，农地抵押融资能够切实解决农业经营主体的资金需求，而农地经营权抵押为实现土地规模化经营提供了条件，新型农业经营主体可以将流转获得的农地经营权进行抵押获得资金支持，进一步促进农地的流转集中，加快农业产业结构的优化升级，使土地资源得到优化配置，提高劳动生产效率，推动农业现代化进程。

第二，实现农业现代化发展。现代农业要求提高劳动生产率、土地产出和资源利用率。土地集中集约适度规模，发挥规模经济的效力。破解农村现有经营模式（家庭联产责任承包制）下农民粗放式个体散户、小块地、小农经营与集约化精耕细作专业农业技术人才规模经营的矛盾，让短缺的土地资源最大化的利用。

（二）农地金融创新的原因

1. 社会矛盾转变和农业供给侧结构性改革

第一，农地金融顺应社会矛盾转变的需要。鉴于我国地域宽广、经济差距明显、金融化发展水平不均衡，东部发达地区与西部落后地区存在较大差异，所以制度建构上会结合区域发展阶段来设置。1981 年十一届六中全会指出，我国社会主义初级阶段的主要矛盾是人民日益增长的物质文化需要同落后的社会生产之间的矛盾。中国特色社会主义进入新时代，我国社会主要矛盾已经转化为人民日益增长的美好

生活需要和不平衡不充分的发展之间的矛盾。[1] 而矛盾变化也影响法治的方向，人民日益增长的物质文化需要同落后的社会生产之间的矛盾主要强调经济发展的作用，以经济建设为中心，效率优先兼顾公平。而新时代的矛盾是人民日益增长的美好生活需要和不平衡不充分的发展之间的矛盾，温饱解决后对美好生活的需求与发展的不平衡不充分之间的矛盾，这就要求在经济建设的同时更加注重公平和平衡发展，法治现代化不仅需要与市场经济相适应，还应更加注重公平。

第二，农地金融顺应农业供给侧结构性改革的需要。供给侧改革是对生产要素的改革，农村供给侧改革主要任务之一就是增加农村金融服务供给，创新农地金融制度，必将成为我国新一轮土地制度改革的热点。2016 年中共中央、国务院《关于深入推进农业供给侧结构性改革、加快培育农业农村发展新动能的若干意见》指出，农业的主要矛盾由总量不足转变为结构性矛盾，突出表现为阶段性供过于求和供给不足并存，矛盾的主要方面在供给侧。

2. 大数据、人工智能时代，与农村落后的金融体制不协调

随着社会科技的不断进步，社会逐步进入大数据、人工智能时代。城市互联网、物联网发展，经济飞速发展。2018 年 4 月中国建设银行宣布国内第一家无人银行，在上海正式开业。银行没有人工服务，但 90% 以上现金及非现金业务都能办理，机器人办理和远程办理相结合，配置智慧柜员机、VTM、外汇兑换机以及 AR、VR 等互动体验区，各种自助机具承担了 90% 以上传统网点的现金及非现金各项业务。无人银行的运营，降低银行运营成本的同时，也促进银行业务无纸化、数字化，以及人脸数据库等基础设施的补充和建设，这些都是业务智能化前提。而农村许多人还不会使用智能手机，信托、资产证券化等诸多金融工具与农村落后的金融生态显得格格不入。农村基础设施不完善，与农村落后的金融体制不协调。

3. 打破城乡二元制结构，实现共同富裕

农地金融改革有助于建全城乡发展一体化体制，打破城乡二元制，实现共同富裕。推进城乡要素平等交换和公共资源配置，推动农村转移人口市民化，推动城乡经济社会融合发展。

第一，改善城乡结构，增加劳动力转出。在我国城镇化和工业化的进程中，二元经济结构的矛盾日益突出，农业融资能力不足，严重制约农业技术进步和经济结构转型升级。农户农地转出是以劳动力转出为前提的。城乡结构不合理，导致非农就业率低。研究表明，非农就业机会越多，劳动力转移障碍与摩擦越小，保险市场越完善越利于农户劳动力转出，从而越利于农户农地转出。[2] 改善城乡结构，增加劳动

---

〔1〕 参见习近平：《决胜全面建成小康社会夺取新时代中国特色社会主义伟大胜利——在中国共产党第十九次全国代表大会上的报告》，人民出版社 2017 年版，第 10 页。

〔2〕 参见毛飞、孔祥智：《农地规模化流转的制约因素分析》，载《农业技术经济》2012 年第 4 期。

力转出。随着万众创新、大众创业的开展,非农就业机会越来越多,农民工进城务工越来越多,相应保障也越来越完善,可以改善现有的城乡二元制结构。

第二,打破城乡二元制,实现农民增收,强调政策协调,破除制度性障碍。诺斯认为:“制度环境是指用来建立生产、交换与分配基础的政治、社会和法律基础的规则。”应当强调政策协调,破除制度性障碍。国家应该营造良好的制度环境,积极推进医疗、教育、社会保障方面的城乡统筹发展,实现城乡一体化建设,破除城乡二元体制,让农村与城市充分接轨,农民在城市和农村都能得到较好的发展,为农村土地承包权与经营权的分离创造良好的制度和社会条件。

第三,实现共同富裕。实现上述目标的根本在于实现共同富裕。我国是社会主义国家,共同富裕是国家目标。我国城乡发展不均衡,2006 年收农业税之前农村“供养”城市发展,随着城乡差距的加大,开始城市“反哺农村”,国家政策向农村倾斜,就是为了打破城乡二元制,实现共同富裕的需要。

(三)农村土地金融创新的制约因素

1. 过分强调农村土地的保障功能

我国农村土地同时承载了保障功能和经济功能,现行土地制度在设计之初限制农地金融化是考虑到农地的社会保障功能,土地的自然属性确保了农民通过农业生产解决生存所需。[1] 中国农村土地兼具经济、生产、生活、就业、社会保障等多重社会功能,应进一步推动城镇化发展,弱化农村土地所承载的农民的生活保障、社会保障、就业保障等功能。

有学者指出,中国多年的改革实践证明,在当前城乡社会公共服务、社会保障制度二元化的框架下,“半工半耕结构”的家庭承包经营模式,无论是对于农业生产、保障农民生活,还是保障农民工返乡生活、缓解城市就业压力等各方面仍具有十分重要的意义。但是,过分强调农村土地的保障功能,使土地难以发挥其本有的价值,束缚土地的经济功能。

2. 农地金融的风险防范

我国缺乏成熟高效的农地金融风险分担与补偿机制。农地金融化的过程也是农地资本化的过程,农地资本化流转风险主要有:农地用途改变,影响粮食安全的风险;产权权能缺位,强制农民流转的风险;盲目推进规模化,经营风险失控的风险;资本化流转的市场风险。[2] 农地金融发展后的农地金融风险问题、农民权益保障问题、农地金融的监管问题都应纳入研究的视野和范畴,农地金融效果的量化评价,将能够判别农地金融对不同群体、不同领域、不同产业等所带来的具体作用,这也是农地金融应该深化的重要方向。化解农地资本化流转风险的对策有:加强对流转农地

〔1〕 参见赵海林:《论农村产权制度对农村社会保障制度的影响》,载《农村经济》2005 年第 1 期。
〔2〕 参见孙月蓉、代晨:《中国农地资本化流转风险分析》,载《经济问题》2015 年第 5 期。

的监管，推进农地确权，构建具有农地交易平台、农地金融制度、农地流转风险化解机制“三位一体”的农地流转市场，弱化农地的社会功能。

第一，建立农地流转专项风险保障金。为提高农村金融的有效供给，推进农地金融业务的开展，应当建立、健全农村金融风险补偿机制，可以由中央、地方财政出资设立农地金融风险补偿基金，对农地金融服务的融资机构因发放农地抵押贷款而产生的本息损失进行一定比例补偿，减少风险的积聚。[1] 进行政策性担保可以建立增信机制和成本降低机制，由地方政府和租地企业按照一定比例缴纳，由地方财政或农经部门管理，用于租地企业经营不善或者违约而利益受损的农民。

第二，建立农地抵押融资专项风险补偿金。政府出资建立专项补偿金，对金融机构发放的农地抵押贷款损失，给予一定比例的补偿。首先把好准入关，严防法律风险。创新土地承包经营权、宅基地用益物权等农民财产权利抵押必须有地方政府相应法规或政策支持，并在确权、评估、处置等几个环节有司法保障。其次把好操作关，严防抵押风险。严格确权管理，严格价值评估，确保处置无碍。最后把好贷后管理关，严防资金挪用风险。加强信贷资金运用监测，及时跟踪掌握贷款资金流向。[2]

在我国快速发展的城镇化进程中，土地不仅是农业生产的投入要素，也将成为农民最重要的财产性收入来源，农地制度创新历来是改革红利释放的关键。[3] 农地金融制度方兴未艾，城市金融服务品类繁多，而农村地区金融服务资源有限，满足农民的融资需求和消除金融机构风险之间的矛盾依旧突出，应创新农村金融服务方式，完善“三农”金融支持，同时防范金融风险。

3. 家庭承包经营模式抑制金融机构增加供给

农村金融体系变革滞后，金融抑制问题突出，农村信贷供给不足，已经成为农村经济发展的严重羁绊。我国分散的小农经济在改革开放初期极大地解放了农村生产力，激发农民热情。但是随着农业产业化程度的不断提高，农产品市场化水平的不断深入，小农经济背景下的中国农民必然面临自我组织化程度低、农业生产资料配置规模经济下降、抵御市场风险的能力不足等问题，进而导致农村金融信贷风险成倍增加，反过来又抑制了现有正规金融机构对农村提供信贷支持的空间。

家庭承包经营的小农经济模式抑制金融机构增加供给。一方面，家庭承包经营的小农经济模式对金融需求较低。另一方面，由于家庭抗风险能力低，担保不足，不能满足金融供给的相关要求，因此抑制了金融机构对农业个体的金融供给。

---

〔1〕 参见李同彬：《农户的融资需求与农村金融的有效供给》，载《理论探讨》2011 年第 6 期。
〔2〕 参见赵忠世：《关于农地金融问题的几点思考》，载《农村金融研究》2017 年第 2 期。
〔3〕 参见韩莉：《发展我国农地金融的现实障碍及对策探讨》，载《商业经济》2014 年第 12 期。

三、农地金融创新的可行性分析

（一）农村土地金融创新理念转变

1. 农地保障功能逐渐弱化

农村公共基础服务逐步完善，城乡医疗、就业、养老等多位一体的社会保障制度逐步建立，为农地资本流转创造和谐的社会环境。农村土地的低效利用和社会保障功能的弱化，一定程度上倒逼农地流转和农地金融化。农地社保功能的弱化需要构建农地金融机制增加农民福利。剥离农村土地的保障功能，只保留其经济功能，农村居民的社会保障功能交由政府，由政府实行城乡居民一体化的社会保障。世界各国农业现代化历程也证明，实现农地集中推动农业现代化、规模化发展，必须结合本国实际情况分阶段、稳步、渐进进行。

现在农村已经建立农村合作医疗保险、农村养老保险制度，建立城乡一体化的社会保障制度，新农保制度不断完善，新农保的保障水平不断提高。同时筹划建立医疗、失业等类型的社会保障制度，特别是要尽快建立与现代农业相适应的失业保险制度。政府购买公共服务服务农村，逐步建立城乡统一的社会保障体系，使农地保障功能逐渐弱化，农村土地金融创新理念转变。政府鼓励和推动农地金融创新，提高农民财产性收入。

2. 农地金融防范风险能力增强

中央一号文件历来重视农地金融风险防范，相关部门也加紧制定相关规范性文件，人民银行、银行业监督管理机构研究差异化的监管政策，激励金融机构开展“两权”抵押贷款业务。试点地区结合实际，采取利息补贴、发展政府支持的担保公司、利用农村土地产权交易平台提供担保、设立风险补偿基金等方式，建立“两权”抵押贷款风险缓释及补偿机制。建立抵押物处置机制，做好风险保障。借款人不履行到期债务或者发生当事人约定的情形需要实现抵押权时，允许金融机构在保证农户承包权和基本住房权利前提下，依法采取多种方式处置抵押物。

根据农村承包地“三权分离”原则，流转的是从承包权分离出来的经营权，而非农村土地集体所有权和农民的土地承包权。同时，国务院《关于开展农村承包土地的经营权和农民住房财产权抵押贷款试点的指导意见》（国发〔2015〕45 号）也提出，探索对流转取得的农村承包土地的经营权进行确权登记颁证。这就是说，在不取代承包权同时，也要同样保障经营权权益。

随着银行业的不断发展，在农地改革背景下，农业相关银行也进行改革。农业银行、储蓄银行、农业发展银行等也进行改革，建立三农事业部，加强农地金融立法，农地金融防范风险能力增强。

3. 市场经济、规模经济下“反哺”农业,金融机构供给增加

2006年取消农业税,随后实施“三农补贴”市场经济、规模经济下“反哺”农业。农村市场经济不断完善,建立土地交易市场、农产品交易市场,发展规模农业,金融需求大大增加。金融业的利润导向和政策导向,使金融机构对农村金融供给增加。

农业作为弱势产业,随着我国经济的不断发展,国家为了减轻农业负担,对农业进行补贴,促进工商业反哺农业,保证农业稳定。同时,推动农地改革,提升农村经济发展活力,“三权分置”下,盘活经营权,促进农地流转,使农业发展达到适度规模化。引导金融业发展向农村倾斜,增加农村金融供给,促进农业发展。

(二)农村承包地确权已初步完成

稳定农村土地承包关系长久不变的基本前提就是要进行农村承包土地的确权登记颁证工作,而且确权登记颁证对于促进农村土地经营权流转、实现农业规模化经营具有重要意义。土地帮《2016年Q2土地市场数据报告》指出,2016年第二季度,土地流转发布指数稳步上升。通过土地帮平台发布,并逐一通过电话、网络、实地审核考察的土地流转/求购信息总量为445条,涉及面积596873.27亩,约3.98万公顷。其中土地转出需求约为54.1万亩,土地求购需求约5.6万亩,土地求购需求较上一季度有较明显的增长。数据增量显示,2016年第二季度平台新增土地流转需求分布于除西藏、香港、澳门以外的全国31个省(自治区、直辖市)的297个主要城市。省级行政区域中,新疆、广东、江西、山东、江苏、河北、湖北、辽宁、吉林、内蒙古10个省份新增流转信息面积占总新增总量的74.6%,其中新疆、广东、江西3省占比约39.1%,土地流转信息“热度”在第二季度居全国前列,而新疆、广东两省土地流转所占比重连续两个季度稳居全国前三。

确权登记颁证,把农民对承包土地的各项权利明明白白地确定下来,并进行权利登记备案、发放权利证书,将农村土地承包权固化到具体的农户,能够提升农村土地承包经营权确权登记的法律效力,这也是明晰土地权利、依法有序进行土地经营权流转的基本前提。具体操作过程中要把握“确地到户”的基本原则,对于“确权确股不确地”的特例要从严掌握,切实强化对农民土地承包权的物权属性的保护,为其合法的土地权益提供有效法律保障。

通过确权登记颁证使土地承包权权属明确、产权清晰就显得尤为必要。习近平指出,新形势下深化农村改革,主线仍然是处理好农民和土地的关系。最大的政策,就是必须坚持和完善农村基本经营制度,坚持农村土地集体所有,坚持家庭经营基础性地位,坚持稳定土地承包关系。要抓紧落实土地承包经营权登记制度,真正让

农民吃上“定心丸”。[1] 确权登记颁证推动了“三权”分置，推动了经营权有序流转。数据统计，2017 年 11 月底，我国农村土地承包经营权确权的面积已经达到了 11.1 亿亩，农村土地实测的面积已经超过了 15 亿亩，确权面积达到 11.1 亿亩，占二轮家庭承包耕地面积 82%。

（三）农地规模经营初见成效

党的十九大报告指出，完善承包地“三权”分置制度，稳定土地承包关系。在第二轮承包到期以后再延长 30 年，实施乡村振兴战略。根据农业部经管司《2017 年年中全国承包地等农村经营管理基本情况报告》数据显示，[2] 截至 2017 年 6 月底，全国家庭承包经营耕地流转面积 4.97 亿亩，比 2016 年年底增长 3.8%，比上年同期增长 8.1%；流转率 36.5%，比 2016 年年底提高 1.4 个百分点。承包地流转平稳增加。全国流转出承包耕地的农户达到 7434.3 万户，较 2016 年年底增长 9.5%，占家庭承包农户总数的 27.7%；签订流转合同 5749.1 万份，比 2016 年年底增长 11.9%；流转合同涉及耕地面积 3.5 亿亩，比 2016 年增长 6.9%，流转合同签订率为 70.3%，比 2016 年提高 2.1 个百分点。转包和出租仍是主要流转方式。全部流转耕地中，转包和出租面积分别为 2.36 亿亩和 1.74 亿亩，合计占流转总面积的 82.5%，占比较上年同期提高 1 个百分点，比 2016 年年底提高 0.3 个百分点；互换面积 0.28 亿亩，比 2016 年年底增长 7.5%；股份合作面积 0.24 亿亩，比 2016 年年底减少 1%。

农村承包土地逐渐稳定，规模经营初见成效。数据显示，截至 2017 年 6 月底，四川省家庭承包耕地流转总的面积是 2034.4 万亩，占耕地总面积 34.9%，比 2014 年四川省推进确权登记以前提高了 11.6 个百分点。其中单个经营主体流转 30 亩以上的面积是 1272.1 万亩，占了全省耕地面积的 21.85%，比四川省推进以前提高了 11.7 个百分点，应该说，规模经营成效是非常突出的。[3] 有学者认为，现阶段农地确权的不到位、流转信息平台的缺失和不完善，农户规模小且分散，政府对基层政府和村集体的激励不当都增加了农地交易成本，从而不利于农地规模化流转的实现。[4] 随着近几年我国农业的快速发展，农地确权逐步完成，为适应农村改革，建立土地产权交易中心，“三权分置”改革的不断深入，政府对基层政府激励机制完善，农地规模初见成效。

---

〔1〕《习近平主持农村改革座谈会：加大推进新形势下农村改革力度　促进农业基础稳固农民安居乐业》，载中国共产党新闻网：http://cpc.people.com.cn/n1/2016/0429/c64094-28313167.html，最后访问日期：2018 年 5 月 4 日。

〔2〕截至 2017 年 6 月，全国依法在工商部门登记注册的合作社数量为 192.1 万个，比 2016 年年底增长 7.1%。本文数据为农业部经管系统统计口径数据。

〔3〕参见《农业部就农村承包地确权登记颁证试点情况举行新闻发布会》，载中华人民共和国农业农村部网站：http://www.moa.gov.cn/hdllm/zbft/tdqq/，最后访问日期：2018 年 4 月 26 日。

〔4〕参见毛飞、孔祥智：《农地规模化流转的制约因素分析》，载《农业技术经济》2012 年第 4 期。

(四)行政体制逐步完善

2018年3月13日第十三届全国人民代表大会第一次会议审议通过了《国务院机构改革方案》,组建农业农村部。[1] 农业农村农民问题是关系国计民生的根本性问题,国家行政体制逐步完善,农业农村部统筹研究和组织实施“三农”工作战略、规划和政策。行政体制完善为农地金融创新提供制度保障。

在农村集体产权改革中,各种机构设置对农村产权改革、农村金融发展具有很好的推动作用。例如,在农业大省陕西省调研过程中,周至县进行农村集体产权改革,周至县农业局专门成立周至县农村产权流转交易服务中心和周至县农村合作经营管理站,专门负责农村集体产权改革工作、土地承包经营权确权工作。周至县设立周至县农村集体产权制度改革领导小组办公室,落实市、县农村集体产权制度改革领导小组决策部署和工作安排,按照工作要求,积极组织指导全县农村集体产权制度改革工作;负责各类工作文件、信息、工作简报的起草收集、整理、归档工作,做好收发文登记;工作督查、检查和考核考评等工作,做好集体产权制度改革督导检查和包抓工作。行政体制逐步完善,有利于农地金融创新发展。

四、农地金融创新的方式

农村土地流转需要金融业的大力支持,而现有的农村金融服务体系不能适应农村土地流转金融需求的新特征、新要求,农村土地流转金融需求与信贷供给矛盾,制约了农村土地流转进程。结合我国实际,探索和拓宽农村土地流转的融资渠道,破解农村土地流转过程中的“融资瓶颈”,是当前我国发展现代农业所面临的重大课题。农地金融创新,就是在“三权分置”下,建立专业土地银行、完善农地保险制度、构建农地证券化机制、拓展农地信托制度。“三权分置”制度是适应性选择,具有时代正当性。农地“三权分置”的制度设计,在落实集体所有权的基础上,通过稳定农村土地承包权、放活土地经营权,完成了对产权结构的调整,实现了农地产权主体的分化,使不同主体在这种制度设计下,获得农地产权的最大激励,最大限度地释放土地红利,鼓励金融机构依据“三权分置”政策优化现有的金融业务。当然,“三权分置”都必须坚持三条底线,即坚持农村土地集体所有制,坚持稳定农村土地承包关系,坚持农户家庭经营的基础性地位。在此基础上探索农地金融创新方式,保障农地经营权权利,将农地金融扩展到信托、保险、证券化领域。随着产权流转交易市场的发展,需要完善农地金融制度为实现农地经营权抵押、融资、担保等功能提供支持。在坚持农村土地承包经营制度、土地农业用途的前提下,运用减免税收、财政补

---

[1] 参见《关于国务院机构改革方案的说明》,载中华人民共和国中央人民政府网站:http://www.gov.cn/guowuyuan/2018-03/14/content_5273856.htm,最后访问日期:2018年4月26日。

贴等政策优惠推动农地金融服务发展,激活农地的资本功能。

(一)土地银行

土地银行为土地流转的供需双方提供了信息交换的平台,解决了信息不对称,有利于土地资源的优化配置。[1] 土地银行也成为农地流转制度探索创新的一种形式。例如,上海、杭州、南通设立的土地银行,主要是盘活土地存量、规范土地供应、强化土地市场政府调控和增加政府收益。土地银行作为农村土地流转的一种探索和实践,有利于破解农业生产经营中存在的"地块碎,劳力弱,缺投入,缺服务"等制约因素,其优势主要体现在:土地银行是一种新型制度安排,相较于过去农村承包土地"反租倒包"等流转形式,更大程度地避免了乡镇政府或村集体对农民土地财产权益的侵害。"土地银行通过市场化运作方式,评估耕地价格后,以土地承包经营权作为货币化形式存入土地银行获得利息收入。流转主体根据土地银行整理后的耕地价格贷出土地,付出贷地利息。因此,土地银行是突破行政色彩的新型土地流转制度安排。"[2]土地银行是一个新型经营服务平台,是顺应农村土地承包经营权确权到户政策而形成的新型经营平台,是撬动农业农村经济发展的新型的融资平台。总之,土地银行在国家制度框架内,以部分产权即土地承包经营权进行交易及抵押,是土地产权经营制度的创新实践,对我国农村土地产权改革将起到重要的推动作用。农村"土地银行"和农地使用权信托是由政府组织成立,不以营利为目的的土地流转中介机构。[3]

农村土地银行是指主要经营土地存贷及与土地有关的长期信用业务的金融机构。[4] 我国市场经济逐步完善,"三权分置"制度实施,农地经营权流转;社会保障机制逐步健全,使农民从土地束缚中解放出来;乡镇银行定位明显,组织创新具备——这些都为土地银行的设立创造物质条件和基础。现阶段我国设立了许多类似土地银行的农村村镇银行,为农村提供金融服务,主要开展融资贷款服务,如果园贷、苗木贷等。村镇银行是指经中国银行业监督管理委员会依据有关法律、法规批准,由境内外金融机构、境内非金融机构企业法人、境内自然人出资,在农村地区设立的主要为当地农民、农业和农村经济发展提供金融服务的银行业金融机构。[5] 村镇银行是中国银行业体系的组成部分,是国务院为了增强金融支农力度,由具备一定实力的银行在农村地区发起设立的合法合规、监管完善、受法律保护的银行业

---

〔1〕 参见梁发超:《农地承包经营权流转模式探讨》,载《西北农林科技大学学报》(社会科学版)2016年第1期。

〔2〕 参见李艳华:《土地银行:农地流转制度的探索创新》,载《河南日报》2015年12月22日版。

〔3〕 参见谢根成、付露露:《农村土地承包经营权信托的必要性与可行性分析》,载《农村经济》2011年第9期。

〔4〕 参见王铁:《建立农村土地银行的战略构想》,载《管理世界》2008年第11期。

〔5〕 《村镇银行管理暂行规定》(银监发〔2007〕5号)。

金融机构。设立村镇银行对于建立多层次的农村金融服务体系、发展普惠金融，具有重大意义。土地银行的组成可以参照农村发展银行、农村信用社村镇银行等模式，也可与现有农村各种专业组织进行合作。[1] 土地银行的金融功能可以更好地服务农民创业和农业产业化，解决农村资金不足的问题。通过试点调研发现，以杨凌“土地银行”为例，杨凌国家级农业高新技术产业示范区“土地银行”实施绩效的农民满意度处于中等偏下水平，需从政策指导、监督考核以及人才队伍建设等方面着手，全面提高杨凌“土地银行”的绩效水平。[2] 在我国现行法律框架内，土地银行应属于独立于政府部门的政策性银行，采用多方持股的公司制。土地银行专门从事集体土地使用权抵押业务，并可将债权与抵押权作为担保发行土地债券。[3]

农村土地银行的逐步设立，是农地金融创新的重要一环。通过土地融资利用，创新农村农地集体化形式，实现农地经营权市场化和资本化，使土地流转市场逐步完善，促进土地流转，增加农民土地财产权。国家正在实施农村金融机构改革，“三农”金融事业部改革正在稳步推进。土地银行具有政策银行性质，“三农”金融事业部改革也是政策性银行金融机构改革的重要组成部分。因此，我国土地银行的进路，可以先将土地银行的职能并入“三农”金融事业部业务范畴，设立专门的土地银行业务，再逐步单独设立土地银行，加大国家政策支持，发放贷款，进行土地抵押流转。设立的土地银行业务应该主要是农村土地金融服务，农民可以以土地入股、抵押。同时，应加强金融监管，健全农村社会保障体系和金融保险服务，让土地银行更好地服务农村经济发展，实现乡村振兴。

（二）农地保险

健全农业保险体系的配套制度，强化金融机构服务“三农”职责，尽快建立统一的农地流转市场，修订土地流转的相关法律，加快推进农村金融体系的构建。在土地流转的背景下对农村的金融体系进行改革，在完善金融体系的构建上，不仅需要金融组织根据农村土地流转的特点来操作，也应该对服务方式以及金融产品进行创新，建立投效的分担风险机制，同时政府需要从对土地的评级、利率、税收、存款准备金等相关的方面对法律法规进行完善，对金融组织进行积极的推进发展壮大，使农村金融与土地流转相互推进发展，促成土地的资本化。[4] 第一，加快关于政策性保险的推广。政府应当提供保费补贴进一步提高对农业保险的覆盖面和范围，对农业金融风险进行分散，调动和鼓励农地流转主体的积极性，主动从事农业生产活动。

---

〔1〕 参见冯子标、王建功：《以土地银行主导农地使用权流转》，载《当代经济研究》2009年第11期。

〔2〕 参见王乐、夏显力：《杨凌区土地银行实践运作及其满意度测评》，载《中国土地科学》2012年第10期。

〔3〕 参见綦磊、杨绎：《我国土地银行的法律制度构建研究》，载《江西社会科学》2016年第12期。

〔4〕 参见刘玲玲：《〈中国农村金融发展研究〉调研报告综述》，载《甘肃金融》2009年第11期。

第二，构建农业保险基金。由于农业本身存在的高风险性造成农村土地流转中农业抵押的高风险性。2007 年至 2016 年，我国农业保险保费收入从 51.8 亿元增长到 417.1 亿元，参保农户从 4981 万户次增长到 2.04 亿户次，承保农作物从 2.3 亿亩增加到 17.2 亿亩，分别增长了 7.1 倍、3.1 倍和 6.5 倍。[1] 保险机构开发推出几百个地方特色优势农产品保险产品，已有 31 个省（市）启动或制定了价格保险试点方案，试点品种达到 50 多个。

在我国农地流转保险法律制度的路径选择上，既需要统一的流转市场作为依托的平台来开展各项保险服务，完善我国的农村金融体系，降低保险公司、银行等金融机构在参与中存在的风险，提高其参与农地流转业务的积极性，也需要保险公司自身进一步加大产品创新力度，丰富保险服务内容，完善保险公司组织结构建设，以更好地完成农地流转保险的投保工作。[2] 健全农地流转的配套制度，尽快建立统一的农地流转市场，加快构建农村金融体系，坚持政策性保险为主的基本原则，通过建立农地流转保险基金制度，降低金融机构的信贷风险。

（三）农地资产证券化

农地证券化是以农地作为标的物、以农地作为资产支撑进行证券化运作的过程。[3] 农业现代化的进程主要是通过农地流转实现农业的适度规模化经营，最大限度实现农业效益的提高，要想发展现代化农业，离不开农业经营资金的财政支撑，这就为农地证券化的出现和发展提供了重要契机。因此，农地证券化作为农业融资模式的创新，是农地流转制度创新的组成部分，主要解决的是农民在农地流转背景下面临的融资难问题，为促进农业产业化、实现农民的农地财产性权益提供金融支持。农地证券化是资产证券化中比较特殊的一种形式，是指在不丧失农地产权的前提下，发挥证券市场的功能，以土地的收益作为担保发行证券，从而进行融资的一种模式。[4] 构建适应农地证券化的农地产权制度对于我国农地证券化在法律层面上所存在的问题，在制定农地证券化对策的时候，要结合我国目前的基本农地制度的现状和农地流转制度创新的背景，以保护农民财产性权益为出发点，在此基础上，从健全农地产权制度、完善农地证券化运行机制、完善证券市场监管与风险防控机制。

农村土地不动产证券化作为农村金融的创新，不仅能克服农地制度缺陷，吸引外来资金、盘活农村土地，还能推动农村规模经营和土地集约利用的实现，进一步发展农业经济。困扰我国农业现代化的三大问题是："三农"融资、规模化经营和人地

---

[1] 《中国农村金融服务报告(2016)》。

[2] 参见柴振国、盖格：《农村土地流转保险法律制度探讨》，载《河北法学》2016 年第 8 期。

[3] 参见郑长博：《新农村建设中关于农村土地证券化的探讨》，载《特区经济》2008 年第 8 期。

[4] 参见于丽红、池丽旭、兰庆高：《农地融资模式创新——农地经营权抵押贷款证券化探讨》，载《农村经济》2015 年第 8 期。

依附性。[1] 现阶段我国的模式经营入股和农地信托，是农地证券化的主要形式，两者都使土地向新型的农地经营主体流转集中，有利于适度规模经营的发展，而且有助于弱化人地依附性，使农地产权市场化和资本化。但农地信托具有融资功能，相较之下，农地信托有鲜明的制度优势。因此，我们农地金融创新将着重讨论农地信托制度。

（四）农地信托

在坚持农民土地集体所有权和土地承包权不变的前提下，农村土地承包人基于对受托主体的信任，将其承包地的使用权信托给受托人，受托人以实现土地收益最大化为宗旨，以自己的名义对土地使用权进行管理或处分，而土地收益由土地承包人享有。农村土地信托符合当下我国农村经济发展的现状，有利于打破土地抛荒现象，把农村劳动力从土地中解放出来，创造更多的财富；同时顺应现阶段我国对农村的土地政策，保证农村农民增收创收。

农地信托是农地证券化实现形式的一种，具有农地流转和农地金融的双重属性。农地信托模式本质是将农地经营权信托和资金信托联结并赋予统一信托产品，以信托产品为组织载体，借助商业信托公司实现农地在市场中的流转。[2] 例如，北京信托推出北京市首单信托产品——“北京信托 · 金色田野 2014008 号土地信托（密云水漳村）”项目，该项目在北京市密云县穆家峪镇签约成立，受托管理土地规模约 1700 亩。项目基于“土地合作社” + “专业合作社”双合作社设计，信托利益包括“固定收益和浮动收益”两部分。北京信托还将为圣水樱桃专业合作社提供资金支持，形成“财产权信托”和“资金信托”平行推进的“双信托结构”。[3]

“三权分置”制度下经营权分离，我国农地信托业务有别于其他国家的业务，是基于农地权利属性的制度设定。农地信托实质是农地经营权信托，是指农地承包户对信托人的信任，将农地经营权委托给受托人，由受托人按农地承包户的意思表示以受托人名义、为农地承包户的利益、对农地经营权进行管理或处分的行为。[4] 土地证券化一般都需要进行信用提升，信用提升可以有两个途径：内部信用提升和外部信用提升。[5]

---

[1] 参见李停：《我国土地信托模式的选择与实践》，载《华南农业大学学报》（社会科学版）2017 年第 4 期。

[2] 参见周小全、白江涛：《农地金融化机制设计与制度安排研究综述》，载《金融理论与实践》2017 年第 6 期。

[3] 《北京信托出推首都土地流转信托第一单》，载中华人民共和国自然资源部网站：http://www.mlr.gov.cn/xwdt/mtsy/xinhuanet/201403/t20140307_1306210.htm，最后访问日期：2017 年 8 月 5 日。

[4] 参见文杰：《土地信托制度：农地承包经营权流转机制的创新》，载《商业研究》2009 年第 7 期。

[5] 参见马义华：《农村土地产权流转制度的缺陷与农地证券化选择》，载《改革与战略》2011 年第 2 期。

农地信托使所有权、经营权和收益权相分离，与“三权分置”具有天然的契合性，是实现公平和效率的制度安排，能有效实现公有制下的市场经济的发展。农地信托制度同时还可以使农村劳动力有效地从土地依附性中解放出来，有利于劳动力向城市转移，实现城镇化。

（五）发展智慧农业

建立互联网农业金融体系，发展智慧农业。发展智慧农业是推动农地科学流转、实现规模经营的必然趋势，智慧农业就是将物联网技术、应用计算机与网络技术、音视频技术、3S 技术、人工智能技术等综合运用到传统农业中去，利用传感器和软件通过移动平台或者电脑平台对农业生产进行控制，使传统农业更具有“智慧”。实现土地资源的优化配置，除了国家政策的大力支持，也离不开互联网企业的助力。土地信托网、土流网、土地帮等平台就充分地利用了互联网这一媒介，基于海量大数据分析方法，构建“全、准、精”的土地价值评估体系，以中国土地互联网金融评估参考系统为核心，融合支付、交易和其他衍生业务，采用“专业化、优质化、个性化”的核心服务理念，正逐步成为国内领先的土地综合金融生态服务商。

在发挥国有商业银行和政策性银行对农地经营权抵押的重要作用的同时，不少新兴金融机构已经开始瞄准农村市场，意欲在传统金融缺位的环境下，寻求商业契机。一些新兴互联网金融平台如阿里网商银行、翼龙贷、京金金融、农发贷等从不同的市场需求切入农村经济，提供多产品、多渠道、多层次的农村金融综合服务，致力于打造农村金融生态圈。[1] 这些新兴金融平台能够及时满足农业生产的融资需求，在完善农村土地金融体系中起着不可忽视的作用。

---

〔1〕 参见《新兴金融平台瞄准农村市场》，载环球网：http://finance. huanqiu. com/roll/2015 - 12/8123080. html，最后访问日期：2018 年 5 月 12 日。

第三章　农地金融创新的路径选择

一、成立专业的土地银行

(一)土地银行的一般问题

为推广适合我国农地金融体系发展的创新手段,我国近几年开展了诸多土地银行的试点,虽然土地银行在我国仍属于初级阶段,但是对于已经建立完备的土地银行体系的发达国家来说,土地银行并不是一个新的制度,而且从很早之前国外就开始研究此制度。

土地银行的概念源于国外,美国、德国、印度等国家或地区都成立了专门的土地银行,但是由于各国或地区情况不同,故而各国或地区成立的土地银行承担的职责也不尽相同,所以土地银行在国际上并没有统一的概念。德国的土地银行是在1949年出现的,作为联邦政府直属的非营利性农业开发银行,德国土地银行最初成立的目的是通过农民合作社,最大限度地开展农业生产经营,发展农村经济,进而实现农村金融服务的新改革,最终消除经济萧条带来的负面影响。[1] 而美国于1916年正式设立的联邦土地银行的核心业务是土地资源开发利用的金融服务,其业务重点是为农民提供长期的农地抵押贷款,进而实现农地和金融的有机结合,解决农村长期缺乏投资资金的困境,推动美国农业发展。已经成立的土地银行在学界中并没有统一的定义,但是通过对国外土地银行定位、形式、功能等方面的分析,我们可以得知各国或地区的土地银行以土地私有制为发展根本,将提供土地抵押贷款作为核心业务,从而解决农业发展和农村建设过程中的系列问题。[2]

我国台湾地区也建立了专门的土地银行,最初建立土地银行是为了配合第三次土地改革,我国台湾地区的土地银行因此以合作社的形式建立,后来经过长时间的发展和改造变成了股份有限公司,因此能够公开向社会募集资金。我国台湾地区的土地银行和国外土地银行一样,它的核心任务也是通过农村土地权利抵押进而激发农村土地市场的活力,进而推动农村土地市场的发展和农村经济的进步。

近年来,对于新农村的建设和农业改革问题,我们国家从未停下脚步,一直以来

---

〔1〕 参见张周国:《借鉴德美经验发展中国农村土地银行》,载《世界农业》2015年第3期。

〔2〕 参见左停、周智炜:《建立国家农村土地银行,实现农地公共政策目标》,载《北京社会科学》2014年第1期。

我国政府制定的农业发展战略都是以我国国情为基础,2018 年中央一号文件和近几年来出台的政策都可以看出我国对农业发展的重视。各国或地区土地银行的先进经验也引发了国内学习的热情,近几年来我国四川、宁夏等地区纷纷成立“土地银行”,从事土地经营权的“存贷业务”,这些地区因为土地银行的成立,在土地流转方面发生了巨大的变化,在这些变化中彰显了土地银行的优越性和先进性。但是因为在我国农村金融体系中土地银行的定位并不明确,所以这些地区成立的“土地银行”并非真正意义上的土地银行。[1]

1. 土地银行的界定

土地银行虽然出现时间较早,但是因为各国或地区建立土地银行的最初原因和最终目的存在差异,各国或地区情况也不尽一致,所以对于土地银行的定义在国际上一直没有一个相对统一的概念。土地大辞典对土地银行从业务等方面入手进行了概括,指出土地银行就是一种办理土地金融业务的信用机构,发行土地债券或出售土地抵押债券是土地银行的主要业务,而且对其开展的业务负还本付息的责任。[2]

自从我国开展土地银行的试点以来,学界对于土地银行的研究就从未停止,对于土地银行的定义也是众说纷纭。我国学者陈犨在《土地银行学》中将土地银行定义为一个以土地为中心,为土地金融活动提供专业性资金服务的综合性商业性银行。[3] 在其作品中作者提到一个成熟的土地银行应当能够办理商业银行的全部基础性业务,这与我国台湾地区已经成立的土地银行在业务为范围上有很大区别。而且此类土地银行的目标物可以是农地又可以是城市的土地。杨成章将土地银行定义为一个以政府扶持为基础,具有公共性和扶贫性质的,为加快实现土地流转,推动农村金融市场发展的专业性金融机构。[4] 张存刚、邵传林认为土地银行是按照农村信用合作社模式运行,由地方政府作为主导力量设立,进而盘活农村土地市场,规范并加快农村土地流转的机构。张坤、胡建认为土地银行的性质是政策性金融机构,以政府支持为发展基础,以土地抵押贷款为主要业务,同时兼营农村土地存贷业务,最终目的是促进农村土地流转和农村金融市场的发展,进而实现农业现代化。[5]

---

〔1〕 有关各地区成立土地银行的问题在本章后续部分有专门介绍,在此不再赘述。

〔2〕 参见杨成章:《西部贫困地区成立农村土地银行的可行性研究》,载《财政研究》2014 年第 10 期。

〔3〕 参见陈犨:《土地银行学》,三联书店上海分店 1996 年版。

〔4〕 参见杨成章:《西部贫困地区成立农村土地银行的可行性研究》,载《财政研究》2014 年第 10 期。

〔5〕 参见张坤、胡建:《农村土地抵押中的风险释缓:域外比较与中国实践》,载《河北法学》2017 年第 8 期。

虽然在学界关于土地银行的定义不尽相同,但是通过分析各位学者的理论研究和学者对于土地银行模式构建的初步想法,我们可以得出以下结论:(1)土地银行的根本目的是搞活农村土地市场,加快农村土地流转,进而推动农村经济发展和农业现代化进程;(2)土地银行的主要业务是通过土地经营权抵押和发行土地债券两种模式进而为农民提供长期、低利率的农业贷款。当然土地银行也通过土地存贷业务来加快农村土地流转的速度和效率。

2. 土地银行的种类和特征

通过对不同国家或地区的土地银行运行模式进行比较研究,我们发现这些土地银行的作用大致分为两类:一是专门为土地开发提供金融服务的金融机构,如我国台湾地区的土地银行;二是参与土地市场管理的金融机构,如欧洲、瑞典等国家成立的土地银行。

第一种以我国台湾地区土地银行为代表的机构类型特征如下:第一,此类土地银行主要通过协助政府推行相关土地政策,进行推进农地制度改革,发展当地的相关农业和其他林木等事业,它的主要任务就是为农业和农民的生活服务。也因为这种土地银行的职能主要体现在协助政府当局推行相关政策,因此,此类土地银行的设立方式往往是通过自上向下的方式成立的。第二,此类土地银行的业务主要是土地抵押贷款和发行土地债券。美国联邦土地银行就是通过为农民提供资金支持,帮助农民进行土地规模化经营和现代化经营等。美国联邦土地银行的主要服务标的是农民手中可以利用的农地,然后在此基础上从事与土地有关的长期信用服务,如以土地为媒介将证券和土地联系起来开展土地证券业务或者以土地为基础对农户发行长期的低利息土地贷款。[1] 第三,土地银行的服务对象主要是农地。因为设立土地银行的初衷往往是为了解决农村出现的不同情况的土地问题,所以在土地银行成立以后主要服务对象也是与农民生活息息相关的农村土地。

第二种土地银行就是以欧洲、瑞典的土地银行为代表的,集中进行土地管理、开发、储备的专门性土地服务机构。此类土地银行以政府信用为运行基础,通过平等交易或者国家政策从土地所有者手中取得土地的使用权或者所有权。土地银行对取得权利的土地进行综合评估和整理、开发,通过交易方式将土地流转到需求方手中,从而实现土地资源的优化配置,提高资源利用率。其实从性质上来看,此类土地银行已经偏离了银行的基本定位,从根本来说类似于我国的土地储备中心,它的主要任务就是服务于城市土地,禁止土地私有化,根本上来说这只是一种推行国家政策的工具,丧失了其自身发展的业务独立性。虽然此类机构也被称为土地银行,但是它并不具备土地银行应当具备的业务种类和对推动农村经济的积极作用。

---

[1] 参见张周国:《借鉴德美经验发展中国农村土地银行》,载《世界农业》2015 年第 3 期。

此种类的土地银行主要有以下特征：第一，土地银行的运行主要依靠政府信用。这种模式的土地银行其实就是通过政府对市场的干预将土地资源进行规模化的整合，进而使土地资源优化配置，最大限度地利用好所有者手中的土地资源。第二，土地银行的地位相当于土地流转中心。土地银行从所有者手中购买闲置土地，在进行资源整合和适当开发后将买来的土地转卖给有土地需求的人或者用于服务大众，这种模式下土地银行区别于第一种类型的以土地经营权抵押和土地债券为主要任务的土地银行。第一种类型的土地银行是为农民提供长期的土地贷款，而这一种更倾向于对土地资源进行管理，进而防止土地被闲置或者私有化。

3. 创建土地银行的必要性分析

新制度经济学理论表明一种新的制度之所以能够被创设，首先是因为与制度相关的主体主观上渴求能够创设此类制度；而维持制度稳定发展的原因是制度创设的收益大于创设制度所花费的成本或者足够弥补因为制度创设而带来的各种损失。[1] 土地银行的创设有其自身的必要性，主要是因为它是基于农村经济的创新需求而产生的。

(1)我国农村经济活力不足

农村扶贫问题问题成为近几年来的热点问题，改善农村经济环境不仅仅是要从外部进行支援和推动，也要注意激活农村经济本身的活力，而土地作为农业生产的基本要素，在发展农村经济和改善农村问题上就显得格外重要。在我国农村经济中土地占很大的经济收入比重，但是因为我国的农业大多呈碎片式分布，规模化发展程度不高，产出效益较低，土地的经济效益不能最大限度地被开发，从而使农村经济发展缓慢。所以，为推动我国农村经济发展和实现我国农业现代化，改善农村土地的经营模式显得尤为重要。但是，目前我国农村土地无论是经营模式还是农村土地现状都存在诸多问题。

我国农村土地问题严重的主要原因有以下几点：第一，土地资源稀缺，人均耕地较少。虽然我国国土面积辽阔，但是由于气候、生态环境和地理位置等原因，并非所有的行政区域内都是适合耕种和开发的肥沃土壤。中华人民共和国自成立以来人口逐渐增多，我国已成为人口第一大国，有限的土地资源和众多的人口基数造成我国人均耕地较少，可由人们自由支配开发和利用的土地成碎片化分布，因而造成土地利用不充分，进而无法发展大规模生产，影响农村经济收入和人们的生活水平。第二，随着社会经济的发展，越来越多的人不满足于农村的生活环境和经济收入，从而选择进城打工(参见近几年来进城务工农民的数量调查)。因此一些原本有人精心打理的土地渐渐成了被闲置的荒废地，由于多年不进行耕种，原本肥沃的土地渐

[1] 参见李蕊：《中国土地银行农地融资制度构建之权衡》，载《政法论坛》2014年第4期。

渐失去了原本的活力，使农村土地利用率降低。第三，管理农地的农民由于缺乏专业的技术知识和管理水平，只能利用农地进行一些最原始和基本的耕作。农村中缺少能够对农地进行专业化、技术化的管理人才，而缺少专业知识的人们粗放式的耕作方式，也只能达到广种薄收的效果，在现在经济发展飞快和物价上涨迅猛的社会中，若想仅仅依靠粗放型经营取得的农地收入维持生活，渐渐变成一件很困难的事情。

由此可见，提高农地生产效率，真正实现农业产业化、规模化、市场化运作，就成了发展农村经济的重要前提和有效途径。其实推动农村经济发展有多种途径，概括来说就是内部自我发展和外部政策支援。第一种途径是内部自我发展，主要是指转移农村劳动力，农村劳动力可以通过打工等多种途径来提高收入和生活水平，进而促进农村经济的发展。但是这种途径发展起来却十分困难。首先，劳动力的转移必定会使大量土地被荒置，而留守的农村老人和孩子的生活也无法得到很好的保障。其次，农民进城以后由于自身不具备过硬的专业知识和技术水平，所以在城市中能够从事和行业是少之又少的，也只能在基层岗位中从事一些体力劳动或者技术要求比较低的工作。与此对应，他们也不可能得到比较高的收入。再加上城市的生活开销较大，经济压力逐年增加，想要通过进城打工来改变自身的经济水平和生活水平是一件十分困难的事情。最后，如果农民进城不是通过打工来提升生活水平，那还有一条途径就是创业。但是由于他们的启动资金较低，而且缺少必要的社会保障，所以对于进城务工的他们来说进行创业有太多的后顾之忧，一不小心就可能血本无归。所以通过转移劳动力来增加农民收入，使农村经济重新充满活力就成了一件十分困难的事情。第二种途径就是通过外部的支援和国家的政策支持，为农村土地市场注入新的活力，使其在外部的支援下重新唤醒其内部的活力，进而让其本身渐渐苏醒，进而使农村经济产业规模化，从而提升土地的经济效益和使用效益，保障人们的生活水平和经济水平都有飞跃的提升。

（2）土地银行是农业现代化发展的必然要求

近年来我国经济水平和科技领域都取得了飞速发展，城市化水平也在不断提高，但是中国农村人口仍然是中国总人口中比重较多的群体。而且我国农村地域宽广，虽然近几年来农村经济也随着现代化的发展得以改善，但是农村金融领域仍然是十分匮乏的，而且对于发展农业现代化、推动农村经济实现质的飞跃而言，农村金融方面也是一个急需解决的问题。人民银行和银监会在近几年来出台了一系列的措施用来鼓励发展现代农业和增加农民收入，但是整体效果差强人意。[1] 主要原因有很多方面。首先，农村金融的发展和市场金融发展模式不相同。市场金融发展

---

〔1〕 参见郭骊、陈少强、孙艳丽：《论建立中国特色农村土地银行》，载《中央财经大学学报》2010 年第 4 期。

追求的是利益最大化和风险最小化,在投资之前金融机构将防范金融风险放在首要位置。然而农村金融更多的可能是需要资金进行农业现代化创新,创新的结果无人知晓,所以相对来说风险系数较高,这就违背了市场金融的追求目标和根本宗旨,也因此农村金融资金一直是一个很大的问题。农村的金融机构无法为农村经济的发展提供充足的发展资金,资金不充足从根本上影响了农村经济的发展和农业技术的创新。其次,农村金融市场活力不足。因为农村金融市场发展并不完善,而且鉴于农村信用社在政策上所占据的优势地位,所以渐渐地很多金融机构在农村开展的业务已经无法支撑机构继续经营,所以退出农村市场,农村信用社在农村金融市场已经成为垄断主体。[1] 政府层面对农村信用社的优惠扶持和其他银行利率限制,使众多商业银行纷纷转向城市,放弃农村市场。在笔者所了解到的农村中,人们接触最多的就是农村信用社,在农村中设立机构点的只有农村信用社这一家金融机构。农村信用社的金融集中程度很高,近几年来呈现出寡头垄断的格局。众多商业银行的退出和农村信用社自身受政府控制过于严格,使农村金融市场很难真正地得到发育和壮大,这也造成了农村信用社在农村金融市场中占据主导地位,导致农村金融市场的竞争力严重不足,进而出现农村金融市场活力不足、效率低、发展慢等问题。

(3)土地银行有助于加快农村土地流转

2018 年中央一号文件明确指出完善农村基本经营制度,深入推进农村土地制度改革,"三权分置"制度正是推进农村土地制度改革的重大战略举措之一。而完善"三权分置"办法,就要落实集体所有权,稳定农户承包权,放活土地经营权,充分发挥"三权"的各自功能和整体效用。这一制度的根本目的就在于放活土地经营权,从而加快农村土地流转。

而土地银行的建立能在很大程度上节约土地流转所耗费的中间过程。首先,土地流转其实是流转双方基于个人信誉而进行的流转行为,但是在现今社会人与人之间的信任系数越来越低,这在很大程度上限制了土地流转速度。但是土地银行的建立却能很好地解决这一问题。土地银行作为中间媒介,以其自己所拥有的资本和信誉为交易双方提供交易平台,减少交易双方的风险。其次,土地银行可以利用其信息搜集平台集中大量的碎片式土地进行适度地调整,用来满足规模经营者的大面积土地需求。[2] 规模经营者往往在动力和生产资料方面要优于普通家庭,所以其劳动生产率和对土地的利用率也会相对较高,这对推动我国农业规模化生产和现代化发展都有较大作用。最后,农地流转过程中因为信息不对称问题,交易双方可能会因为获取信息而花费大量时间和金钱,增加成本。以土地银行为媒介的农地流转,

---

〔1〕 参见徐茜、李欣婷:《我国农村金融发展的困境与突破》,载《宏观经济管理》2013 年第 10 期。

〔2〕 参见阮小莉、彭嫦燕:《农地流转与农村土地银行互动持续发展模式探析——基于四川省彭州市土地银行实践》,载《农业经济问题》2014 年第 6 期。

流转双方不仅仅省去了寻找对方过程中所花费的时间和资金，大大降低了交易双方在搜寻和信息获取上的成本，而且土地银行作为存贷土地的平台，转入方可以通过一次性存入实现土地的流转，而无须再与分散的需求方签订多分流转合约进行土地流转，这也大大降低了转入方的谈判和流转费用。

农村金融市场存在的问题使农户想要依靠土地流转获取资金的想法无法得到实现，也使农民筹集资金的途径变得少之又少。农村土地流转过程中存在的问题使农村土地利用率较为低下，不利于农村经济的发展。但是土地银行的设立恰恰针对的就是农村金融市场和农村土地流转过程中存在的问题。设立土地银行是为了响应中央发展农村经济，放活土地经营权流转的重要途径之一。土地银行的设立可以通过土地经营权抵押和发行土地债券为农民长期地提供低利率的贷款，进而为农户提供发展农业或者其他产业的资本，从根本上解决了农村融资困难问题，也是推动农业创新和技术发展的基础力量。而且土地银行的设立在一定程度上缓解了农村信用社的压力和农村金融市场活力不足的问题，从根本上解决了农民面临的资金问题，也为发展农村经济和实现农业现代化提供可能，因此建立土地银行是发展农业现代化的必然要求。

4. 土地银行的可行性分析

(1)我国现行政策允许土地经营权流转

我国农村土地的性质是集体所有，土地所有权属于集体，农民有使用权和经营权，因此土地产权问题对于建立土地银行有着深远意义。在 2018 年 1 月 2 日中共中央、国务院发布的《关于实施乡村振兴战略的意见》中指出，为了推进体制机制创新，强化乡村振兴制度性供给，必须巩固和完善农村基本经营制度，深入推进农村土地制度改革。在文件中明确指出完善农村基本经营制度，不仅仅要落实农村土地承包关系稳定并长久不变的政策，全面完成土地确权登记颁证工作，实现承包土地信息联通共享；还要完善农村承包地“三权分置”制度，在依法保护集体土地所有权和农户承包权的前提下，平等保护土地经营权。这就意味着农村承包土地经营权可以依法向金融机构融资担保、入股从事农业产业化经营。我国《土地管理法》第 8 条、第 9 条规定，农村集体土地所有权仍归农民集体，农户依法取得用益物权性质的土地承包经营权，《物权法》第 128 条规定，土地承包经营权人依照农村土地承包法的规定，有权将土地承包经营权采取转包、互换、转让等方式流转，由此可见，我国现行法律在经营权抵押方面明确表明土地经营权可以流转。

上述政策和法律条文为建立农村土地银行可行性提供了基础的制度支持，明确表明建立土地银行是符合我国现行法律和政策导向的创新制度建设，并将有助于推动放活土地经营权流转和农业产业化、规模化经营等目标实现的进程。

(2)土地本身具有可抵押属性

中共中央办公厅、国务院办公厅印发的《完善三权分置意见》中指出，为了深化农村土地制度改革，将土地承包经营权分为承包权和经营权，实现所有权、承包权、经营权分置并行，进而推进农业现代化。"三权分置"格局是落实集体所有权、稳定农户承包权、放活土地经营权，探索农村土地集体所有制的有效实现形式。农村土地能否抵押取决于其本身属性，我国法律规定农村土地是集体所有，但是农民拥有土地承包经营权。"三权分置"概念的提出，将原有的"二权分离"转变为"三权分置"，将原有的土地承包经营权分化为农户承包权和土地经营权，这种转变是为了放活农村土地流转市场，搞活农村土地流转经济。权利的分置和土地性质使农村土地本身就具备了可以抵押的属性，而且在土地银行制度构建过程中，土地经营权抵押是土地银行的核心业务，此部分内容将在后续部分阐述。

(3)土地银行是实现农村融资创新的重要途径

近几年来我国经济增长迅猛，随着社会的进步和经济的高速发展，农村经济也有了显著的提升，人民的生活水平也得以改善。农村经济的不断发展使农村建设资金需求也逐渐旺盛，人们渴望通过新的融资手段来为自己创业或行业扩展提供充足的资金支持，但是这在当前农村中是很难实现的。虽然现在银行都可以提供贷款服务，部分地区也有对中小型企业的创业基金支持，但是这些资金支持都会有一定的前提条件。对于无固定收入或者需要长期贷款的农民来说，现有的银行贷款无法为他们提供长期的低利率的贷款，这在很大程度上限制了农村经济的发展和改革创新。

随着信息技术的不断发展，城市的经济发展速度、基础设施建设和生活服务等方面都远远优于农村，为了获得更多的经济收入，提升自己和下一代的生活水平，越来越多的年轻人选择进城工作。农村中的年轻劳动力逐渐减少，土地资源在人们权衡利弊的过程中被抛弃，正因如此农村中出现很多的闲置土地。再加上在我们国家的农村地区，农民所拥有的土地大多呈零碎式分布，无法进行规模化的生产和经营，这就使我国农业区别于国外的规模化经营。被闲置的土地不能方便地流转从而加以有效利用，这些因素在很大程度上阻碍了我国农业现代化的发展。但是土地银行的设立却能大大减少农村土地因无人管理而被闲置的情况出现。

通过上述分析我们可以得知，土地之所以被闲置的很大原因是因为人们的资金需求无法得到满足，但是土地银行的核心任务就是通过土地经营权的抵押给人们提供长期低利率的资金支持，并且通过抵押取得土地经营权进而将琐碎的土地集中利用，这将会大大激发农村土地市场的活力，也会加快农村经营权的流转，从而实现农村融资创新。

综上所述，建立土地银行不仅仅有现行政策和法律提供理论依据，而且通过对土地性质和我国农村经济现状的分析，我们可以看出土地银行对于推进体制机制创新，完善农村基本经营制度，深入农村土地制度改革和实现农业现代化、产业化、规模化都有着重要意义。

（二）土地银行的现状分析

近年来随着我国城乡一体化建设的不断推进，农业规模化、集约化模式已经成了我国未来农业发展的必经道路。随着一系列鼓励发展新型农业经济的政策的出台，农地流转问题作为解决农村经济的重点之一而备受关注。各国或地区有关“土地银行”的先进经验引人思考，我国四川、宁夏以及山西等地区也纷纷成立了“土地银行”，希望通过试点来发展适合我国国情和经济普遍需要的“土地银行”本土化模式。

1. 土地银行的实践模式

（1）宁夏“土地银行”试点。2006年以来，在宁夏平罗县政府的推动下，一些村镇成立了土地信用合作社。“土地银行”的治理结构和管理规范由平罗县政府负责设计，这种模式下由村领导担任合作社负责人，具体程序是村民代表大会作为最高权力机构，再由村民代表大会选举产生理事会和监事会。[1] 土地信用合作社的运行模式是农民根据自己意愿将自己的耕地存入合作社，由合作社向人们支付存地的费用；合作社再通过信息搜集将存进来的土地“贷”给需要的企业或者农地大户用来经营发展，并且收取相应“贷地费用”。由此可见平罗县“土地银行”的业务范围就是从事土地经营权的“存贷”和托管服务，土地银行在土地经营权流转过程中起到非常大的作用。

（2）四川“土地银行”试点。四川成都以其联合产权交易所已有的投资、法律、评估等各种中介服务机构为依托，2008年在成都市成立了综合性的农村产权交易所，其根本性质就是试点的“土地银行”。四川成都设立的土地银行试点主要从事的是集体土地使用权的存贷业务，在成都的试点“土地银行”主要是将承包地、集体经营性建设用地，以及在村镇建设中余留出来的宅基地等土地资源进行整合和适当地开发，通过土地使用权人零碎的存地然后对土地资源规模化地贷给土地需求方。[2] 用地一方在贷地时需要向银行缴纳相关费用，土地银行也要向存地的农户支付存地利息等相应费用。农村产权交易所从运营模式上看采取的是市场化运作，交易流程规范，资金主要依靠市场集资获得，为农村土地流转和农村金融融资提供专业性的服务。

（3）山西左权县“土地银行”试点。山西省左权县在2009年开始为了响应国家

[1] 参见綦磊、杨绎：《我国土地银行的法律制度构建研究》，载《江西社会科学》2016年第12期。

[2] 参见郭骊、陈少强、孙艳丽：《论建立中国特色农村土地银行》，载《中央财经大学学报》2010年第4期。

政策，深入推进农村土地产权证制度改革，以成立“土地流转中心”为起点，结合当地的农业特色开始探索土地银行道路。经过5年的时间，左权县通过大量经验的累积和农业条件日趋成熟，在2013年成立了山西省第一家“土地银行”。自左权县土地银行成立以来，流转土地已达70000亩之多，这种新型模式使土地流转很快地走上规范、高效的道路，它不仅仅为农业规模化生产创造了条件，也为农地金融融资和农村金融市场创新注入新的活力。左权县土地银行的运行模式是“332”模式，即建立了县乡村三级机构体系，设立土地信息存储、土地产权评估交易、土地产权抵押信贷三大职能中心和配套财政保险两大风险防控体系。[1] 左权县的土地银行在经营信贷产品的基础上还结合了当地的特色农业，为当地特色农业发展提供了个性化信贷产品，进而实现了规模化绿色种植、机械化作业、标准化生产等经营模式。而且左权县的土地银行不只对左权县农业经济起到了良好的促进作用，也通过示范效应影响了周边县市的土地流转市场。土地银行的规范化管理为农业生产经营者打了强心剂，让交易双方都放心地进行土地经营权交易，解决了农村土地流转市场的诸多问题。

2. 试点农村土地银行的特点和成效

通过对已建立的试点农村土地银行或者已经建立的承担土地银行职能的类似机构试点的具体情况和近几年来的发展状况进行研究，发现它们有如下特点：

(1)依靠政府支持起步。上述部分已经简单介绍了宁夏、四川和山西地区的土地银行，从它们的建立我们可以知道，试点中农村土地银行一般都是依靠政府部门的支持得以建立，虽然土地银行的形式或者名字可能大不相同，但是它们的创设人或者决策机关都是村集体或者县政府，由此可见各类试点的土地银行都具有浓厚的政府色彩，得到了乡镇或者县级政府的支持和政策帮助。

(2)主要从事土地“存贷”业务。根据大量研究表明，试点农村土地银行的核心任务就是促进农村土地流转，主要形式就是通过分散的农户将自己手中零碎的土地存入土地银行，由银行付给他们村地的利息；然后经过土地银行对存入土地的整理和优化，将这些可利用土地贷给需要的农业大户或者专业的经营企业，从而促进农业生产规模化发展。但是从分析中我们可以看出，虽然有些地区明确将这类机构称为土地银行，但是它们却只从事存贷土地功能，却不具备银行最基本的抵押贷款等功能，虽然试点土地银行在农村土地流转方面有很大的促进作用，但是它们与其他国家或地区发达的土地银行制度还是有很大区别的。

(3)试点土地银行的成效。从各试点近些年来的发展情况来看，具有政府支持和享受各种政策优惠的农村土地银行在从事土地存贷业务的过程中，促进了农村土

〔1〕 参见刘贵斌、吴变兰：《“土地银行”实践——晋中左权个案》，载《中国金融》2014年第23期。

地流转和农村剩余劳动力的转移。想要外出打工的农民可以将自有土地存入土地银行，不仅可以获得相应款项，也不会使土地被荒置。而需要大量土地来进行生产经营的需求者也可以在银行中贷出土地，省去了中间寻找土地资源所花费的时间和精力。由此可见，试点农村土地银行在很大程度上保护了农民的利益和土地的最大利用，而且也提高了农民的收入。

（三）农村土地银行存在的问题

全面深化改革，强化乡村振兴制度性供给，巩固和完善农村基本经营制度，深入推进农村土地制度改革是近几年来才提出的国家政策，土地流转领域也是近几年来才得到人们的重视。虽然我国在很多城市开展了土地银行试点，但是因为我国国情的独特性和农业模式的特殊性，土地银行作为引进的先进经验在我国实践中难免存在问题。通过对各试点情况和我国当前环境的分析，我们发现农村土地银行的建立存在以下问题：

1. 土地银行的行政色彩过于浓厚

在对我国土地银行试点情况进行分析后我们发现，几乎所有的土地银行都是在政府支持下建立的，而且在发展过程中一直受政府控制。其实土地银行在最初设立时依靠政府力量开展业务是很正常的现象，因为土地银行本身所具有的特性就是为农民服务，其本身的公共性促使它在开始时必须以政府力量为依托来进行壮大与发展。

各国及各地区土地银行在刚刚成立的时候大多也是以政府的支持和帮助为依托，进而发展完善。但是在土地银行发展到一定阶段后，政府对土地银行的控制逐渐变少，有些国家或地区的土地银行在发展成熟之后就改造成了股份有限公司，可以通过发行股票来募集资金，这种模式下的土地银行有其自身的独立性，而政府力量已经从原本的主导型渐渐变成引导和监管主体。[1] 但是在我国试点中的土地银行不仅仅是建立之初以政府力量为依托，在发展过程中逐渐变成推行国家政策的工具，仅仅通过存贷地服务来推动农村土地流转速度，这种模式使土地银行依附性过于严重，进而失去了它本身应有的独立性，如果想仅通过这种模式的土地银行达到深入推进农村土地改革和强化乡村振兴制度性供给，几乎是不可能的。

2. 土地银行模式不统一

我国试点土地银行的治理模式和结构千差万别，这就使试点土地银行在业务范围、管理制度和结构上存在很多问题。例如，宁夏平罗土地银行参照的是农民专业合作社的组织形式，由村领导担任合作社负责人，具体程序是村民代表大会作为最

---

〔1〕 参见刘桂贤、刘庆芳、马慧肖：《发达国家土地银行经营管理的经验借鉴》，载《改革与战略》2018 年第 1 期。

高权力机构,再由村民代表大会选举产生理事会和监事会。[1] 四川成都的土地银行是综合性的农村产权交易所,从运营模式上看采取的是市场化运作,交易流程规范,资金主要依靠市场集资获得。彭州土地银行采取的是管理委员会与监督委员会的治理结构,前者负责日常经营,后者负责监督管理,这种治理结构是由地方政府自主设计制定的。浙江绍兴所建立的由县到村的三级土地银行的运作模式,从根本上来说应当是属于土地经营权信托的范畴。[2] 山西左权县土地银行的"332"运行模式根本上来说进行的仅仅是土地的存贷业务,和真正意义上的土地银行相差甚远。

不同的运行模式导致土地银行的业务范围方面存在差异。成都土地银行将承包地、集体经营建设用地以零存整贷的方式转让给土地需求方,土地银行相当于是处于交易双方之间的交易平台。虽然成都土地银行开展集体土地使用权抵押贷款业务,但是因为机构内部结构单一、没有足够资金支持、缺少风险防范制度等因素,使土地银行无法实现长期为农户提供低利率贷款的任务。绍兴建立的土地银行运作模式是土地经营权人将其土地经营权委托给土地银行,由土地银行管理处置,并将所获得收益部分返还于原来的承包经营权人手中。这种经营模式从根本上来说已经偏离了土地银行的业务范围,更倾向于土地经营权人委托机构处置其权利,应当属于信托范围。[3] 浙江南岸村的土地银行是"土地股份合作社",该合作社于2007年设立,其目的也是给更多农民通过土地流转增加收入。土地股份合作社的主要业务是农民将自己拥有的土地承包权以股份出资形式与合作社签订入股合同,合作社再将通过土地流转取得的收益按股权分配给各入股农户。土地股份合作社的资金来源主要是通过将入股土地承包权转让给经营公司,从经营公司的收益中给农民分红。

3. 土地银行制度层面存在问题

虽然土地银行在一些国家或地区的农村经济发展过程中起到了很大的推动作用,并且在土地银行发展扩大过程中激发了农业生产的活力,加快了农村建设进程,但是土地银行对于我国来说仍然是一种新的制度模式,所以在我国引进发展土地银行的过程中,难免会暴露出很多问题。

首先,土地银行相关立法缺失。2015年国务院印发《关于发展农村承包土地的经营权和农民住房财产权抵押贷款试点的指导意见》,农村承包土地经营权逐渐被人们重视。2016年人民银行会同相关部门联合印发《农村承包土地的经营权抵押贷款试点暂行办法》,《中共中央关于全面深化改革若干重大问题的决定》颁布,更

---

[1] 参见綦磊、杨绎:《我国土地银行的法律制度构建研究》,载《江西社会科学》2016年第12期。

[2] 参见郭骊、陈少强、孙艳丽:《论建立中国特色农村土地银行》,载《中央财经大学学报》2010年第4期。

[3] 参见綦磊、杨绎:《我国土地银行的法律制度构建研究》,载《江西社会科学》2016年第12期。

是为农村土地抵押创新打开新的大门,随后也颁布了一系列为农村土地抵押的立法控制松绑的政策文件。[1] 2018 年中央一号文件国务院《关于实施乡村振兴战略的意见》明确指出农村承包土地经营权可以依法向金融机构融资担保、入股从事农业产业化经营。这些都从政策上肯定了农村土地经营权抵押等金融作用,然而和国外在农村土地抵押权发展过程中颁布的专门性立法相比,仍然存在较大差异。而且政策性文件并没有对土地银行的建立作出明确指示或者规定,更不用说土地银行的性质、模式、内部机构等细节问题了。所以,由此看来土地银行的立法方面仍然十分欠缺。

其次,土地银行监管体系缺失。土地银行作为实现国家发展“三农”目标及落实“三权分置”制度的重要手段之一,在推动农村经济建设过程中的力量不容小觑。但是“没有监督的权利,必然导致腐败”,所以,即使在土地银行发展的初级阶段,土地银行的监管体系也是不可缺失的。例如,法国在土地银行建立时就表明土地银行应当接受政府的监督与管理,并且在机构设立和农地交易程序上进行严格规范。然而通过对试点土地银行的现状进行综合研究,我们发现土地银行的监管体制和监管办法仍处于探索阶段,因此具体的监管主体、监管办法和监管形式仍属空白。例如,作为山西省首家土地银行的左权县土地银行的监管体系就属于缺失状态,[2] 这种缺失很有可能使原本正常发展的、以促进农村经济发展为目的的土地银行因为现实各方面原因而脱离原来的轨道,那么这也将违背建立土地银行的初衷。土地银行因为其业务本身和机构目的的特殊性和复杂习性,对于监管人员的职业素养和职业能力有很高的要求,需要他们既了解农业政策发展又熟悉金融、会计等方面的专业知识。但是在我国现今阶段这种复合型人才普遍缺乏,这一问题也制约着土地银行监管体系的建立。

众所周知“权力导致腐败,绝对的权力导致绝对的腐败”,如果土地银行监管人才、制度存在问题,那么监管体系自然无法健全,在这种状态下土地银行的实际发展结果可想而知,因此土地银行监管体系问题是发展土地银行首先应解决的问题之一。

最后,土地评估体系存在问题。土地银行主要业务之一就是通过农地经营权抵押为农民提供长期低利率贷款,虽然我国试点土地银行大多只进行土地的存贷业务,但是在这些业务之前都有一项基本工作要做,就是对土地进行评估。在土地存贷业务中,农户将土地存到银行时,银行也要向农户支付相应费用,那么费用问题就要通过对农地进行评估来决定,所以农地评估也是土地银行发展过程中最基本的业务要求之一。但是通过对试点银行的了解分析,我们发现我国土地评估机制存在很

---

〔1〕 参见朱大旗、李蕊:《论我国土地银行制度的构建》,载《法学杂志》2016 年第 7 期。

〔2〕 参见刘贵斌、吴变兰:《“土地银行”实践——晋中左权个案》,载《中国金融》2014 年第 23 期。

多问题,如土地评估资质机构较少、土地交易价格无明确标准、高素质专业管理人员较少,等等。

4. 风险机制及意识缺失

土地银行的建立主要是为了促进土地流转,实现农业现代化,最终提高农民收入,改善人民生活水平。但是因为农业本身对于天气、技术的依赖比较严重,必然就存在一定的风险性,所以对土地进行风险防范是十分有必要的。保险制度就是针对风险而出现的一种风险补救手段,农业生产的风险性决定了农业领域也是十分需要保险服务行业的。例如,美国在1938年正式实行《联邦农作物保险法》,并且在后期多次修订扩大其覆盖范围,现在所有农作物都可以得到保障。日本也早在1929年颁布《家畜保险法》,在经过多次修订后《农业灾害补偿法》问世。〔1〕国外较早设立土地银行的国家不仅仅重视土地银行本身的结构及运营,也重视利用保险等配套立法来保证土地银行作用的真正落实和惠及人民。但是就我国目前形势而言,并没有相关立法或者制度保障关于农业风险问题,如果出现农业灾害,大多通过政策优惠和国家补救来减轻损害,弥补农户遭受的损失。从事相关农业保险的银行很少,农业保险种类更是少之又少。

在2018年国务院《关于实施乡村振兴战略的意见》明确提出要实施新型农业经营主体培育工程,培育发展家庭农场、合作社、龙头企业、社会化服务组织和农业产业化联合体,发展多种形式适度规模经营。"三权分置"政策的提出,就是为了促进土地流转和搞活农村土地市场,进而实现农业规模化生产。但是在发达国家的土地流转过程中,土地需求方大多是农业大户或者大规模农场,而在我国像这样的龙头企业和家庭农场相对来说是十分稀少的,这在一定程度上拖慢了农业现代化的进程,所以培养一定的新型农业经营体和规模化的农业生产联合体是很重要的。

在土地银行发展之初,大多数的国家或地区都是依靠政府支持来发展土地银行,我们国家也不例外。但是在土地银行发展初具规模、运营渐渐平稳时,政府应当减少对土地银行的控制。我们国家的土地银行逐渐变成政府推行政策的一种附属性机构,这违背了土地银行设立的初衷。所以政府应当树立正确的引导性意识,在土地银行建设过程中起引导作用,并且为其发展壮大提供优良条件,但应避免对土地银行的过度控制。而且在我国农村土地流转市场发展之初,农民的土地流转意识并不是十分强烈,有些农民仍然心存疑虑,因为在我们的固有观念中,只有握在手里的土地才能为我们提供安全感,再加上对交易方的不信任,这些因素都会对土地流转产生不利影响,这也需要政府适当地引导,普及土地流转知识和土地流转的作用,从而为我国相关政策实施奠定群众基础。

〔1〕 参见徐药、李欣婷:《我国农村金融发展的困境与突破》,载《宏观经济管理》2013年第10期。

(四)土地银行制度的构建

虽然与发达国家或地区相比,我国农地金融制度仍属于初级阶段,但是近几年颁布的政策文件、“三权分置”制度的确立和一系列有关农地金融制度的试点实践说明,我国现在的大环境是可以实现以推进农村改革和农村经济发展为目的的农地金融创新的。基于对美国、日本等国家土地银行初期建立的制度考量和我国试点土地银行经验的研究,总结出我们可以从以下几方面来实现土地银行制度的构建。

1. 制度构建应立法先行

通过对日本、美国、德国等国家土地银行在发展阶段的综合分析,我们发现在各国土地银行建立之初都遵循了立法先行的制度创设模式,为土地银行的建立、运作提供了坚实的法律基础。例如,德国的土地银行是以土地抵押信用合作社形式建立的,在土地抵押信用合作社设立时,德国各地都颁布了专门的法令为其提供法律依据,这些法令赋予了合作社在规定范围内的永久经营权。[1] 美国在1916年颁布《联邦农业贷款法》,依据该法在联邦土地银行之下建立了土地合作社,随后又颁布了《农业信用法》《紧急农业抵押贷款法》《联邦抵押公司法》等一系列法律来规范联邦土地银行的运作和发展。法国在1852年颁布的《土地银行法》作为实现法国土地银行的最重要的法律,为法国金融制度创新奠定基础。由此可见,国外土地银行建立之初和发展过程中,各国都根据自己国内环境颁布了规范土地银行运作或推动农村金融制度发展的一系列法律法规,由此体现出立法对制度构建的重要作用。

我国在发展土地银行制度的前提下,也应当重视土地银行相关立法。土地银行的法律制度体系大概可以分为三个层面:有关土地银行的专门性立法作为规范土地银行运作的核心立法,对土地银行从机构设置、业务、准入门槛等细节进行基础性规范;中间层面是与土地银行业务有关的法律法规,如土地流转法律制度、土地债券法律制度、土地抵押法律制度等;最外层应当是为保证土地银行目的实现的相关配套法律,如农业保险法律制度、社会保障法律制度等。

土地银行作为将农村土地和金融产业相结合的农地金融创新制度,在有效配置农村土地资源和推动农村土地市场经济发展的前提下,当然也会产生一些风险,这些都会影响土地银行的运作和我国当前农业政策目标的实现。所以为了保障土地银行的规范运行和农村金融市场的发展,我们应当制定维护土地银行正常运作的系列法律法规以及配套法律法规,以分散因为农业自身风险而可能带来的不稳定因素,进而保障农村经济稳定可持续发展和农业现代化实现。当然,农村土地银行业务的特殊性也标志着土地银行在业务交易过程中必然会涉及与其他部门的相互合作,所以不同部门之间的协同合作立法也应当建立,进而明确不同部门的分工和作

---

[1] 参见朱大旗、李蕊:《论我国土地银行制度的构建》,载《法学杂志》2016年第7期。

用,建立有效的协同监管机制。在笔者看来,我们可以在土地银行建立发展之初,通过具体业务或部门单行立法对土地银行进行规范和限制,在土地银行发展稳定后可以通过制定有关土地银行的专门性立法对其进行体系化的规范与管理。

农村经济发展需要以健全的法律作为基础支持,土地银行作为新兴事物更是需要完善的法律法规进行约束。[1] 因此,完备的立法不仅仅能够对土地银行农地金融行为进行有效规范和制度约束,也在很大程度上降低了农地金融创新制度运行所可能带来的诸多风险。所以在农地金融创新的过程中,相关法律法规的推动作用不容忽视。

2. 土地银行的实现模式

(1)土地银行的定位。在我国试点中确立的土地信用合作社、土地股份合作社、产权交易所等土地银行模式,大多仅仅从事农村土地的存贷业务,并不提供银行的基础性服务——贷款业务,而土地也不能进行抵押,土地银行的金融功能没有得到体现,因此这一阶段成立的土地银行其实只是徒有其名,并不是真正意义上的以金融功能为中心的土地银行。

农村土地银行作为农地金融创新的主要途径之一,是将土地管理与农村金融进行了有机结合,既要通过土地流转、抵押等方式将农村土地资源进行优化配置,推动农业规模化、现代化发展进程;又要通过农村金融制度创新,发展多元化农村金融机构建设,进而实现农村土地改革。所以,结合土地银行的作用和我国环境,笔者认为我国土地银行的性质定位应是政策性金融机构。在我国金融领域中银行可分为两类:商业银行和政策性银行。商业银行就是我们日常生活中随处可见的工商银行、建设银行等,这些市场主体是以营利为目的的,因此它们会将利益作为业务主体。但是因为土地银行的主要业务是有关农村土地流转和抵押贷款,这种模式下的银行具有其特殊性。因为农业投资周期比较长、风险较高、投资回报率也相对较低,所以为实现农地金融制度创新而设立的土地银行本身也具有政策性特质。[2] 因此它不能定位是商业性银行,所以笔者认为将农村土地银行界定为专门从事土地经营权、宅基地使用权等权利抵押的政策性银行,有利于推动农村金融市场发展,并且也适合我国实现农村土地制度改革,与推进农村土地经济发展的政策相吻合。

(2)土地银行的组织模式。根据国外土地银行建设经验来看,构建土地银行最理想的模式就是在全国范围内建设体系化的单独性专业的农村土地银行。但是在种模式的土地银行结构成本较高,而且对于土地银行的配套设施、制度环境要求较高,具体实践中困难重重,对于当前我国的整体环境而言,可操作性很小。所以在建

---

〔1〕 参见刘桂贤、刘庆芳、马慧肖:《发达国家土地银行经营管理的经验借鉴》,载《改革与战略》2018 年第 1 期。

〔2〕 参见綦磊、杨绎:《我国土地银行的法律制度构建研究》,载《江西社会科学》2016 年第 12 期。

设我国农地金融创新制度下的专业性土地银行过程中,应当结合我国实际,建设一个符合我国国情的、可操作性较强的土地银行。就目前我国农村金融市场环境而言,农村信用社在农村金融市场中成立比较早,覆盖面较广,而且对于农民的信用情况较为了解,和农村集体之间联系也较为紧密,并且在很多地区农村信用社已经开展了类似土地银行主营的部分金融业务。然而农村信用社从根本上来说属于商业银行,主要是以营利为目的,这一性质与土地银行存在根本性差异,所以如果要建立基层土地银行,还要在农村信用社的基础上对其进行改造。

(3)土地银行的组织结构。在我国试点土地银行中大多都是与农民直接进行业务接触,这为土地银行的发展奠定了群众基础,这一点和农村信用社在发展过程中是一样的,比较贴近农民生活,对农村政策变化和实际情况比较了解。所以,如果要建设基层土地银行可以借鉴农村信用社的网点设置和结构模式,对农村信用社进一步优化完善,在政策性银行这一基础定位不变的情况下建设农村土地银行。笔者认为在我国基层土地银行建立之初可以以农村信用社为依托,建立专门负责农村土地流转、土地经营权抵押贷款等与农村土地相关的金融业务部门,为建设具有中国特色的农村土地银行体系做基础。

在农村基础信用合作社的基础上,还可以建立县区土地银行、省市土地银行、中国农村土地银行这三级土地银行,进而形成在全国范围内构建四级农村土地银行的组织构架。当然,这四级土地银行因级别不同,接触主体不同,主要业务因此也不同。基层土地信用合作社直接和农户联系,进行土地存贷业务,并且代表农户向上级土地银行申请贷款等。县区级土地银行作为主要的运营机构负责向基层土地信用合作社开展业务,主要进行土地贷款审批、发行土地证券、监督款项使用等具体业务。省市农村土地银行主要业务是落实各地方的土地政策,做好资金扶持工作和监管工作。中国农村土地银行最为最高级别的管理机构,主要业务是根据国情需要制定有关农村土地经营发展需要的政策,并且争取政府和国家对农村土地银行的支持与引导。建立完整的农村土地银行体系是一项艰难的任务,在土地银行发展仍处于起步阶段的我国来说,更是任重道远。但是土地银行体系的建立能够从根本上为农村经济发展提供动力,为土地流转提供更多途径和方法,所以建立完整的农村土地银行体系仍然是十分必要的一种农地金融创新途径。

(4)土地银行的主要业务。首先,土地存贷业务仍然是土地银行的主要业务之一。在我国试点土地银行中,土地存贷业务一直都是土地银行的主要业务,农户通过自愿存地行为获取相应收益;银行将存进来的土地进行初步整理和规划,将其规模化地贷给有需要的经营企业或土地需求者,并收取相应费用。这种基础业务的发展不仅仅为放弃种植外出打工的务工者增加了收入,也使农村土地资源得到优化配置,并且在一定程度上推进了农业规模化进程。其次,土地抵押贷款业务。在民法层面,可以抵押的客体必须是可以转让的用益物权或所有权。在中央一号文件中明确指出农村承包土地经营权可以依法向金融机构融资担保、入股从事农业产业化经营,这为土地经营权进行抵押等金融行为提供了依据。而建立土地银行的目的就是通过农地金融创新,为农户长期提供农业贷款,进而推进农业现代化进程,强化乡村振兴制度性供给。因为农业本身的低回报、长周期等特性导致商业银行无法为农业发展长期提供贷款,这使农村金融发展缺少资金来源;农村金融市场发展缓慢又反作用于农业经济,使其无法得到发展和扩大。但是土地银行的建立可以通过土地经营权抵押为农业发展提供所需要的资金支持,这也是土地银行的主要作用之一。最后,土地整理、土地监管业务。土地银行的基本业务之一是土地存贷业务,这项基本业务使农村土地银行将会拥有诸多土地资源经营权。为了保证后期业务的顺利发展,土地银行需要对存进来的土地资源进行整理规划,以确保他们能够被最大限度地优化利用。农村土地银行在进行贷地业务时应当确保土地形式不会发生变化,对贷出土地进行监督,从而保证贷出土地仍然是用于耕种,而不能另作他用。这不仅仅是为了保证农村经济的稳定增长,也是为了保护存地人们的土地利益。所以土地银行的土地管理、监督业务也是其主要业务之一。

当然,随着我国土地银行的发展,可能还会开展很多以农地为标的物的金融业务,出现新的服务模式,进而解决农村金融市场资金短缺问题,但是土地银行的开展必须和国家战略相吻合,并且是以推动农村经济稳定增长,实现农地制度改革为目的。

3. 完善农地金融领域相关制度

(1)土地评估机制。从上述部分我们可以得知,土地存贷业务和抵押贷款业务是土地银行的主要业务。但是在土地存入和土地经营权抵押贷款之前有一个很重要的步骤就是对目标土地进行评估,如存入土地的交易费用标准、抵押贷款土地的价值评估等。我国目前土地评估系统仍然存在很多问题,[1]所以首先我们应当建立专业性的统一土地评估组织,然后对其内部结构、评估机构的具体规范和评估标准等问题进行具体规定。土地评估机构是保证土地银行基本业务能够实现和开展的基础,为了土地交易更加公平、高效,应当尽快建立专业、统一的土地评估机制。

(2)土地银行监管机制。土地银行作为一种新事物,主要是以土地为标的进行交易,而土地作为农民最主要的生活资源之一,其重要性不言而喻,所以,在土地银行进行土地业务过程中就需要一个监管主体来防止土地银行制度偏离轨道。土地监管机制的确立能够保证土地银行业务的持续开展和土地资源的优化配置,所以完善土地银行的监管机制是土地银行制度发展过程中的一项重要任务。在土地银行

〔1〕 在第三部分中已经具体阐述,在此不再重复。

成立之初需要政府的政策优惠和资金扶持,政府在土地银行发展过程中应当起到引导性作用,所以笔者认为在专业性土地银行监管机制建立之初,可以由政府来承担土地监管一职,在引导和监管中保证土地银行真正惠及农民。

(3)完善土地抵押制度立法。从各国或地区立法情况来看,在发展土地银行之初都会颁布一系列有关土地抵押的立法,为土地银行业务开展提供法律支持。但是在我国有关土地抵押的立法并不完善。为了保证土地银行业务的顺利开展和实现农地金融制度创新,笔者认为完善土地抵押制度是十分必要的。

4. 完善风险防控机制

(1)建立农业保险制度。农业对于气候的依赖性和本身的弱质性,使农业发展本身就存在很高的风险,这对于土地规模化经营和土地流转市场都产生一定的阻碍作用,使人们对于农业现代化发展存在一定畏惧心理。为了防范农业风险给人们造成重大损失,日本在1929年正式实施《家畜保险法》,之后又颁布了《农业灾害补偿法》。美国在1938年正式实行《联邦农作物保险法》。[1] 由此可见保险作为一种突发性灾后补偿机制已经被广泛应用于农业领域之中。我国虽然也有银行涉及农业保险业务,但是相比较而言业务范围比较窄,所以笔者认为为了保证土地银行的作用得到真正实现,我们应当建立完善农业保险制度,防范和化解农业和金融风险。

(2)完善农村社会保障制度。农村保障体系对推进农村经济和土地变革有重要作用。[2] 在土地流转、土地经营权抵押贷款等制度开展之初,人们因为不了解可能会因对这些制度心存疑虑而不敢进行金融行为,因为土地是保障农民生活的重要资源之一。就我国目前情况而言,农村保障体系落后于城市,所以人们存在之前的疑虑也是情有可原。所以完善社会保障体系使农民没有了后顾之忧,对于农村金融业务的开展也会起到促进作用。

土地银行作为“三权分置”制度下农地金融创新途径之一,在我国还处于初步发展阶段,虽然在建立和发展过程之中还存在许多问题,但是笔者通过将各国或地区经验与我国实际情况相结合、对土地银行不断探索,建立适合中国国情、推动农村经济发展、实现农地改革的土地银行这一任务是一定能够实现的。

二、完善农地保险制度

(一)农地保险制度的一般问题

人们自古以来就对土地有很重的心理依赖,即使在科学技术和市场经济飞速发展的今天,仍然有很多农户认为拥有土地是给自己的生活最后设置的保障防线。当

---

〔1〕 参见徐药、李欣婷:《我国农村金融发展的困境与突破》,载《宏观经济管理》2013年第10期。

〔2〕 参见郭骊、陈少强、孙艳丽:《论建立中国特色农村土地银行》,载《中央财经大学学报》2010年第4期。

然,造成人们这种心理的原因有很多,如收入水平不高、社会保障较低、生活水平无法保障等。近几年来,我国十分重视农村经济的发展和改革,发布了一系列有关农村经济改革的政策性文件,“三权分置”制度也是在这种背景下提出的。“三权分置”制度的提出,从本质上来看就是为了放活土地经营权,搞活农村土地流转市场,从而促进农村经济的发展,提高人们的生活水平。但是,由于土地本身的弱质性和风险性、我国相关政策制度以及管理办法的缺失和农村金融市场仍存在很多问题,农村土地流转可能会带来一系列风险,甚至可能会影响国家政策的实施和社会的稳定。而保险制度作为市场经济下产生的一种风险分摊机制,能够在意外发生时通过经济补偿来减少被保险人的经济损失。随着保险制度的不断发展和完善,保险制度已经成为风险管理的基础手段之一,并且在我国金融发展方面和社会保障方面起到重要补偿作用。由于农业保险自身发展存在较高的风险和保险制度自身的有效补偿属性,为了保障农业经营者的利益,保险制度渐渐也被引入到农业领域中。

涉农保险法律制度在我国仍处于发展的初级阶段,还存在许多需要完善的地方,但是在许多发达国家已经建立了完善的农地保险制度,从而推动农业现代化的实现,如法国、日本等国家。法国的农业一直以来都处于发达状态,为建立农地保险制度,法国在1840年设立了第一个地区性相互保险公司,并且经过长期实践和经验总结,在1986年成立了法国农业相互保险集团公司。在农业发展过程中法国根据国内农业具体情况从建立政策性的农业保险机构、建立农作物保险集团、建立农业合作保险组织和国家立法保护农业保险等方面发展农地保险制度。[1] 日本的农地保险是强制性保险和自愿保险的结合,并且都可以直接享受政府补贴,具体来说就是以分散的、个体农产小规模经营为基础,采用政府补贴和再保险结合的模式来降低因农业风险造成的损失。日本有关农业保险的法律主要有《家畜保险法》《农业保险法》《农业灾害补偿法》。我国自2008年正式执行《农业保险统计制度》后一直十分重视有关农业保险的发展和实践,所以农地保险在我国已经有一定基础。

1. 农地保险的界定

土地作为农民生产、生活中最重要的资金来源之一,对于农民来说有特殊的情感依赖。虽然土地流转能够从资金收入等不同方面激发农村经济获利,改善农民的生活水平,但是由于我国土地经营权流转仍然处于初步发展阶段,在土地流转过程中必然会出现很多的矛盾和问题,这些矛盾和问题可能会加剧农村土地流转给农民生活带来的风险。近几年来,我国出现很多土地银行的试点,土地银行的建立最主要的目的就是解决农村土地金融市场融资困难的问题,但是因为我国信用环境和政府风险补偿机制等方面都不够完善,再加上农民的金融知识欠缺,导致银行在土地

---

[1] 参见张新生:《国外涉农保险法律制度的实践及其启示》,载《河北法学》2012年第9期。

经营权抵押贷款中给农户长期提供低利率的贷款存在风险。此外，虽然我国经济自改革开放以来一直保持稳定高速发展，但是城乡差距仍然较大，农村社会保障体系仍不完善，人们的日常生活也可能因为意外而面临风险。综上所述，土地经营自身的风险、土地流转中所面临的风险、人们生活中面临的风险等因素推动着农地保险制度的建立和完善。

农地保险制度具有经济补偿、资金融通等功能，因为农地在经营过程中可能会出现的上述风险，所以我国农业发展急需市场化的风险管理手段，为农地流转过程中的每个环节提供保障，从而保护农户们的利益，进而推动农业现代化的可持续发展。农地保险根据风险类别不同可以分为以下几类：

(1)农业保险。在我国现实环境中，农地面临的风险不再仅限于各种人为的风险，更多的是因为环境、气候等变化因素导致的自然风险。以近几年为例，随着经济全球化进程的推进和全球科技、工业进程的加快，极端天气出现得越来越频繁，这种现象给农业经营带来了很大的影响。我国一直以来就是自然灾害频发的国家，因此当农业经营因为自然灾害遭受经济损失时，农业保险作为合理分担农民所遭受风险损失的保险机制越来越受到人们的欢迎和重视。虽然我国近几年来十分重视农业保险的发展，在2012年10月24日国务院第222次常务会议通过了《农业保险条例》[1]（自2013年3月1日起实施），但是与发达国家的农业保险制度相比，我国农业保险制度在制定和落实过程中都存在很多问题，需要进一步完善。

(2)信贷保险。2016年农业部、中国保监会联合国内7家保险企业在北京召开了关于保险服务农业现代化的座谈会，在会上为了进一步推动保险服务农业现代化发展，他们联合签署了《保险服务农业现代化倡议书》，在倡议书中明确提到了“加大投入力度，着力围绕促进农业适度规模经营和壮大新型农业经营主体，开展产品创新、技术创新和服务创新。推广天气指数保险、农产品价格保险，以及‘保险+信贷’、‘保险+期货’等多种创新模式，拓展保险功能。创新保险资金支农融资试点”。在这一倡议书的指引下，国内多家保险机构开始探索保险服务的新业务模式来解决农业金融领域融资困难的问题。例如，国元保险2013年在安徽省怀宁县等多家县市试点开展农业信贷保险创新业务，和当地政府、规模化农地经营主体积极展开农业保证保险、保单质押贷款等业务。这些农业保险创新业务不仅在“三农”领域发挥了保险的功能，也有效解决了农地流转过程中带来的农地金融市场融资困难等问题，为农村土地流转提供资金支持和保证，也推动了农村经济的发展和农业现代化进程。

---

〔1〕 在《农业保险条例》第2条中明确规定，本条例所称农业保险，是指保险机构根据农业保险合同，对被保险人在种植业、林业、畜牧业和渔业生产中因保险标的遭受约定的自然灾害、意外事故、疫病、疾病等保险事故所造成的财产损失，承担赔偿保险金责任的保险活动。

(3)农地经营权流转保险。在2018年中央一号文件中明确指出完善农村基本经营制度,深入推进农村土地制度改革,“三权分置”制度正是推进农村土地制度改革的重大战略举措之一。而完善“三权分置”办法,就要落实集体所有权,稳定农户承包权,放活土地经营权,充分发挥“三权”的各自功能和整体效用。这一制度的根本目的就在于放活土地经营权,从而加快农村土地流转。近几年来我国有关农地政策文件的内容表明,加快农村土地流转已经成为发展农村经济的重要手段之一。但是土地流转过程中存在很多风险,如市场交易风险、自然灾害风险、农地经营过程中的风险等,这些客观存在的风险会对农村土地流转市场的稳定发展带来不利影响,尤其是对于土地流转之后的农户而言,失去经营权的他们如果再遇到类似风险,可能会给他们的生产生活带来很严重的后果,所以为避免这种情况出现,在我国范围内渐渐开始出现对于农地流转保险的业务探索。农地流转保险作为一种风险防控途径,本质上就是保险主体与保险公司签订以农村土地经营权流转履约或农地流转后的预期收益等财产性利益作为保险标的,在保险条件实现时,由保险公司向被保险人支付赔偿金以弥补损失的一种保险类型。

(4)养老保险。随着经济水平的不断发展,我国在全面落实社会保障制度和建立完善的社会保障体系。养老保险作为社会保障制度最核心、最基础的制度之一,最能够体现政府履行社会救助义务,构建社会主义和谐社会等政策目标。在农村土地流转过程中可能会面临的风险导致农民不愿意将土地经营权放置到市场之中,导致这种情况出现的最根本原因还是农民的社会保障水平较低,土地对于他们来说也是一种生活保障,当他们面临生病、养老问题时土地可以为他们提供一定的经济收入来保证他们基本的生活。这种情况很大程度上限制了农村土地流转市场的发展,也不利于我国有关推动农村经济发展的相关政策的实施。但是养老保险制度的全面覆盖为城乡所有居民的生活水平都提供了最低层次的保障,这在很大程度上解决了人们对于土地流转可能带来的风险的戒备心,在一定程度上促进了农村土地流转市场的发展,也算是农村土地遭遇风险的一种补偿机制。

在上述部分中,因为农地保险本身的复杂性,笔者从不同角度对于农地保险的内容进行了分析,主要列举了四大类。但是根据我国现在的国情和有关农村土地的相关政策,农地信贷保险和农地经营权流转保险是我国现阶段发展农村经济的重中之重,所以在下部分笔者将以农地经营权流转保险和农地信贷保险为出发点,结合我国国情和政策分析相关问题并提出解决意见。

2. 农地保险的特征

虽然各国的农地保险制度在模式选择、具体运作方式上不尽相同,但是农地保险作为实现农业现代化的一种保障手段,通过对各国农地保险制度和我国农地保险制度现状进行分析,将农地保险特征概括为以下几点:

首先,农地保险组织的运行体系和各国农业经济发展模式相适应。从组织环境理论角度来说,影响农地保险组织运行的因素有很多,如组织机构本身、国家政策、社会环境等,所以在世界上并不存在最好的组织模式,只要是适合本国农业经济发展要求、有助于实现国家农业现代化发展的组织模式,对于需求国来说就是最好的农地保险组织形式。例如,美国农地保险组织运行体系带有市场化特征,日本农地保险经营模式具有强烈的社会互助性,印度的农业保险在运作过程中具有很强的政治性,这些国家的农地保险运作模式都是与他们国家本身的农业经济模式相适应的。当然,我国农地保险组织也是与我国农业经济相吻合的产物。

其次,农地保险组织在运行过程中政府给予财政支持。农地保险作为保证土地流转市场稳定发展的一种保障制度,因为农业本身回报期长、自然风险较高等原因,商业银行大多因为其营利性而不愿意开展太多农地保险业务,所以农地保险组织在成立和发展过程中往往会得到政府的财政资金支持和政策优惠支持,等等。

3. 农地保险的必要性

从我国近几年来的中央一号文件的内容来看,在我国将来的农业现代化发展过程中,农地流转必然会对我国当前传统小规模经营的农业生产方式进行改变,农地流转和一系列农地金融创新途径会使我国农业逐渐形成种植大户、龙头企业或者农场主等新型的农业经营模式。但是根据国外经验来看,实现农业现代化过程中必然出现一系列的和农业有关的风险,所以必须配合完善的农地保险制度,才能真正实现农业现代化这一目标。根据国外农业发展经验和我国国情,完善农地保险的必要性主要有以下几点:

(1)农地保险制度有利于促进农地流转

农业现代化不仅仅是我国农业发展的目标也是世界各国的目标,许多国家已经通过农业规模化、技术化经营逐渐实现了农业现代化,所以农业规模化在推动农村经济发展和实现农业现代化方面起到重要作用,各个国家都十分重视农业技术的发展和规模化、机械化水平的提高。[1] 美国、法国、日本等国家都是通过农地流转来推动农业适度规模化经营,最终实现了农业现代化,由此可以看出加快农地流转有利于推动农业现代化的进程。我国在近几年来的政策也表明国家越来越重视农村土地流转领域的发展,“三权分置”制度的提出就是最好的见证。

“三权分置”的主要内容就是落实集体所有权,稳定农户承包权,放活土地经营权,从而充分发挥“三权”的各自功能和整体效用。这一制度的根本目的就在于放活土地经营权,从而加快农村土地流转。但是,在农地流转过程中会遇到很多风险,例如农地流出过程中的经济风险、农户失去土地经营权以后的生存风险、因为农业本

---

〔1〕 参见苏玉娥:《国际视角下我国农地流转风险防范研究》,载《南昌大学学报》(人文社会科学版)2018 年第 1 期。

身弱质性而给土地需求方带来的经营风险等,这些可能面临的风险在一定程度上限制了我国农地流转市场的发展。而农地保险制度作为专门解决农地遭受意外风险时对被保险人进行损失补偿的一种机制,是减少农地流转市场风险和保证农村土地流转市场稳定发展的重要途径之一,因此农地保险制度和农地流转市场有着十分紧密的联系。

针对农地流转的问题,我国一些省份已经设立“农地流转保险”试点。但是因为我国农地流转保险仍处于初步发展阶段,所以保险业务范围主要是当流转主体单方违约后对农户的损失进行补偿。这种农地保险其实就是在政府的组织和引导下对农户的一种补贴,虽然试点保险的业务范围较窄,但是通过这种保险制度的创新在很大程度上降低了土地流转可能会给农户带来的经济损失,也使农户对土地流转增强信心,在一定程度上有利于土地流转市场的稳定发展,而且通过对试点农地保险的运作经验进行学习和总结,也有利于农地保险在全国范围内的推广和完善。

(2)农地保险有利于促进农业规模化发展

农村土地在经营过程中会出现很多意想不到的风险,各种人为的风险和环境的变化、气候的变化等不固定因素会导致农业生产遭受严重损害。[1] 我国本身就是一个自然灾害多发的国家,再加上这几年以来极端天气频发,农业生产受到的自然风险越来越多。而且在2018年1月2日中共中央、国务院发布的《关于实施乡村振兴战略的意见》中指出,为了推进体制机制创新,强化乡村振兴制度性供给,完善农村承包地“三权分置”制度,在依法保护集体土地所有权和农户承包权的前提下,平等保护土地经营权。这就意味着农村承包土地经营权可以依法向金融机构融资担保、入股从事农业产业化经营,也意味着我国政策现在支持农村土地进行流转。农村土地流转可以通过将农户手中分散的土地经营权通过土地银行等农地金融创新途径对农地自愿进行整合,进而将农地集中到大规模农业经营企业手中,从而实现适度范围内的规模化经营。但是,因为农村土地流转过程中存在诸多风险,如土地使用中所遭受的风险可能使土地银行资金来源遭受损失,进而给农户利益造成侵害,因此很多农户不愿意进行土地流转。但是农地保险可以补偿农地流转过程中可能给农户带来的损失,使农户对农地流转增强信心,所以从本质上来说,农地保险有利于促进农业规模化发展,进而实现农业现代化这一终极目标。

(3)农地保险是农地金融创新的有效补充形式

金融抑制一直以来在很大程度上影响着发展中国家的农业经济发展,我国农村金融市场融资困难也一直是我国农业发展过程中的一大阻碍因素。[2] 我国农村金

---

〔1〕 参见柴振国、盖格:《农村土地流转保险法律制度探讨》,载《河北法学》2016年第8期。

〔2〕 参见王德宝、王国军:《我国农业保险的发展成就、存在问题及对策建议》,载《上海保险》2014年第6期。

融领域融资难问题一直都是制约我国农业发展、农村经济水平提高的主要因素，而导致农村金融市场融资困难的主要原因是农业高风险性和回报周期长，使商业性银行逐渐退出农村经济领域，造成了农村金融市场不活跃和农村金融市场资金短缺的现状。但是我国农地保险的试点经验表明，农业保险不仅仅可以在农地受到意外风险使农户遭受损失时，给农户的经济损失提供补偿，使农户减少生存之忧；而且农业保险可以通过和农村信贷相结合，为改善农村信用环境贡献积极力量，从而有效激活农村金融市场活力，促进信贷对农业发展的支持。而且在2010年4月中国银监会和保监会联合发布了《关于加强涉农信贷和涉农保险合作的意见》，自此之后涉农信贷和涉农保险的合作一直是人们的研究重点。农地保险作为一种风险防控机制通过和农村信贷相结合，有助于缓解农村金融市场的供需矛盾，以及解决经营生产过程中的风险管理和资金需求难题。[1] 所以农地保险能有效改善农村金融发展的环境，并且可以成为农地金融创新的重要途径之一。

4. 完善农地保险的可行性

新制度经济学理论表明一种新制度的产生基于社会市场主体的需求，我国农地保险制度正是基于农地流转和社会发展的需求产生的，而且从我国近几年来的政策和学界研究来看，完善农地保险制度是我国实现农业现代化的重要途径之一。

(1) 学界研究为农地保险完善提供理论支持

自农地流转制度进入人们视野以来，学界有关农地流转和其相关制度的研究就没有停止。农地保险制度作为预防和控制农地经营权流转中可能出现风险的一种补偿机制，也一直都是学界研究的重点之一。在近几年来姜晓平、李媛媛等很多学者都以农地流转为出发点，对农地保险制度进行深入研究，这些研究成果都为我国农地保险的完善提供了先进的理论支持。

(2) 国家政策支持农地保险发展

我国近年来的中央一号文件多次提及有关农地保险发展的政策，如2016年中共中央、国务院发布的《关于深入推进农业供给侧结构性改革　加快培育农业农村发展新动能的若干意见》、2018年中央一号文件中共中央、国务院《关于实施乡村振兴战略的意见》都提及有关农地保险制度构建和完善的政策，还有2012年10月24日国务院第222次常务会议通过的《农业保险条例》，这些政策性文件和法律规范的制定都为我国农地保险制度的发展和完善提供了优良的软环境。

(二) 农地保险的现状

1. 农地保险制度的研究现状

推进农业供给侧结构性改革和实施乡村振兴战略政策的提出，使更多的目光聚

---

[1] 参见牛浩、陈盛伟：《农业保险与农村信贷合作产品研究》，载《保险研究》2014年第12期。

集到了农地金融创新制度上,农地流转和农地保险制度作为农地金融创新途径,一直以来都是学界研究的重点。姜晓平教授认为农村的土地流转可以促进农业的发展,同时带动新型农业生产主体产生,如农业互助组织、龙头企业等。伴随着农业发展也可能会产生很多影响农业发展的不稳定因素,甚至可能会使传统农业中的风险被放大。段月萍教授在对农村土地保险研究中认为,在基础相对比较好的农业产业化的地区,相对适合的是政府牵头的政策性保险模式;新型模式的农业保险制度也应当是以政府补贴为基础而进行的商业运作。将强制保险和自愿参保结合起来,同时将本地农业经营中的特色产品归入到强制保险范围内,从而更好地发展区域内农业。[1] 李媛媛指出,商业性和政策性农业保险相综合的立法模式是我国的特色,在我国农业保险条例中表现得尤为明显,这在很大程度上造成了实质上的不公平。所以,完善我国农地保险在立法模式上不能一蹴而就,应当通过路径创造和路径替代内外结合的方法,以专业技术为基础,走以农民金融融资者和法律制度框架相结合的创新道路。[2] 张祖荣教授、王国军教授认为,农地保险在化解现代化农业风险中起主要作用,而且还可以在一定程度上影响农业生产规模的扩大、农民收入的提高、促进农村经济的发展和农业现代化的实现。在农地保险发展中政府应当加大对农业保险的财政补贴从而为完善农地保险制度和农地金融创新提供资金和政策支持。[3]

2. 农地保险制度的实践模式

(1)山东省农地保险试点。2004 年我国推行农地保险制度以来,在全国范围内建立了许多有关农地保险业务的试点,并取得了显著成就。山东省在 2006 年出台了《关于开展政策性农业保险试点工作的通知》,这一文件的出台拉开了山东省农业保险试点的序幕。2015 年山东省政府又印发了《关于贯彻落实国发〔2014〕29 号文件加快发展现代化保险服务业的意见》,该意见在山东省农地保险的发展过程中起到了引领和导向作用。该意见主要内容是阐述了保险制度能够通过农业风险分散和补偿损失方面起到稳定农业发展的作用,最后提出应当扩大农业保险的覆盖范围和农业保险的涵盖业务,从而使农业保险能够为推动“三农”发展贡献积极力量。山东省的试点工作主要在济南章丘、潍坊寿光和聊城临清开展,虽然在业务开展之初收效不大,但是随着农业保险的发展,山东省农业保险保费在近几年来一直呈上升

〔1〕 参见段月萍、贾金荣:《基于农业产业化的政策性农业保险模式初探》,载《广东农业科学》2009 年第 7 期。

〔2〕 参见李媛媛:《我国农业保险立法模式重构困境及其突破路径》,载《法商研究》2017 年第 2 期。

〔3〕 参见张祖荣、王国军:《农业保险财政补贴效用研究述评》,载《江西财经大学学报》2016 年第 4 期。

趋势,而且农业保险的服务对象和覆盖范围也随之扩大。[1] 伴随农业保险的发展,不仅仅降低了意外农业风险给农民生产生活造成的损失,也在一定程度上促进了山东省农村金融市场的活力。尤其是在农业信贷方面,随着农业保险业务的不断开展和进步,山东省农业信贷也取得了显著成就,自2008年以来农业信贷增长也呈逐年上升的状态,这也得益于农业保险的发展促进了农村经济的整体发展,并且在一定程度上解决了农村融资困难等问题。

(2)四川省农地保险试点。在2015年7月1日,四川省邛崃市发布了《邛崃市建立农地流转的风险防范机制实施意见》,意见中主要规定了农村土地流转双方可以以农村产权流转交易中心为中介签订合同,并且可以向保险公司申请担保。这一举措是为了在农地流转过程中引入非融资性担保制度,为了引进保险制度政府给予了保费补贴,而且公司也可以提出财政资金补贴。邛崃市在实践中通过引进保险机制,实现了国内首单农地经营权流转保险合同的突破性进展。通过保险制度的介入,农地流转双方对农地流转交易都增强了信心,不仅仅推动了农村土地流转市场的发展,也在很大程度上促进了农业的发展。在四川农地保险实践中政府的财政补贴体现了政府在推动农地保险制度发展过程中的引导作用,而且取得了很好的效果,我国其他地区在当地推动农地保险制度发展过程中也可以借鉴类似的政策,进而实现农地保险对农村经济的推动作用。

在我国实践中,不仅仅是各省市在积极开展试点以推进当地农地保险制度的发展,各保险公司也通过开展不同涉农保险项目,进而拓展自己公司在涉农保险方面的业务范围。例如,中国人民财产保险有限公司就在福建龙岩地区,通过和当地政府的配合,针对农业生产方面的不同需求,大力推进多种形式的“三农”综合保险。而且在陕西地区,通过与我国唯一的农业高新技术产业示范区——杨凌示范区管委会的合作,[2] 为示范区的龙头企业量身开发保险产品,为企业提供专业化的保险服务,为推动当地农业保险的发展和完善贡献力量。

(三)农地保险制度存在的问题

农地保险作为农地金融创新途径之一,是保险制度引进农业领域的一种突破和尝试。农地保险制度可以在农地风险分散和补偿农户遭遇意外风险损失方面起到重要作用,但是因为我国传统农业模式和农村经济发展水平的限制,我国农地保险制度仍处于初步发展阶段,与国外通过较长实践形成的完善发达的农地保险制度相比,我国农地保险制度仍然存在许多问题。通过对我国农地保险现状进行分析研究,总结我国农地保险制度存在如下问题。

---

〔1〕 参见刘素春、智迪迪:《农业保险与农业信贷耦合协调发展研究——以山东省为例》,载《保险研究》2017年第2期。

〔2〕 参见林志勇:《抓住三农保险的历史性机遇》,载《中国金融》2013年第5期。

1. 农地保险制度立法缺失

长期以来，我国对农业发展和提升农村经济水平都十分重视，但是在我国农业发展过程中，我国主要是实施一系列的涉农政策或者和农业有关的建议文件来指导农村经济的发展和农业结构的转变等问题，很少从法律层面对农村经济和农业发展进规范和指引。在一个新制度产生和发展过程中应当是建设完善的法律体系给新制度提供法律依据进而保证新制度的有效实施和顺利发展，但是在农地保险制度这一农地金融创新制度的发展过程中，法律的功效性并不明显。虽然在近几年来的中央一号文件中都提及要促进农村经济发展，实现农业现代化，并且明确提出“三权分置”制度来激发农村土地流转市场的活力，但是这些政策性文件的提出并不能代替法律对制度推广的效力保证和替代法律的威严性，这些政策和意见的发布反而在某种程度上掩盖了立法的急迫性。因为从我国大环境来看有很多关于农村土地和农村经济发展的政策和指导文件，但是这些政策和法律规定在本质上仍然存在区别。

我国农业保险法律体系一直以来都不完善，在《农业保险条例》颁布之前，只有《保险法》《农业法》从原则性问题上对农业保险做了基础性规定，并没有对农业保险的具体发展方式和相应规范作出明确规定，而且也没有专门的法律法规对农业保险进行规范。《农业保险条例》的颁布弥补了我国没有专门针对农业保险制度进行规范的法律空白，但是《农业保险条例》中规定的仅仅是政策性农业保险制度，[1]虽然其中也规定了我国支持发展多种形式的农业保险，但是并没有对其他形式的农业保险进行规定。农地保险不仅仅只包括用来补偿自然灾害或者意外事故造成财产损失的农业保险，而且在农村金融市场发展过程中已经出现其他类型的农地保险，例如笔者在第一部分中介绍的农地经营权流转保险和信贷保险。虽然我国现阶段的农地保险制度和之前相比有了一定的发展，但是在农地保险业务范围和经营模式上仍然不完善。

通过近几年来发布的一系列和农村经济发展有关的中央一号文件内容来看，农村土地流转和土地经营权抵押贷款渐渐成为发展农村经济的创新途径，也是推动农村土地规模化经营和实现农业现代化的主要力量。但是因为我国各省份经济发展不充分、不平衡，所以造成农村金融市场发展缓慢，阻碍了农村经济的发展。因为农村金融市场融资难问题，导致农村信贷问题频发，而且在农村中因为农民金融知识缺乏，信用意识也比较单薄，所以经常出现不良信贷问题，这也在一定程度上增加了农村信贷的风险。而且随着农村经营模式的改变和农村经济的发展，农贷需求种类变得更多，但是银行信贷管理和业务水平不能满足农业信贷的要求。当然造成这种

[1] 《农业保险条例》第2条规定，本条例所称农业保险，是指保险机构根据农业保险合同，对被保险人在种植业、林业、畜牧业和渔业生产中因保险标的遭受约定的自然灾害、意外事故、疫病、疾病等保险事故所造成的财产损失，承担赔偿保险金责任的保险活动。

现象的原因有很多,主要原因是农业本身的高风险性和回报周期较长,所以银行信贷机构对农村市场投入减少,因此关于农村信贷业务发展较为缓慢。从上述部分汇总我们可以看出,我国农村土地流转和农村信贷是发展我国农村经济的重要途径,而且也与我国现行政策相符合,但是因为我国农村经济的复杂性导致农村土地流转和农村信贷方面都存在诸多问题和风险,因此需要针对性农地保险来减少风险可能造成的损失,从而促进这两种创新金融制度的发展,实现农业现代化。但是就我国当前有关农地保险的立法来看,并没有专门性立法来规范这两种新型农地保险制度,因此完善我国农地保险制度变得越来越重要。

2. 农地保险配套制度不健全

从各国农地保险制度发展经验来看,农地保险制度并不是一个自身独立发展的制度,它需要与各个方面的农业制度和相关机构相互配合,进而完善自身,但是就我国发展现状而言,很多和农地保险相关的农业制度并非健全,从而影响了我国农地保险制度的发展。

(1)农地保险制度的建立和发展离不开国家的财政支持。因为农业发展的惠民性要求国家及政府在推动农业发展过程中起重要引领和指导作用,尤其是对农地保险制度作为风险防范和弥补农户经济损失的中国补偿制度来说,在其发展过程中需要大量的资金作为开展农村保险业务和扩展农地保险覆盖范围的基础支持,所以国家的财政补贴对于农地保险的发展来说显得尤为重要。国内外研究都表明保费补贴激励农户购买农业保险,这在很大程度上减少了各类风险给农业生产带来的意外损害,[1]进而间接提高了农户扩大农业经营规模的积极性,由此看来保费财政补贴是实现农业规模化经营和实现农业现代化的有效途径。资金支持并不是财政补贴的全部,完整的财政补贴过程应当包括前期补贴方案的确定、中期补贴的发放、后期补贴效果的评估,以及伴随前程的风险控制等相关制度。[2] 但是在我国当前农地保险补贴中却存在很多问题。

首先,我国现行的财政补贴方式使中央和各地财政之间形成了“补贴联动”的模式。在这种补贴模式下,中央的财政补贴不能直接落实到农地保险制度上,而是需要各级地方政府的财政补贴配套合作之后才能真正实现中央财政补贴的作用。这样的“补贴联动”模式本来是为了通过联动模式达到地方财政重视农地补贴和农地保险制度发展的目的,从而推动农村经济的发展和金融市场的进步。但是因为地方政府需要制定相关配套政策来实现中央补贴的落实,这导致地方政府和保险经营机

---

〔1〕 参见张祖荣、王国军:《农业保险财政补贴效用研究述评》,载《江西财经大学学报》2016年第4期。

〔2〕 参见王德宝、王国军:《我国农业保险的发展成就、存在问题及对策建议》,载《上海保险》2014年第6期。

构在制定保险保障政策和运行方案时为了达到配合中央补贴的目的而趋于保守，而且在实践中因为中央和地方政府之间需要相互配合，导致时间成本较高，因此出现了财政资金拨付滞后的问题。其次，因为各地区的农村经济发展水平是不一样的，导致地区财政补贴不公平。例如，经济相对落后但是又十分依赖农业发展作为农村收入主要经济来源的地区，当地财政往往因为自身能力限制导致财政补贴不到位或者不及时。实践过程中的诸多影响因素影响了财政补贴的实际效果，也阻碍了我国农地保险制度的发展。最后，“补贴联动”的财政补贴模式也可能引发道德风险问题。为了追逐经济利益，个别地方财政机构和保险企业可能会通过不正当手段或者违法违规手段来套取中央财政补贴。这种行为使真正能惠及于民的中央财政补贴总额变少，在很大程度上削减了中央财政补贴对于农地保险制度发展的支持力度和效果，从根本上影响了农地保险制度的发展。

(2)农地保险的监管制度存在缺陷。农地保险作为弥补农业风险造成的经济损失的一种补偿机制，在我国仍然属于初级发展阶段。但是在每一种新制度发展过程中都可能出现许多问题，农地保险制度也不例外。如果农地保险缺少监管制度可能会因为主体行为不规范而造成农业保险无序发展等不良后果。例如，保险公司可能出现为了利益而限制其公司的保险种类进而造成市场供需不平衡状态，抬高费用，如果不加以监管，这在很大程度上损害了农户的权益，会扰乱农村金融市场的正常秩序。除了上述情形之外，还可能会出现保险基金不良运作、挪用资金等可能会对农业发展造成阻碍的情况。由此可见完善的农地保险监管体系是保证农地保险制度平稳、顺利发展的有效措施。

虽然在我国《农业保险条例》中规定国务院保险监督管理机构对农业保险业务实施监督管理，但是中国保监会主要是监管商业性保险的机构，而商业性保险和农地保险存在很大的差别。首先，农地保险的服务主要针对农村土地开展相应保险业务，而商业性保险针对的主体是财产性利益。其次，我国商业性保险在发展时间和实践经验方面要优于农地保险，对还处于初级发展阶段的农地保险来说，我国商业性保险发展得更加成熟，商业性保险和农地保险在业务范围、管理模式上都存在很多不同，笔者认为在农地保险发展过程中应当建立专门性的监管机构来引导农地保险的发展，但是我国并没有建立类似机构。而且农地保险虽然主体是有关农地的业务，但是在发展农地业务过程中必然会涉及财政、税务、金融等诸多部门之间的相互配合，需要在工作过程中通过良好的沟通和协作促进农地保险制度的发展。综上所述，笔者认为建立专门的农地保险监管机构更有利于直接推动农地保险制度的完善和进步。

(3)农村金融市场融资难问题阻碍了农地保险的发展。我国农村金融体系相对于城市而言，发展水平较低，虽然近几年来我国中央一号文件中指出要加强建设农村金融市场，而且加强了农地金融制度创新的相关研究及实践。农地保险和农业信贷作为农村金融体系的创新组成部分，对化解农业风险、保障农业生产和提高农民收入水平起到重要作用。[1] 保险制度自2010年被引进农业信贷市场后，与农业信贷制度形成了相辅相成的关系，两者相互影响相互促进，形成了农地保险和农业信贷耦合[2]协调发展的模式。但是因为我国农村金融市场的融资难问题，我国农业信贷发展缓慢，农业信贷业务范围较窄，不能为农业规模化发展提供充足资金支持。而且农村信用体系并没有建立，不良信贷的存在也在一定程度上阻碍了农业信贷的发展。因为这种资金短缺状况的存在，使人们扩大经营范围的需求无法得到满足，限制了农业的发展，人们对农地保险的需求自然也就降低了。农地保险和农业信贷之间的耦合性，虽然可以相互促进发展，但是当一方资源短缺时也会影响另一方的发展。我国目前就是这种状况，因为农业信贷领域存在问题而阻碍了农地保险的发展。所以如果要完善我国农地保险制度的话，应当重视农业信贷制度的建设和完善。

3. 农地保险风险机制问题

农业保险在我国农业发展中的定位是一种用来弥补农业风险给农户造成经济损失的补偿机制，但是因为农业风险的集中性可能造成损失规模较大，导致保险机构不足以承担全部损失的情况，这不仅仅会对农户和保险机构的财产权造成损害，在一定程度上也阻碍了我国农业金融市场的发展。

因为农业的经营模式和农作物种植种类受当地环境、气候等许多方面的影响，所以农业经营一般具有区域相同性。但也正因此当区域内气候发生变化时，可能会出现高度集中的农业风险，而且因为各种因素之间的影响作用，一种灾害发生后可能还会引发其他灾害的出现，这就使农业风险单位在自然灾害发生时常常表现出空间和时间上的高度相关性和集中性。在2017年中共中央、国务院《关于深入推进农业供给侧结构性改革　加快培育农业农村发展新动能的若干意见》中明确提出要积极发展适度规模经营，农业规模化发展更会加剧大灾发生时造成的集中性损害。这种大面积的农业损失可能无法仅仅通过一种风险单位来分散大灾风险，所以当大面积灾害发生时可能会对保险经营者的资金产生冲击，甚至可能会造成保险经营者的财务稳定，导致保险经营者因为资金短缺而无法实现对农户损失的补偿，最终导致农户经济权利受损。在我国曾经发生过类似的事件，在2007年因为中等强度的干旱灾害使东北某农业保险试点城市在承包范围内损失了共15亿元，但是保险经营者的资金能力只能承担6.8亿元，这其中还包含了国家的财政补贴。在这种情况

---

[1] 参见刘素春、智迪迪：《农业保险与农业信贷耦合协调发展研究——以山东省为例》，载《保险研究》2017年第2期。

[2] 耦合是指多个系统之间通过多种路径相互影响，相互依赖，相互促进。

下，当地省政府再拿出1亿元用来补救灾害带来的损失，即使这样仍然不足以弥补自然灾害造成的损失，而省政府也已无能为力。这种情况的出现表明，仅仅一种农业保险的经济承受能力是有限的，应当开发更多的大灾风险分散机制来保障农户的经济权利。

再保险就是建立大灾风险分散机制的一种有效途径。再保险亦称“分保”，主要是指保险人在原保险合同的基础上，通过签订分保合同，将其所承保的部分风险和责任向其他保险人进行保险的行为。农业再保险就是在农业基础保险之下在签订分保合同，进而在大灾发生时，将损失分散到不同责任承担体上，从而减少大灾对于单个农业经营者的冲击和对农户可能造成的经济损失。农业再保险作为稳定农业保险制度的一种风险分散机制，在降低保险机构从事农地保险的经营成本上有重要作用，从而促进农地保险的稳定发展和农业现代化的实现，大部分实现农业现代化的发达国家已经建立了完善的农业再保险体系。虽然近几年来我国也一直在探索风险分散的发展模式，但是当前我国仍然未建立再保险制度或者类似的大灾风险分散机制，这在很大程度上影响了我国农地保险经营规模的发展和业务开展。

4. 农地保险实践过程中的信息不对称问题

信息不对称问题是市场经济发展过程中经常会遇到的问题，在市场中的交易双方因为自身占据的市场优势地位，所以在掌握的信息方面也存在着很大的差距。[1]双方中对信息掌握较多的一方，可能会利用其自身优势而实施机会主义行为。因为我国在农村金融市场并没有建立统一的平台来进行农地经营权流转等农地金融业务的管理和经营，所以也就造成了农地金融市场中交易双方信息不对称问题，这在一定程度上阻碍和限制了我国农村金融市场的发展。通过研究发现，当前我国农地保险市场交易过程中出现的信息不对称主要存在于农地经营者和保险机构之间，产生的主要问题有逆向选择和道德风险。

（1）逆向选择。逆向选择是指市场的某一方如果能够利用多于另一方的信息使自己受益而使另一方受损，倾向于与对方签订协议进行交易。以农地保险经营为例，就是在农户进行农地经营过程中可能会遭遇农业风险等一系列意外风险，为了避免给自己造成经济损失，农户会选择农地保险来保障利益。所以大多数购买农地保险的农户都认为自己在经营过程中出现农地保险的概率较大。而且在经营过程中因为购买了农地保险，农户认为有了基本保障，可能会出现部分农户不用心经营或者不积极防止因为风险带来损失的情况，从而导致农业风险发生的概率变高，最终可能导致保险公司在评估同类农作物经营时认为此类农作物风险较高而提高保费。虽然在经营此类农作物的农户中也有低风险的，但是对于保险公司来说，因为

〔1〕 参见王国军、王冬妮、陈璨：《我国农业保险不对称信息实证研究》，载《保险研究》2017年第1期。

信息掌握不充分，它无法知道谁是高风险谁是低风险，所以只能统一提高保费来维持自己的业务经营。这样就可能使低风险的农业散户因为费用过高而退出农地保险市场，而剩下的高风险农业大户则会直接影响保险赔付费用的升高。这就是农地保险领域出现的因为保险主体之间的信息不对称问题。因为我国传统农业经营模式中大多是小规模经营，土地多呈碎片式分布，也就意味着我国农业大多是散户经营，进行规模化经营的农户较少。因此逆向选择问题使我国农业保险公司的业务量减少，覆盖面积也难以扩大，而且直接提升了保险公司的经营成本风险，这些问题都阻碍了我国农地保险的发展。

(2)道德风险。农户和保险公司之间存在的信息不对称情况导致了另一问题的出现，那就是道德风险。道德风险是指当甲乙双方处于信息不对称条件下时，不确定或者不完全合同使负有责任的一方主体为避免承担自己行动的全部后果，在自身效用最大化的同时做出不利于他人的行动。在农地保险交易过程中，道德风险表现为个人因为知道有保险保障农业生产而改变的防损动机的一种意识倾向。[1]

以投保农户为例，投保农户对自己投保土地的贫瘠状况、经营效果等土地信息掌握得要比保险公司多，农户的道德风险主要表现在购买保险之后的机会主义行为，在保险购买之前，农户可能会十分重视防范措施从而减少农业风险的发生；但是在购买农地保险之后，部分农户可能会因为有农地保险保障而减少对于风险防范的投入成本，而他们风险防范成本减少的行为保险公司并不知情，所以就可能会增加风险事故发生的概率或者风险带来的损害，从而加重保险公司的负担。在农地保险市场存在投保农户、保险公司和政府三种主体，所以不仅仅是农户可能会出现道德风险，保险公司也可能因为利益的趋势，利用自己掌握的信息资源作出不利于投保农户的机会主义行为，而政府部门也可能因为利益追逐而出现挪用补贴资金或者不及时发放财政补贴的情况，这些道德风险都在一定程度上影响着农地保险市场中主体之间的不信任，最终都会阻碍我国农地保险制度的发展和完善。

（四）完善农地保险制度的途径

农地保险制度在风险分散和补偿农户因为农业风险等一系列意外风险造成的损失方面起到了重要作用。而且农地保险制度作为我国农地金融创新的途径之一，在我国开展试点以来对我国农业发展和农村经济都起到了一定的促进作用，因此，为了响应国家重视“三农”发展的政策和农地金融创新制度的进程，我们应当根据我国国情解决农地保险在发展过程中遇到的阻碍因素，通过完善农地保险制度，推进农村经济的发展和农业现代化的实现。

---

[1] 参见王国军、王冬妮、陈璨：《我国农业保险不对称信息实证研究》，载《保险研究》2017年第1期。

1. 完善农地保险制度应当立法先行

市场经济就是法制经济，涉农保险制度作为农地金融创新的途径之一也应当在我国法律监管范围内运行发展，所以完善农地保险制度的首要任务就是完善有关农地保险制度的立法。国外农地保险制度发展比较完善的国家都通过一系列立法来推动农地保险制度的实践，例如，法国制定了《农业保险法》，日本制定了《农业合作法》《农业灾害补偿法》等。

虽然我国在2012年颁布了《农业保险条例》，但是它针对的农地保险范围仅仅是政策性的农业保险。农地保险还有很多种类，如信贷保险、农地经营权流转保险，它们在推进我国农地流转市场的发展和分散农地流转可能带来的风险方面都起到了重要作用，有关这些类型的农地保险制度的立法也不容忽视。而且，在我国现行的《农业保险条例》中并没有明确规定由国务院保险监督管理机构的哪一具体部门对农业保险进行监管，这可能会造成部门之间的责任推诿，不利于对农业保险制度进行有效监管。综上所述，我国可以借鉴国外先进的农地保险制度的立法模式，在《农业保险条例》的基础上进一步完善我国农地保险制度，从农地保险的业务类型、主体监管等方面对我国现有农地立法进行完善，为农地保险制度的进一步发展提供法律支持。

2. 实现多元化农业保险组织运行

农村金融市场存在的问题也是限制我国农地保险制度发展的重要因素之一，所以解决农村金融市场发展中出现的限制农业保险发展的问题至关重要，其中最为重要的就是保险业务形式较少和大灾风险分散机制未健全问题。

我国农地保险主要是政策性保险为主，以政府财政补贴为基础，积极推行农地保险制度，拓宽农地保险覆盖面，提高农户的农业生产积极性。但是笔者认为也应当鼓励更多的商业性的保险公司加入到农地保险市场中去，以他们自身拥有的较为雄厚的商业资本为农地保险提供资金支持，并且在实践中结合农村金融市场的发展特点，推出新的农地保险业务。例如，现在我国十分重视农村土地的流转，在农村土地流转市场中也会出现土地经营权抵押贷款等新型业务，商业银行可以根据这些基础业务发展更多的保险业务种类，实现如“保险＋信贷”“保险＋期货”等创新模式，从而更全面地保障农户的经济利益。

实现保险业务种类创新可以适应农村保险市场需求，扩展农地保险覆盖面，但是当大灾发生时，单纯的一个责任承担主体可能会因为损失过大而动摇主体的运行资本，不利于农地保险制度的稳定发展，所以大灾风险分散机制也是完善我国农地保险制度的要求之一。首先，应当加大政府的财政补贴投入，为政策性保险的推行提供基础资金支持，让更多的农户主动参与到农地保险市场中来，进而实现农村金融市场的完善。其次，可以构建农业保险基金为大灾害的出现做准备。由于农业自身的弱质性和高风险性,在经营过程中可能会受到各种因素造成的损害,近几年来我国也曾出现大灾害给农业发展和农民生活带来巨大损失,所以笔者认为应当建立农业保险基金,分散大灾害可能造成的重大损失。农业保险基金不仅仅可以弥补大灾害给人们生活带来的损失,也可以在保险公司超额保险赔款中对其进行资金支持,从而鼓励农地保险经营者积极地开展农地保险业务。最后,应当建立再保险体系。虽然前两种办法也可以在一定程度上分散农业经营风险,但是对于大灾害的风险分散还需要再保险体系来实现。再保险模式就是通过签订多个保险合同,将更多的保险机构纳入一个保险范围中,从而实现风险分散,这种模式不仅仅可以使保险机构的承保能力增强,也可以均衡农地保险机构的业务框架,降低经营者的商业风险,降低农地保险经营成本,从而稳定农地保险经营者自身的稳定。

3. 农地保险制度层面的完善

首先,应当完善农地保险监管制度。保险业实际是风险性和金融性于一体的一个行业,因此农地保险制度发达的国家大多建立了比较严格的监管制度。然而我国并没有成立专门的农地保险监管部门来对农地保险领域的交易行为进行管理,在上述部分笔者详细阐述了监管部门缺失可能会给我国农业发展带来诸多不良影响,因此笔者认为完善农地保险监管制度首先应当设立专门的农地保险监管部门。监管机构应当通过在农户和保险机构进行保险行为之前了解双方的信用和资金能力等基本问题、对保险市场主体进行交易过程中的交易行为进行管理,对承保范围内风险发生后双方积极履行各自义务和财政补贴到位情况进行监管,加之各部门的协调配合以建立完备的农地保险监管体系,从而解决我国农地保险监管制度缺失的问题,建立一个真正公开、公正、公平的农地保险交易市场,进而为我国农地保险制度发展提供一个良好的大环境。

其次,制定关于农地保险机构和从业人员的管理标准。农地保险机构在农地保险制度中起到非常大的作用,资金充足、信誉良好的保险机构能够为农户提供长期且稳定的保险服务,而且在经营范围和保险业务种类上也比较完善,这样的农业机构能够真正地实现农地保险制度创设的目的。但是在农地保险市场中也存在很多信用不良、资本较少的保险机构,他们自身的不稳定因素也会造成投保农户的经济损失。而且从我国目前情况来看,并没有对农地保险经营机构的模式进行统一规定,这也造成了农地保险市场主体结构的混乱。为了保证我国农地保险制度的顺利发展,应从最基本的保险机构的设立入手,提高农地保险市场的门槛,保证从事农地保险机构的业务质量。因为农地保险自身的复杂性,在农地保险经营过程中可能会涉及很多方面的知识,这就对保险机构的从业人员的自身素养有较高要求,而国内专业性的农地保险从业人员相对来说较少,所以说提高农地保险市场的门槛和提高农地保险人员的专业素养也是完善我国农地保险制度的一大要求。

最后，建立统一农村土地流转市场。农地流转市场中的信息是保险公司进行保险业务推广的重要信息来源，在农村土地流转市场中保险公司可以了解到农地流转的具体信息、合同的具体内容等，这样保险公司就可以根据农户的需要和农地的实际情况开展农地保险服务。[1] 其实在我国很多地区已经建立了公开的农地流转交易市场，但是并没有在此基础上建立一个统一的农村土地流转市场，所以各地试点发展水平也不尽相同。建立一个统一的农村土地流转市场不仅仅可以为农地流转交易双方提供更全面的信息，减少交易双方在获取信息上花费的时间成本和资金成本，而且还能够为农地保险制度的发展提供平台。统一的农村土地流转市场使农地保险公司在农村交易市场中可以轻易获取业务开展所需的重要信息，保险公司可以根据这些信息制定不同的业务方案和为农户提供更为专业的咨询服务，也使保险公司在农村土地流转过程中对农村土地流转是否规范化进行起到一点监督作用，进而拓宽农地保险覆盖范围和推动农村金融市场的发展和完善。

4. 解决信息不对称问题

在我国农地保险制度中存在的主要问题就是农地经营者和保险机构之间的信息不对称而引发的一系列问题。研究分析表明，农地保险中信息不对称导致的主要问题就是出现逆向选择和道德风险现象。[2] 农地经营者和保险机构之间的信息不对称问题在很大程度上阻碍了我国农地保险的发展，所以完善我国农地保险制度应当首先解决此问题。

第一，应当加强对农业保险投保人的素质培养。通过对我国近几年来不同区域的农业保险社会事件进行研究，发现农业保险保费在呈现逐年递增的情况，造成这种情况的主要原因是道德风险。从近几年我国农地保险领域发生的社会事件来看，我国农地保险市场存在很多道德风险。例如，许多农户因为对所经营的农业进行了投保，认为保险可以保障最低限度的经济利益，所以减少了在风险防范上的成本投入，也会出现当灾害发生时未及时进行止损的情况，这些行为在很大程度上增加了保险公司承担风险责任的概率，并且在一定程度上使农地保险机构的资本受到损害。而且在风险发生造成农户损害时，为了保障自己的经济利益，受灾农户可能会进行虚假申报从而获得更多的补偿。这些道德风险在一定程度上阻碍了农地保险经营机构的业务拓展和经营规模的发展，因此，为解决此问题，应从根本上对农业保险投保人的素质进行培养，让他们树立正确的投保意识、风险防范意识和灾害止损意识，进而降低农业风险发生的概率和农业风险造成的损失。

第二，开展强制性保险业务。逆向选择也是信息不对称问题的表现形式之一，为了解决这一问题，可以从扩大强制性保险范围入手。逆向选择的根本原因是保险

---

〔1〕 参见柴振国、盖格：《农村土地流转保险法律制度探讨》，载《河北法学》2016 年第 8 期。

〔2〕 在上述章节笔者已经详细阐述了道德风险和逆向选择的表现形式，在此不再赘述。

机构无法了解投保农户的风险高低，为了维护自己的利益只能统一提高保险费用。在农业保险中有一些是必须上保险的基础农作物，这些风险低的农户资源也参与到保险市场中来，扩大了保险机构的业务覆盖范围，促使农地保险市场稳定发展。当然强制险的农作物范围应该经调研和对比后确定，不能为规避逆向选择而一味地扩大保险范围，从而造成其他更严重问题。还有一种有效避免逆向选择的办法就是建立农村信用体系，使保险双方对彼此的信用状况都能有所了解，但是信用体系的建立需要漫长的过程，不能一蹴而就。

综上所述，虽然农地保险制度在我国仍处于初级发展阶段，与已经建立完善农地保险制度的国家相比，仍然存在很多的不足，但是相信通过结合我国国情和试点过程中总结的实践经验，经过对农地金融创新途径的不断探索，我国农地保险制度一定会实现质的飞跃，从而为推动农村经济发展和实现农业现代化提供制度保障。

三、深化农地证券化机制

（一）农地证券化的一般问题

国务院发布的中央一号文件《关于加大改革创新力度加快农业现代化建设的若干意见》强调通过农地证券化方式“推进农业产业化示范基地建设和龙头企业转型升级。引导农民以农地经营权入股合作社和龙头企业”，实现农地经营权的证券化，进而量化到本集体经济组织的每一位成员，发展多种形式的股份合作，保证为农民创收、增收。因此，在当下我国经济改革转型、缓解“三农”问题矛盾激化的关键时刻，农地经营权证券化作为农地资本化流转的重要方式，将农地经营权作为资本化要素投入经济运营是推进我国农村地区市场化发展的重要举措，故对农地经营权证券化的研究具有一定的理论价值与实践意义。

1. 农地证券化的界定

（1）农地证券化的概念

农地证券化的概念界定，一直是理论界与实务界共同关注的重点问题。从哲学的角度来说，物质决定意识，意识反作用于物质。目前，由于我国并未对农地证券化的相关问题构建统一化的标准，社会实践中出现很多各具特色的实践模式，直接导致学界各方理论认知不一，农地证券化的概念一直无法形成统一的标准。最高人民法院《关于审理农业承包合同纠纷案件若干问题的规定（试行）》第 21 条规定：“承包方依照法律、法规和政策的规定，以其承包经营的标的物入股，仍按照承包合同的约定，向发包方行使权利和承担义务的，人民法院应当准许。”此处的承包经营标的物实质上就是我国的农地经营权，以入股方式使之证券化，接下来将充分结合理论界与实务界的有关内容，强化对农地证券化概念的剖析。

农地资产证券化，顾名思义，就是指以农地作为资产支撑进行证券化运作。有的学者将此界定为：遵循一般证券的发行程序，将证券发行的担保物设定为农地收益或凭借农地获得的贷款。这一定义仅是从投资标的物的角度对此概念进行界定，无法满足社会对此事物的认知需求，也未能囊括农地证券化的特殊之处，难以称为真正的概念。那么，究竟何为农地证券化呢？笔者认为应当符合以下几个方面的要求：一是农地证券化之证券发行的标的物是农地经营权，包括我国境内所有能够进行开发利用的农地的经营权；二是农地证券化属于一般证券的特殊形式，但仍是一种金融性行为，这一行为由国家或农村集体经济组织授权有关机构进行，投资银行等金融机构参与；三是农地证券化的实质就是把整块的土地细小化的股权收益证明；四是明确投资者与标的物的关系是投资入股分红的关系，农地证券只是一种股权，是取得土地投资收益分红的有效凭证，而并非是获得土地的使用权。综合上述要求可知，农地证券化就是由国家或农村集体经济组织授权有关机构进行，投资银行等金融机构参与，把整块的土地细小化而出具股权收益证明，投资者凭此获得股权并分红的金融性行为。在这种证券投资交易过程中，原始权益人出售的只是土地在未来一定时期内的现金收入流，并不影响农地证券化到期后原始权益人对此农地所享有的权益。

（2）农地证券化的性质

农地经营权证券化在社会进行实践试点已经二十余年，但由于我国理论界与实务界对农地经营权证券化的概念和标的认识上存在差异，因此，有关农地经营权证券化的法律性质问题仍难以得出清晰而标准的答案。而我国对农地经营权证券化的法律性质的争议，主要存在以下三种学说：

第一，物权性流转。在我国，农地证券化的标的物是农地经营权，这一权利依据权利划分标准，属于物权之用益物权的范畴，直接产生物权性变动的法律效果。因此，从标的物属性角度出发界定农地流转类型，农地经营权证券化的流转方式属于物权性流转。同时，由于国家土地和集体土地所有权主体的抽象性，导致权利主体很难通过自身行使这一所有权，而是将其承包给农户，这一过程实质上已经进行了一次类似于所有权转移的行为。因而，我国很多学者认为农地经营权证券化的行为属于物权性流转。另外，习近平总书记在十九大报告中提出“巩固和完善农村基本经营制度，深化农村土地制度改革，完善承包地‘三权’分置制度。保持土地承包关系稳定并长久不变，第二轮土地承包到期后再延长三十年”。并且《农村土地承包法》第21条明确规定，耕地的承包期为30年，承包期届满后再延长30年，目的在于维护农村土地承包关系稳定，促进农村土地的生产发展。我国政策上对农地经营权期限的延长，使农地承包户所拥有的农地经营权的稳定性进一步强化，甚至出现永久性承包经营权的说法，物权属性日渐加强，很多人在实践中已然将其视为一种“完全的所有权”。

另外,出现上述学说的很重要的一个原因在于我国传统法律界对单一所有权的认知。实现农地证券化的方式在于以农地经营权入股公司,由公司对该项用益物权享有占有、使用和支配的财产性权利,[1]原农地承包经营权人不再享有该项权利。这一过程实质上是对农地经营权的转让,是在行使支配农地经营权交换价值的权利,从而将其转移给公司或合作社,使其成为法人的独立财产和责任财产。以公司出资角度为出发点,民事主体以其财产出资成为公司股东,同时应当注意,无论出资财产为何类型,都应当转变所有权归属,使公司对出资财产享有全部法人财产权,究其主要内容便是财产所有权,但却不局限于这一权利,股东享有与出资额相应的有限股权。同样作为出资标的物的农地经营权的归属,亦应按照法定标准进行绝对划分,即“以具有实物形态的非货币财产出资入股公司的,出资入股的标的必须是所有权、用益物权等绝对权,并且必须实际转移相应的物权,以实物财产租赁的形式入股公司不符合公司法的要求,否则构成虚假出资”。[2]

第二,债权性流转。主张农地证券化属于债权性流转的学者们认为,将农地承包经营权作为一项财产或财产性权利入股投资,其产生的法律效果与出租无异,都是债权性质的流转方式。“以‘三权分置’政策为依托,将土地承包经营权分离为农地承包权与农地经营权,前者具有人身性,不可随意流转;而后者作为一项经营农地的权利,其自由流动可实现土地直接利用权的商品化”,[3]即开展农地证券化的资本流转方式,其根本特质在于保护农民原有的承包权稳定不变,同时以农地经营权参与经营流转,帮助农民实现更多收益。这种以农地经营权入股的经营理念,其实是在充分考虑我国特殊农地制度的基础上,实现对农地使用价值的更合理支配。[4]

债权性流转这一学说更为科学地将农地承包经营权划分为两大相互独立、相互依存的权利,即农地承包权和农地经营权,这是对我国当下“三权分置”政策时代号召的有效响应,也是对国家提出的“18 亿亩耕地红线”的最有利支持。农地经营权的证券化流转方式,作为债券性流转的重要方式,既充分保障了我国农村地区的农村土地所有权归属长久不变,依然属于集体所有,也抚慰了农村地区农民的不安情绪,农地承包权依旧归于农民所有,免除农民参与农地证券化机制的后顾之忧。但同时,这也对农民提出了一个要求,即农民在行使承包权的过程中,必须严格遵循其与集体签订的原始的承包协议。与此同时,国家将农地经营权从农地承包经营权中分离出来,允许这一权利在一定条件下进行自由流转,以实现农地经营权的有限使

[1] 屈茂辉等:《合作社法律制度研究》,中国工商出版社 2007 年版,第 35 页。

[2] 宋志红:《土地承包经营权入股的法律性质辨析》,载《法学杂志》2010 年第 5 期。

[3] 李昌麒:《中国农村法治发展研究》,人民出版社 2006 年版,第 109 页。

[4] 参见高海、欧阳仁根:《农地承包经营权权利属性的跨越与流转障碍的克服——以民法用益物权向经济法权利的跨越为路径》,载《南京农业大学学报》(社会科学版)2010 年第 2 期。

用、收益和再次处分的权利。

支持农地证券化为债券性流转这一学说,对农民来说,还存在以下几方面的益处:首先,在最有利的范围内保障农民免遭失去土地的灾难。《农村土地承包法》立法之初,曾拟在第37条中规定承包方可以将土地经营权作价入股进行股份制经营。但最终考虑到农地所特有的身份性与具备的社会保障功能,若直接入股证券化,则一旦被入股的公司破产,农户可能失去承包地,失去其赖以生存的土壤。因此,立法部门将这一条款列为需要进一步研究的难题而未被直接写进法条。其次,农地证券化能够在一定程度上帮助农民创收增收。将从农地承包经营权中分离出来的农地使用权入股后,其承包权尚处于原承包户所有,而并不是合作社法人的独立财产。因此,无论农地经营权是否进行证券化的改变,农地承包权依旧属于原承包户,原承包户依然能享有农地的收益。由于我国农地证券化机制不完善,农地证券化实践经验不足,在我国农地证券化开展过程中有必要对农民的权益进行倾斜性保护,一来保证农民的收益,维护我国社会稳定;二来鼓励更多的农民参与进来,实现农地证券化的规模化经营。最后,充分保证农民凭借自己真实意愿处分农地承包经营权的权利。我国作为历史悠久的农业大国,广大农民对农地有着难以割舍的情感,并且在农民的认知中,土地就是他们赖以生存的基础,是他们的命根子,即使长期粗放式经营农地并未给农民带来可观的收益,但农民们也不愿意丧失其所拥有的农地。因此,与物权性流转学说相比较,使农地承包经营权的债权性使用权证券化似乎更符合中华民族几千年的传承,也更加贴近农民意愿,改革的阻力也将大大减小。

第三,股权性流转。农地证券化流转方式并非物权性流转,不产生物权变动的法律效果,同时也不可划入债权性流转的范畴,以农地承包经营权为标的物进行股权交易的双方当事人并非债权性法律关系。农地证券化是区别于上述两种流转方式之外的一种权利流转,除证券化的标的物有一定的特殊性外,其他方面与一般财产性权利证券化的流程并无不同。

在我国学术领域,主张此观点的学者并不多见,主要原因在于受传统学术影响,农地承包经营权是典型的用益物权,其权利转移性质本身就具有物权性流转与债券性流转的特性。且股权本身所具有的虚拟性、综合性等特性,使其单独构成一种独立的权利分类,论据稍显匮乏,所以应将股权性流转方式划分为债权性流转与物权性流转等加以区别讨论。以此推断,在民商法领域,法律行为的后果要么是物权变动,要么是债权变动,除此别无其他结果存在的可能性。[1] 这种论断方式与市民社会的存在要么是人要么是物,而不存在介于两者之间的虚拟存在的论证方式无异,略显简单粗暴,但有一定的道理可言。

---

〔1〕 参见宋志红:《土地承包经营权入股的法律性质辨析》,载《法学杂志》2010年第5期。

然而，未将农地证券化流转的股权性流转学说与物权性流转、债券性流转相提并论，并不意味着其不能代表农地证券化的性质；恰恰相反，若在对农地证券化流转性质予以评定时，评定标准侧重于农地证券化的现实意义、社会效果，那么性质评定的分数占比则更应当侧重于农地证券化的实践特性。与此同时，农地承包经营权兼具人身性与财产性，单纯将其流转方式划入物权属性抑或债权属性，显然有失公允，而股权本身就是一种综合性权利，兼具这两大属性，能够在一定程度上更加合理地容纳农地证券化的法律特征。

党的十八届三中全会通过的《中共中央关于全面深化改革的若干重大问题的决定》中首次提出“保障农民集体经济组织成员权利”意义重大。股权是股民投资所获得经济性权利，但不同的是，这一经济性权利具有身份性，即股民依据股权而成为投资公司的成员，享有成员权。这一权利的提出，很好地解释了我国农民与农村集体经济组织之间的关系，即农民依法承包农村集体土地而成为村集体经济组织的一员，农地证券化便是集体成员处分自己财产的具体行为，与股权性流转对农地经营权证券化的性质界定如出一辙。农地证券化的实质就是农地经营权的原权利人将这一权利作价入股，转移至公司或者其他组织形式中，但与一般财产或财产性权利不同的是，农地经营权证券化标的物的转移仅是其对农地的使用权限即经营权发生转移，并以此分得股权、收获红利，而非农地所有权的转移。与此同时，农户在这一过程中完成了身份性质的增加，即成为农业公司或合作社等组织的股东。

2. 农地证券化的优越性

农地证券化制度的核心在于其将传统的农地生产经营与现代化的资本融资方式创造性地结合在一起，是农村土地改革的重要举措，能够在一定程度上产生促进农村产业升级和经营组织制度革新的效果。与此同时，从农地经营的基本保障方面来看，农地证券化这一流转模式，能够最大限度地利用农村闲置土地，缓解农地抛荒日益严重的局面，保障粮食产量，保证粮食安全。农地证券化的优越性主要表现在以下几个方面：

（1）有利于充分发挥农地的价值效益，实现农地的规模化、产业化经营。目前，我国农村地区的土地政策实行家庭联产承包责任制，经营主体以户为单位，经营面积是依照村集体依照《农村土地承包法》并结合当地的实际状况，划分给集体组织每一位成员的农地，一般每个人可分得一亩左右，一个家庭合算下来基本就是六亩左右，这样的经营模式导致我国农村地区农地的生产经营一直处于碎片化状态，资金、技术、土地面积等基本农业生产要素无法实最优化配置，农业生产难以走上大规模产业化的发展道路。[1] 这样的土地政策显然已经不符合当下社会的现实需求，严

〔1〕 参见栾谨崇：《规模化经营下的农业微观组织的演变与选择》，载《理论探讨》2013 年第 5 期。

重制约了我国农村剩余劳动力的解放，也拖延了我国“三农”问题的解决效益，亟待改变。而农地证券化机制不仅实现了土地资源的集约化经营与规模化经营，提高了农业的生产效率，而且资金、技术、经营模式等农业生产要素的优化组合作为农地经营权证券化的应有之义，对农地产出能力的提高极为有利。目前，社会中已经存在多处农地证券化的试点工作，很多农民表示愿意参与进来，把土地集中化，由专门的组织对此进行专业化、集约化的规模生产，以此获得更大的收益，使农民拥有的土地资源变成参与生产、分配、收益的资本。

（2）有助于创新我国农地经营组织制度。目前，我国特有的农村土地制度即农地所有权归集体所有，农地的承包经营权由集体经济组织成员农民享有。这属于物权性财产，但目前与之相配套的制度还未完善，农民的财产性权利很难得到有效性保障。因此，为了更好地在集体所有制前提下实现农民的财产性权利，不仅需要赋予农民土地财产权完整的内涵，而且应当及时构建相应的机制保障其权利的实现。[1] 与此同时，农地承包经营权兼具财产增值与生存保障的双重功能，是农民生产资料与基本生活资料的重要组成部分。基于我国的生产生活资料国有制现状，当一项财产或者财产权利的价值侧重于生活保障功能时，其所有权主体对其进行自由处分的权利便受到限制；而一项财产或者财产权利的价值侧重于财产增值功能时，其所有权主体就能较为自由地对之进行处分。

综合上述因素，我们不难发现农地经营权作为一项极具社会保障功能的财产性权利，权利主体本身条件就受到诸多限制，一般情况下，必须是集体经济组织内部成员才有权参与农地分配，享有农地承包经营权。随着管制的逐渐放宽，农地经营权可作为一项财产性权利进行流转，但目前农耕地经营组织发育依然严重不足。农村承包经营户是20世纪80年代我国实行家庭联产承包责任制这一农村经济体制改革的产物，由1986年《民法通则》予以确认。虽然农村承包经营户也具有一定的集体组织经营的性质，曾极大地释放我国农民的生产积极性、解放了农业生产力，但小农经济的局限性已经制约了我国农业的进一步发展，因而农地经营主体制度亟待创新。相比土地承包经营权的转让、转包、互换等形式来说，农地经营权证券化是一种很好的农地经营组织制度的创新模式，与之伴随产生的是土地股份合作社或者公司的设立。因而，农地经营权证券化能够在一定程度上实现农地经营组织制度的创新。

（3）构建社会闲置资金与我国农业生产的良性投资渠道。截至目前，发展资金短缺是制约农业及农村地区经济发展的关键因素，特别是长期有效的资金供应更是十分匮乏。而当下农业的专业化、规模化生产，需要科技、机器及相应人力、物力的支持，这一切都离不开资金的长期投入，否则便如同无源之水，总有枯竭的一天。另

---

〔1〕 参见韩文龙、刘灿：《农民土地财产权的内涵及实现机制选择——基于案例的比较分析》，载《社会科学研究》2013年第4期。

外，受限于我国当前社会发展环境，农村金融体系被严重削弱，因此，目前农业接收到的投资只是短期资金。这样一来，长期融资渠道的缺失，使我国农业基础设施建设步伐停滞不前，农地的开发、利用与经营等进展缓慢，严重阻碍了我国农业生产的现代化进程。由此看来，农业发展的长期性投资是我国摆脱农业生产效率低下、农业发展严重不足的重要途径。而发展我国农地经营权的证券化是吸引社会闲置资金的重要手段，同时也是顺应当前国际化金融业的发展方向。我们应当清醒地认识到农业资金的投入、分红、循环利用等一切流程与农业自身的制度优越性密切相关，我国的农业制度需要创新，农地经营权证券化便是契合时代发展的创新产物，倘若能够有效利用土地这一不可再生资源所具有的增值特性，选取其中具有债权性质的农地经营权证券化，以此广募社会闲置资金，用于改善农业生产环境，提高农业生产技术，为农业增收、社会资金回笼等形成良性循环助力。

（二）农地证券化的国内外实践模式

我国具中国特色的发展道路，也包括农业的生产发展，与其他国家的土地制度不太相同，所以其他土地制度无法囊括我国土地制度的特殊之处。虽然如此，并不意味着其他国家土地制度的发展历程对我国的农业制度发展毫无借鉴之处。其他国家也是怀揣着同一个发展目标，即提高农业生产效率，增加农民收益，实现农业的现代化生产。以此为出发点，运用横向比较的方法，站在审视的角度，比较不同国家在农业现代化转型时期做出的关键性决策，研究制度转型的内在规律与适用条件，应用于我国的农业制度转型等发展的关键时刻。

1. 国外农地证券化的实践模式

（1）日本农地证券化

日本国土面积狭小，人均耕地面积匮乏。为了改善农村地区农民耕地严重不足的现状，日本将关注点放在农村地主与离乡农户身上，希望将他们手中多余的土地征收回来，然后出售给没有土地经营的农民，形成“耕者有其田”的耕作环境。不可否认，这样的改革确实给日本的农业发展与稳定社会等方面起到一些积极作用，但是这种农地分散的耕地方式，导致日本的农地经营呈现碎片化模式，农业生产技术不够，农业生产效率低下，农民的生活水平与其他行业相比也出现明显差距。日本的相关负责人发现这一弊病后，不得不重新放宽农民手中拥有的土地面积数目，鼓励农民之间进行农地流转，将农地形成一定规模，便于发展农业现代化经营模式。但是，由于原有的农地生产政策深入人心，农民对此持观望态度较多，农业改革举措成效甚微，日本的农业生产远远落后于其他行业，不得不依靠高额补贴生存下去。入世后，国际方面的压力越发强烈，促使日本加快了法律修改的脚步，于2000年开始修改的《农地法》规定股份公司获准可依法取得土地权利，并要求：（1）股份公司应当在章程中明确规定股份出让须有董事会的审批；（2）股份公司在事业构成方面，应当不仅限于商事经济,还应当包括农业及相关产业;(3)从事农业及相关产业要求其业务执行职员应当有过半数的农业生产人员。虽然日本在农业制度改革的过程中,没有完全放松对其限制,仍设置了一定的条件,但也为工商资本进入农业生产领域打开大门,允许股份公司参与农地的规模化经营,为农业现代化发展方向提供助推力(见图3-1)。

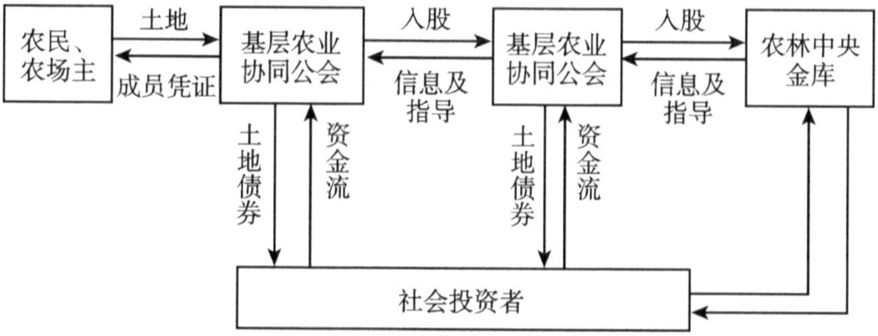

图3-1 日本农地证券化模式

日本农地证券化运作相对简单,人们将其划入不动产信托的范畴,其真正的目的在于以销售或者租赁的方式,将农地经营信托于农信联、土地银行,授权其发行、管理农地证券,农地所有者从中获得一定红利。日本的农地证券化具有三大特性:一是高效性。这一农地流转方式有力地借助地方证券发行机构在农地资源配置方面的有利地位与特有功能,全方位提升农地证券化的进程。二是转化性。农地证券化的一大优势就是实现农地集约化生产,而日本模式真正突破了碎片化生产所带来的生产资料不足、生产资金匮乏等难题。三是稳定性。换句话说,就是农地的保障功能得以充分彰显。农地所有者将农地以证券化标的物的形式转移至中介组织,同时转移的还有农民获取农业生产资金的信贷风险,从而保障农民在签订合同期间获得稳定的收入。

(2)美国农地证券化

依赖于得天独厚的耕地面积优势,美国地区较为普遍的农地经营模式便是农场,农场的类型分为三大类,包括家庭农场、合伙农场与公司农场,家庭农场是基本形态。使美国农地发展形态发展为农场的重要原因在于,美国土地属于私有制,农民享有农地的所有权,依法可以享有农地转让、抵押、租赁、继承等方面的权利,而不受非法干预。一开始,受限于美国的农业条件、社会化服务系统、农业政策,以及政治理念,公司农场的规模与数量并非农场业的主流,但随着现代社会经济的发展,家庭农场的弊端日益显露,公司农场逐渐被很多人认可并采纳。所以,在很多的家庭农场中,大家更加倾向于选择公司农场的经营模式,这样既可以通过公司较为明确的个人权利义务范畴及相应的纠纷处理规则,妥善避免或者处理家庭成员之间的利益冲突,还可以通过公司制的管理模式,明确农地股权不能退股也不能抵押,只允许家庭成员内部转让，更好地保证家庭农场经营的持续性，保证农场土地的完整性。公司农场逐渐发展成为美国农场的主流形式。

此外，需要注意的是在美国的农地证券化体系中，“农业信用合作社”组合为“联邦土地银行”，最主要的工作就是负责农地证券的具体发放环节，所以探究其在美国农地证券体系中的位置，不难推出其尚处于基层，直接与农民对接农地证券化的具体事宜。农民或者农场以信用社社员的身份提交的贷款申请就是直接交给联邦土地银行，由联邦土地银行按照一定的标准对提交申请的主体进行资格审查，筛选出符合贷款条件的农民，并将贷款发放到各位申请人手中，接下来联邦土地银行便以农民抵押的农地经营权为基础，发放农地证券（见图3－2）。那么，联邦土地银行向符合条件的农民发放的贷款究竟从何而来呢？主要有三大途径：一是社员入股。社员入股是社员申请贷款的前提性条件之一，在向银协申请贷款时，必须购买一定数量的股份，至少是借款额的5%，以此作为入股凭证，接下来就由银协向该地区的联邦土地银行购买相同等数量的股份。二是农业信用证券融资。该证券的偿还期限一般设置在3～10年，年利率也根据实际情况而变，但基本以年利率5%为中心点上下浮动。三是可以向其他金融机构拆借，但必须保证应当在农业信用管理局的全面监督之下，即使没有相关政府部门的担保，合作社成员依旧可以获得高额贷款，最高可达到农地价值的85%，还款期间也比较宽松，可以设置为3～4年的还款期限，但是还可以在30～40年将借款还完，与之相应的借款年利率没有低于5%的，但最高也不得超过7%。

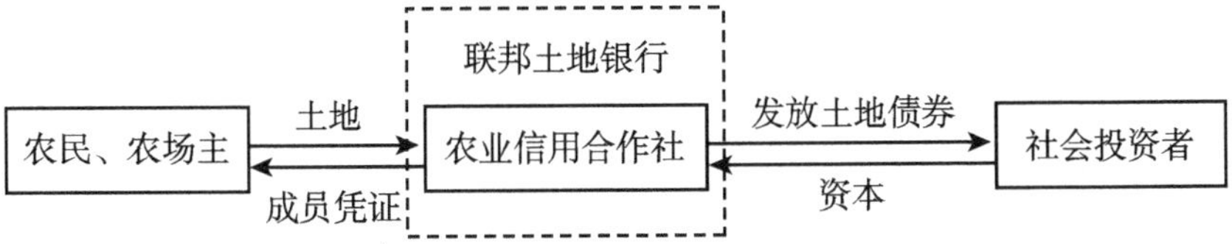

图3－2 美国农地证券化模式

（3）德国农地证券化

土地抵押合作社是德国农地证券化的基础性组织，在其之上成立的土地合作银行（土地改革银行）才是农地证券化的中介机构。在具体融资流程中，农民以其土地转作等价股份，参加农地抵押合作社，由合作社以抵押的农地作为担保在资本市场上发行农地债券而获得社会资金，然后将这些社会资金投入农业再生产，促进农业的发展（见图3－3）。至于销售模式，主要存在两种：一是“社员—投资者”模式；二是“合作社—投资者”模式。两种模式的销售方式无明显差异，但是在风险承担方面却大不相同：前者的风险主要由社员承担，由农地证券价格涨跌带来的收益或亏损，都由社员承担；后者的风险则由合作社承担。具体还款流程主要注意以下几点：一是在贷款期限方面，德国采用了“阶梯化”归还贷款本金模式。社员贷款期限在

10~60年,在规定的期限内可以选择分期偿还贷款。二是在贷款偿还方面,合作社作为一个中介组织,是连接合作社社员与投资者双方的重要纽带。三是在偿还利息时,社员将利息交给合作社,由其转付给投资者;在偿还本金时,社员也是将本金交给合作社,只不过不再转交给投资者,而是将这一本金做成"偿债基金"用于贷款生息,或者向市场购回部分农地证券,以保障农地证券市场的流动性与循环性。

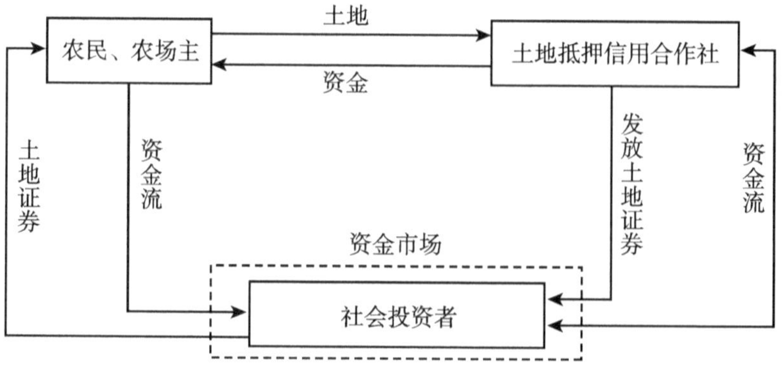

图 3-3 德国农地证券化模式

2. 我国农地证券化的实践模式

(1)农地证券化之农地股份合作社

关于农地股份合作社的解释并没有形成统一规定,但根据理论研究与实践经验的总结,可以得知:农地股份合作社是"集小家之力,成大家之美",在不改变农村土地制度、农村基本经营制度的基础上,依据平等、自愿的原则,充分吸取农户的承包经验,以搞活农地经营权为手段,力求达到促进农民创收的目的,由农民以土地承包的经营权入股联合经营并共享收益的办法,从直接种地变为持股分红、打工拿薪的一种合作形式。[1]

江苏省率先出台的《江苏省农民专业合作社条例》,首次以政府文件的形式确认了农村土地股份合作社这一概念,其中的第 12 条规定"农民可以以承包地的经营权作为主要出资方式,设立相应的农民专业合作社(以下称农地股份合作社)",这一规定并未从根本上脱离传统农业经营的范畴,直接以农地经营权入股,以集体为单位,将土地承包经营权再次集中到集体手中。第 13 条规定"农村集体经济组织成员可以以量化到其名下的集体经营性净资产份额作为主要出资方式,设立相应的农民专业合作社(以下称农村社区股份合作社)",这一规定较前者而言,更加细致化,不

---

〔1〕 参见林乐芬、李伟:《农地股份合作组织发育与内部依存性实证分析——基于40个农地股份合作社的问卷调查》,载《学海》2015 年第 2 期。

再以农地经营权直接入股,而是采取评估作价的方式,将农地经营权折价入股农村社区性股份合作社,虽然仅是多出这一项步骤,但却是农业经济发展迈出的关键一步,这一步具有明显的非农特征。同时,该机构还向农户提供基本的社会保障和公益服务,保障农户享有农地经营权折价入股后集体资产经营产生收益的分红。上述两种情况下,农户的参与程度和非农化程度有很大差别。而且,“农户参与合作的行为是一个不断演变的过程,农户进入合作社的程度无疑对合作社的存在及壮大有着至关重要的影响”。[1] 以河北为例,定州市、承德双滦区等地区都已不同程度率先展开试点。此外,河北任丘借助城中村改造建立村集体资产股份化。在河北成为村级集体经济发展试点后,随着改革力度加码,建立村集体资产证券化化或将成常态。

根据经营方式的不同,农地股份合作社大致可以分为三种类型:

一是内股外租型。在这种模式下,农地股份合作社的作用实质上就是一个中介平台。一方面,农民通过此平台将农地经营权入股于农地股份合作社,并按照入股比例进行分红;另一方面,其他有资质的企业或个人通过这一平台获取待租农地,进行评估作价,最终以竞价的方式实现出租,股份合作社本身不参与农业生产,收入来源于固定阶段的租金,极具稳定性与可预见性。

二是自主经营型。这种经营方式的最大特点便是农地的生产经营依赖于由原农地承包经营户组成的生产队,以集体的名义进行生产,而不再引进第三方经营者。自主经营型的生产方式与家庭联产承包责任制改革之前的农村生产经营模式的特性有吻合之处,这样一来,农户的收入与生产队集体进行的农业生产收益密切相关。农户的收入主要是入股分红,这与农户的贡献率及入股额度挂钩,除此之外,年底还会进行二次分红。这样的生产经营模式与上述内股外租模式在一定程度上解决了农村的剩余劳动力问题,也为维护农村地区的安定和谐提供有力帮助。但是由于农户自身的局限性及农地证券化流转模式的不成熟性,自主经营型的农地证券化具有更大的风险性。

三是兼营型。兼营型的农地证券化流转模式是集结了前面两种模式各自具备的优势,经营方式多样化、灵活化,即可以根据农地自身条件及农村的生产条件决定是采取出租的经营方式,还是由集体进行经营的农业生产方式。

(2)农地证券化之农地经营权入股公司

在我国,根据《公司法》的有关规定,公司分为股份有限公司和有限责任公司。股份有限公司具备两大特性:一是资合性,股东以其出资认购的股份为依据,参与公司分红与承担相应的责任,公司的债权人不得直接向公司股东提出清偿债务的要求。二是公开性,股份公司的公开性主要表现在公司筹集资本的方式即公开募集,

---

[1] 参见孙亚范、余海鹏:《农民专业合作社成员合作意愿及影响因素分析》,载《中国农村经济》2012年第6期。

募集的对象没有特别的限制性规定,投入资本认购公司已提前划分好的等额股份,而成为股份有限公司的股东,股份可以依法转让,不必经过其他股东的同意;股东以其认购的股份为限对公司承担有限责任,同时也享有有限的权利;公司则以其全部资产对公司债务承担责任;公司会计报告依法公开。综合上述特征,不难发现农地公司尚处于初级发展阶段,很难达到像股份公司如此程度的商业性特点,因而,若将农地公司设置为股份有限公司恐怕会因实践土壤不足而夭折。

相比而言,有限责任公司则具有较强的人合性。一是前期募集资金非公开性与后期股份流转的较强封闭性。有限责任公司成立时,不得向社会公开募集资金,而是限定在出资者的范围,并且出资取得股份后,股份不得随意转让,向股东以外的人转让股份受到很多限制,具有较强的封闭性。二是有限责任公司股东人数受限,在2人以上50人以下。而有限责任公司的成立也源于股东之间的相互信任,各个股东之间具有更为亲密的关系,与农村地区的"熟人社会"较为相符,可以试着构建有限责任公司类型的农业公司。

因此,此处所研究的农地经营权入股公司的类型主要是有限责任公司,并且是农业公司,经营范围限定在农产品的生产经营方面。同时,从我国当下社会实践中已经存在的先例来看,农业公司的入股股东多为同村或者同一生产集体的农户,股东之间具有较强的信任与依赖,并且为了防止农民丧失农地,维护农村地区的安定和谐,特将农地经营权的流转范围限定在农业生产集体内部。但是,与有限责任公司不同的是,在股东人数方面可能限制性条件没有那么苛刻,这主要也是出于对以农地证券化经营实现农地规模化生产目的的考量,将尽可能多的农户吸纳进农业公司,农业公司的入股农户数量很容易超过有限责任公司的上限50人。因此,从严格意义上讲,农业公司也并非完全的有限责任公司。

农地经营权证券化实质上就是将农地经营权折股或者设置股份而入股到组建的股份合作经营企业。我国法律目前并未就以农地经营权为标的物设置股份的做法作出明确化规定,但是在社会实践过程中,有关机关已经认可其独立的法人地位并进行规制,即要求其在登记部门进行明确的登记。那么,构建农业公司究竟需要哪些资料与推进哪些程序呢?建立农业公司应当制定公司章程,章程中应当就公司设立的一般事项,即企业名称、地址、注册资金、经营范围等进行记载,并且还应当根据农业公司特性而就土地股权的设置、企业的组织机构、经营模式、股东的权利与义务,以及分配方式等作出规定,且制定完成后需要全体股东共同的意思表示才能通过,从而成为该土地股份公司的组织准则与行为规范,非经约定或法定程序不得变更。在公司运作方面,应当按照现代企业制度的要求进行管理和运作,其组织架构一般分为股东大会、董事会与监事会,此外,基于其农业生产的特性,还会存在经营土地的专业大户或生产队。

3. 农地证券化后农地权利结构的变化

(1)权利结构的多重化

农地经营权证券化的推进与我国“三权分置”政策的出台密切相关。“三权分置”政策改变了我国农村土地权利结构,使农村土地权利属性多样化,其将我国现存的农地所有权、农地承包经营权划分为三大权利。一是农地所有权这一物权不变,依旧归集体或国家所有,但由于农地的特殊性,使农地的所有权人即国家和集体不能直接占有和支配农地。二是农地承包权,这一权利具有身份性,应当是本集体经济组织内部人员才有资格对本集体的土地进行承包,同时此项身份性的限定也是为了保护农民不丧失农地承包权这一基本的生活保障,但是,随着承包户小规模经营的弊端日益显露,农村剩余劳动力进城带动的农村劳动力匮乏,农地的生产经营面临发展困境。基于多重因素考量,我国出台“三权分置”政策,从农地承包经营权中分离出农地经营权,这一权利极具财产属性,能够在合法的范围内实现经营权的流转,而流转范围不限于本集体经济组织内部,新的经营权人出现。

(2)法律关系的多样化

农地经营权的分离及流转,使农地上的法律关系复杂化,不只是存在农地所有权人与承包人这一重法律关系。农地经营权证券化后,农地上存在的权利主体增加,主体的限定性条件放宽,不再仅限于本集体经济组织内部成员,凡是符合相应经营资质的社会主体,都可以通过合法途径办理相关手续,成为农地的经营权人。这样一来,若农地的所有权人以集体身份入股,那么其与农地承包人将共同作为农地经营组织的股东,二者之间除了原有的所有权人与承包权人的关系外,还构建了新组织下股东之间的关系。同时,农地的所有权人与企业之间因为农地经营权的证券化而形成股东与企业法人的关系。这仅是前期分析研究的一部分,后期多重社会因素的出现,可能出现更多的法律关系。

(3)农地直接支配权利的转移

农地证券化的实质在于农地经营权的让渡,农地经营权是直接决定农地如何生产经营的关键性权利,一旦农地承包权人决定以农地经营权入股,实现农地的证券化时,农民对农地的直接支配权利将受到一定限制,甚至可以说直接丧失了这项支配权。新的农地经营者享有农地经营权,能够在合法的范围内直接支配农地,并参与生产经营或者将其交给有经验的人进行经营,除非发生违法事实,如农地用途变更将耕地用作商业用地等,否则农地承包权人不得干预农地的生产经营。

(三)农地证券化的制约因素

1. 农地证券化立法中的缺陷

(1)对农地经营权证券化的正当性质疑

我国2009年修正的《农村土地承包法》第42条规定,“承包方之间为发展农业经济,可以自愿联合将土地承包经营权入股,从事农业合作生产”。《物权法》第128条规定,“土地承包经营权人依照农村土地承包法的规定,有权将土地承包经营权采取转包、互换、转让等方式流转”。2015年,我国中央一号文件正式对农地经营权证券化这一流转模式予以强调。在此基础上,我国各省市地方政府纷纷出台暂行办法,试图以国家的大政方针为框架,根据当地特殊地区情况,补充完善相应的内容,以能够实现本村农地证券化的最优利用。广东省农业厅率先出动,成立专门的调研组,实地考察得出“农地证券化在广东省农地经营权流转中占有最大比例,流转面积为151万亩,占流转总面积的35.9%”。[1] 此后,其他地区以广东先例为模板,汲取广东农地证券化的优势,并根据自身特色改变相应的决策,逐渐在全国范围内不同程度地掀起农地证券化的热潮。2018年修正的《农村土地承包法》第36条规定,承包方可以自主决定依法采取出租(转包)、入股或者其他方式向他人流转土地经营权,并向发包方备案。

社会实践过程中,人们对农地经营权证券化可行性问题的争议之声在逐渐消退,同时,国家政策上的支持无疑更加坚定了农地证券化道路的正当性,在人们心目中的分量也越来越重。但是,我国理论界却对此产生异议。一方面,很多学者囿于我国传统农地政策的影响,关于农地经营权能否入股合作社或者农业企业实现农地经营权的证券化的质疑之声不断加强。相关专家学者认为,在我国农村地区家庭联产承包责任制仍作为法定的农村集体制度不变更的情况下,意味着我国人多地少、分布不均的基本现状仍未有所改善与实现突破,农地的社会保障功能依旧有存在的迫切性。而现在推行的农地证券化无异于要将农民手中的农地剥离出来,参与到合作社或者企业的运营中,盈利的同时往往伴随着一定的风险,农地证券化后,分得红利的多少是个未知数,且一旦公司经营破产,入股农户甚至可能面临着断粮、失地的风险。在我国社会保障体系尚未健全的情况下,贸然推进农地经营权的证券化未免有点激进。另一方面,很多学者倾向于采取农地证券化机制以改善当下“三农”问题。他们认为农地证券化是调整农业产业结构与提高农业生产力的一大契机,增加对技术、资金入股的吸引力,缓解农地抛荒问题,发展高产、优质、高效、绿色农业,推动我国农业向优质化迈进,增加农民收入。[2] 上述学者均是站在不同的角度阐述了农地经营权证券化的优势与不足,但是,我们应当清醒地认识到自身配套体系的不完备性以更加客观的立场去评断农地证券化的风险与相应的收益,确实在社会实践中,农地经营权证券化的性质尚未明确、缺乏立法层面的规制,人们对农地公司和合作社等组织的特殊性未有全面而深入的了解,容易将之按一般的注册公司进行对待和处理而忽视了其应有的农村社会保障功能。一旦公司破产,集体财产就可能面

---

〔1〕 参见米新丽、姚梦:《农村土地承包经营权出资法律问题研究》,载《法学杂志》2010年第12期。

〔2〕 参见徐小平:《中国现代农业合作社法律制度研究》,西南政法大学2007年博士学位论文,第138页。

临着清算的风险。

(2)立法的缺位、农民自身的局限性难以保证实质公平

法具有滞后性,当然农地经营权证券化领域也不例外。在我国社会实践模式从层出不穷的现实面前,具体的规制条文姗姗来迟。遇到问题或者进行新的探索开发,一般沿用相应法律法规的基本原则,如《农村土地承包法》第38条规定土地经营权的流转原则即“依法、自愿、有偿,任何组织和个人不得强迫或者阻碍承包方进行土地承包经营权流转”。这一条文为我们的农地经营权证券化道路设定了基本的大方向,但是,实践过程中存在很多不可控因素,使平等协商、自愿、有偿等难以成为现实,特别是我国农民自身的局限性导致的,其对农地证券化机制的认知处于浅显化状态,对参与的外来组织、企业等也没有一个全面的了解,因此,即使保证农民充分参与的情况下平等、自愿地达成了双方或多方协议,但其实质上涵盖了对农户的限制性规定,难以达成和实现实质上的公平、平等。

(3)农地证券化后农地用途有被改变之风险

我国一直秉持的“18亿亩耕地红线”不变更原则,不能因为创新农地经营权流转方式而被破坏。我国《农村土地承包法》明确规定,土地经营权流转“不得改变土地所有权的性质和土地的农业用途”。全国城乡统筹综合配套改革试验区——重庆市在其颁布的《服务重庆统筹城乡发展的实施意见》中也出现了“在农村土地承包期限内和不改变土地用途的前提下,允许以农地承包经营权出资入股”的表述。由此可见,农地用途的明确化是一项关系到国计民生的大事,无论是法律还是地方政府规章,在鼓励农地经营权实现多样化流转时,依旧着重强调农地用途不得变更。但是,实践过程中,受到利益的驱使,一些农业公司和合作社对相关规定“阳奉阴违”,很多企业不敢直接改变土地用途就变相地对入股的农地用途进行变化,造成多地出现“入股土地不种粮”的现象。有研究指出:“在有些地方,耕地流转给业主后,有15%的耕地用于发展观光农业和乡村旅游,真正用于种粮的耕地只有6%左右。”[1]据统计,“从1980年到2005年,水果种植的面积从0.14亿亩上升到1.5亿亩,蔬菜的种植面积从0.71亿亩扩大到2.66亿亩,粮食面积则从17.6亿亩下降到15.6亿亩”。[2] 农地经营权证券化后,不遵循原来的农地用途,将产粮地用作经济作物种植或直接挪作他用,难免会导致实际耕地数量的大规模减少,这样一来,不仅与我国实行农地证券化流转的初衷相违背,甚至直接降低了我国的粮食产量,严重影响了我们国家的粮食安全和战略布局。

(4)农地经营权证券化的经营成果将影响我国的社会稳定性

农地经营权证券化的目的在于改变我国以往分散的小农经济,集合土地逐步实

---

[1] 郭晓鸣、廖祖君:《加强风险防范完善农地流转机制》,载《中国社会科学报》2011年第10期。

[2] 参见黄宗智:《十字路口的农民合作组织》,载《改革内参》2009年第33期。

现农地的规模化、产业化经营,并配备专门的技术供应、科学化的管理模式、训练有素的管理团队。一旦开启上述规模化经营,若经营成果较好,能够保证农民的分红收入与入股公司或合作社的盈利,那么农地经营权的证券化就运营得比较成功,可以继续运营发展下去;但是,如果出现经营不善的情况呢,将农业公司或者专业合作社解散,回归到原来传统的分散经营模式,可能面临着严重的资金消耗与农户消极抵抗的情形。此外,由于我国农地经营权证券化的现实土壤不足,使我国对此项目缺乏整体规划,一旦企业面临清算破产的问题,即使能够将土地归还给农户,入股土地也很难回复到原本的状态了。此外,农户作为股东很有可能存在承担债务的问题,我国《农民专业合作社法》第5条规定,对农民专业合作社的债务,应当由成员出资、公积金、国家财政直接补助、他人捐赠以及合法取得的其他资产来承担责任。也就是说,一旦合作社或农业企业实施破产清算,土地承包经营权作为入股的财产,其所有的农户面临着将其偿还给债权人的风险。但是依照我国现有的规定,土地承包经营权是通过家庭承包方式取得的,这种权利具有用益物权的性质,用这一类型的权利去抵偿债务,缺乏法理依据。而且,农地作为农民赖以生存的立身之本,农民对土地的权利应当由国家进行保障,农民失去土地,意味着失去救命稻草不免有流离失所之嫌,对于农村社会的稳定将构成极大的威胁。

与此同时,相应法律法规、政策的不一致,导致实践操作过程中极易出现农地经营权流失风险。我国《农村土地承包经营权流转管理办法》第19条规定,农地股份合作制企业解散时,入股的土地应当退回原承包农户。但按照破产法原理,在破产清算时,土地承包经营权作为企业财产理应被列为破产财产,参与破产清算,这就使实践过程中出现两难的情况:入股土地如果参与破产清算不仅违法而且会直接导致农民失地,但如果退还村民入股土地,则债权人利益又无法保障。这样一大矛盾点的存在使很多投资者对此领域充满兴趣却不敢迈步踏进这一领域。

2. 农地证券化实践中的缺陷

(1)健全的金融中介服务体系的缺位

土地证券化是一个巨大的系统工程,需要多方面的共同配合。其中,金融中介机构的服务质量和业务水平是土地证券化能否成功运作的关键。而我国目前金融中介的发展水平和层次仍然难以满足证券化发展的要求。比如,农村土地证券化操作中的一个重要环节是信用提升和信用评级,而我国目前还缺乏相应的担保机构为土地证券化提供担保,同时也缺乏比较权威的资信评级机构以及信用评估制度。

(2)农地承包经营权期限与股权期限的冲突

农地经营权的证券化是对农地权利的投资。承包期限制度强化了家庭承包经营权作为用益物权的排他性特征,是土地承包经营权物权法定的基本内容之一,其期限效力主要体现在两方面:第一,承包期限应解释为权利人至少对于承包经营权享有法定的承包期限，即享有承包权最短的期限。最高人民法院于 2005 年颁布了《关于审理涉及农村土地承包纠纷案件适用法律问题的解释》，其中的第 7 条规定："承包合同约定或者土地承包经营权证等证书记载的承包期限短于农村土地承包法规定的期限，承包方请求延长的，应予支持。"也就是说，约定与法定期限不一致时，其对承包权期限的认定不得短于法定期限。第二，维持承包权长久不变。我国《农村土地承包法》第 1 条规定"保持农村土地承包关系稳定并长久不变"，在国家政策的层面上，农村土地承包关系具有长久、稳定不变的特性，一方面是基于土地承包经营权的物权的永久性属性的要求；另一方面，对待"三农"问题要尤其重视其稳定性，保障农民农村的产业结构稳定有序地进行改革。

《农村土地承包经营权流转管理办法》第35 条规定："入股是指实行家庭承包方式的承包方之间为发展农业经济，将土地承包经营作为股权，自愿联合从事农业合作生产经营；其他承包方式的承包方将土地承包经营权量化为股权，入股组成股份公司或者合作社等，从事农业生产经营。"股份合作制企业在实践中的企业法人的法律地位已经被认可。作为营利性企业法人，农业公司天然具有营利性的特征，营利法人的基本制度功能就包括能够自由选择投资期限，以达成自身的目标期待值。对于投资期限的选择能够使法人从期限中获利，体现了法人制度的效率价值；同时，期限还可以作为一种明示担保，维护担保债权人的利益，以利于维护交易安全，实现法人制度的安全价值。家庭承包经营权入股不得超出农户承包的剩余期限。家庭承包权期限限制与家庭承包经营权入股行为之间存在难以调和的矛盾。两者的主要冲突有以下两个方面：

第一，投资具有长期性，其与承包权期限性之间存在冲突。承包经营权入股的实质主要在于实现土地权利的资本化运营，而农地吸引资本的最主要原因就在于土地投资的长期性。而且，但在公司法理论中，公司一经设立就具有永续性，非因特殊的法定事由不得破产、解散，公司原则上是可以永久性存续的。但是，依照土地承包经营权流转的法定标准，土地承包经营权入股的期限不得超过承包权合同的剩余期限，这将导致土地承包经营权存在到期收回的可能性。届时，股份合作企业将无法对土地行使占有、处分和收益的权利，经营行为被迫中断。

第二，对企业债权保护的要求与土地承包经营权期限性之间的冲突。有限责任公司作为独立的法人企业以其全部资产对外独立承担债权债务责任，股东承担责任以其出资额为限。企业为实现其制度价值，体现交易的安全性，应当对其债权人的利益给予足够的重视和保护。然而，承包权具有期限性，就意味着一旦承包期满，企业资产将面临着股东撤回、虚置股权等问题和情况出现，危害用以担保企业债权的责任财产。农业企业的股权结构具有很强的社区性和封闭性，基于身份而产生的信赖利益导致一般情况下，非社区的生产经营主体或者企业投资者很难入股农业企业。现实中,农业公司股权结构的封闭性使企业的资产形态主体表现形式为土地承包经营权,主体资产即土地承包经营权到期后意味着主体资产的丧失,这将直接导致企业经营难以为继,必然使企业的债权担保能力受损、资产信誉降低。对此,学者主要提出了两种协调方案,其观点是:将承包权改为永包制;实行有期限的股权制度,承包权制可以维持其原有的期限性。

3. 股份合作社模式下股权设置的障碍

(1)股份合作社股权的取得

股份合作社的构建是在坚持农村集体土地所有制的基础上,将集体所有的农地经营权投入到合作社并量化成股份,按照原来农民手中的承包地数额所占的比例分配给原村民股份,并以股份为依据分配收益。以农地经营权投资入股于股份合作社后,股份合作社的资产所有权主体依旧属于集体,因而除非具有本集体的成员资格,否则无法取得股份。通常判断一主体是否为本集体成员的主要标准,就是查看户口簿,户口属于本集体,那么其便能享有本集体的成员资格。以上海市政府 1996 年 7 月 17 日颁布的《上海市撤制村、队集体资产处置暂行办法》为例,其明确规定依法享受分配的对象必须是户口在册的集体经济组织成员,同时再结合各地实际。因此,具有本村户籍是获得股份合作社股权的前提。

在社会实践过程中,成员资格的取得一般分为三大方式:一是原始取得,即户籍在农业生产合作社或者生产大队,并且在此长期生产、生活,这样的农民及其子女自然可以取得集体经济组织成员资格。二是意定取得,即通过现有的集体经济组织经过一定的程序同意其加入本集体经济组织的,可以取得本集体经济组织成员资格,但是发生下列事由,集体经济组织成员资格终止:死亡、集体经济组织终止、取得其他集体经济组织成员资格和特殊体制下迁出从事非农职业。三是法定取得,指依据现有法律规定取得的集体成员资格,如婚姻、收养。

(2)股份合作社股权设置存在的问题

实践生活中,股份合作社的股权设置依旧存有一些问题,值得探究:首先是关于新生婴儿的股权问题。是以怀孕现实状态为依据,提前留出应分份额,还是以生产分娩正常呼吸为界点?若股权设置发生在婴儿出生后,则婴儿享有股权份额,否则不享有。一般情况下,我国股份合作社的股权设置采用的是后者,即要获得股份合作社股份,除具备成员资格这一基础性要求外,还应当在集体经济改革决定作出之日前出生。股份合作社的股权份额一旦确定后,采取“增人不增股,减人不减股”的模式。实地调研的上海市松江区牛车泾村和新陈家村,采取的都是这种方式。[1]采取这样“一刀切”的标准,固然有利于实践操作,但是却与我国现行的农业政策、农

〔1〕 参见陈幸德、高瞩:《浙江省农村土地股份制改革的现状与对策》,载《浙江国土资源》2013 年第 6 期。

业精神相悖,与现行集体经济组织成员享受集体资产或权利的方法也大不相同。《物权法》第59条规定:“农民集体所有的不动产和动产,属于本集体成员集体所有。”农村集体所有的财产由农村集体经济组织成员共同所有,不因出生时间而不同,胎儿出生,取得户籍,便成为这一集体经济组织成员,当然享有集体所有的财产。同理,股份合作社作为集体财产的一部分,应当由集体经济组织的每一位成员享有,而不应以出生时间点不同来决定婴儿是否享有股权份额,新生婴儿应当获得股权份额。

其次,关于农地是否应该量化从而设置相应股权的问题。对股份合作社入股的资产,一般是集体经济组织在生产经营过程中多出来的资金,但是也不排除一些地区通过将集体土地入股的方式获得合作社的股权。土地入股可选择资产折价入股,亦可选择权利量化入股。前者针对的对象是集体建设用地使用权,后者则是将土地承包经营权按承包面积进行量化入股。这两种方式,无论采取哪种,都能够很好地实现农地权利向股权的转化,将农地权利从农地的经营管理中剥离出来,加速农地流转。但是,农地权利的股权化存在一定的政策风险。一方面,根据我国《土地管理法》可知,我国集体土地的所有权属于农民集体,而非农民个人,而农地权利的股权化使每个村民都对集体土地享有股份。这样一来,集体所有的土地实质上为村民按份共有,我国农村土地归集体所有的政策无疑形同虚设。另一方面,农地证券化后,相应的证券进入市场流通,实质上是土地的流转,而目前我国相应的配套设施还未完备,用这种方式实现农地流转,获得再生产资金,存在政策法律上的风险,特别是一些作为资源性资产的入股土地已经包含了集体土地所有权的内涵,政策法律风险更大。

最后,关于是否应当设置集体股的问题。关于集体股的设置问题存有很大争议,支持设置的一方坚持认为,农村的土地政策为集体所有制,若无集体股,那么集体经济组织或股份合作社将丧失集体制功能。并且,村民委员会的持续性发展及困难补助等都需要留有集体资产。因此,在产权改革中,留有集体股,参与分红,使集体经济组织本身及其活动得到一定的资金支持。而反对设置的一方则认为,设置集体股,留有集体财产,极易导致农村集体产权制度改革得不彻底,后续很有可能还要进行二次分配,倒不如一次性量化到个人。与此同时,集体经济组织本身的维持与相应活动的开展,可以直接从股份合作社的公积金和公益金中提取即可,不再需要设置集体股,通过分红来保障。

(3)股份流转的制约因素

第一,股权的不完整性。农地证券化后通过股份合作社获得的股权,与通过资金或者其他方式获得的股权并不相同,前者是通过身份关系的确认,由集体经济组织以分配的方式取得,并不具有排他性的支配权,仅仅具有收益权、管理权和监督权。

第二，股权的封闭性。从上述论述中可知，农地证券化后，农民取得的股权是以身份为前提条件的，只有具有本集体经济组织成员资格，抑或具有本村的户籍，才能够享有农地股权，这样能够在一定程度上保持农村社会的稳定性，但是这种极具封闭性的股权形态，导致股份流转受到很大的限制，无法及时融通资金。

第三，缺乏公信力，缺失法律地位。在我国，股份经济合作社没有法律明确规定的社会地位，农民由此获得的股权也未得到国家与有关权威部门的认可，缺乏在市场流通的公信力，同时，一旦发生股权争议，很难直接适用《公司法》《合伙企业法》等予以化解。[1]

（四）农地证券化机制的构建

1. 农地证券化的法律体系建设

（1）明确政府部门的地位和职责为监督、管理、服务

农地经营权的证券化是一种私权性质的民事处分行为、市场行为，证券化主体为通过承包土地获得土地处分权的农户，而市场行为的特征是追求利益的最大化。因此，政府主要具有一方面的管理监督义务，还应尽到注意义务。"农地股份合作制的多年实践充分证明，凡是过分地运用行政干预，不最大限度地尊重农民意愿，实行农地股份合作经营，都是失败多于成功。"[2]政府不应当直接干预农地经营权股权的变动，因为农地经营权的性质属于私有，这就决定了其权利主体可以直接决定农地经营权证券化的变动情况，所以，政府应当明确其职责，真正做好监督、管理与服务工作，确保农地经营权股权的变动是权利人意思自治的结果，是本着平等协商、自愿、有偿原则进行的商业活动。

（2）防范入股土地改变农业用途

首先，需要强调受让方的农业经营生产能力，保障合作经营的基本目的能够达成。可以由登记部门建立专门档案把进行农地经营权证券化的农地建立专门的管理系统，将其登记下来，并依据登记记录对农地证券化的情况进行实时跟踪调查。其次，建立可实施性的惩戒机制以防范或者惩戒农地证券化进程中擅自改变农地实际用途的行为。建议将这一惩戒机制实行"阶梯渐进式"，把改变农地用途的实际面积及所占比例等因素参考进去，进行轻重不一的惩戒方式，期望最终能够达到遏制擅变土地用途的行为。

（3）不将入股农地列入破产清算财产

《公司法》第183条规定"公司因本法第一百八十条第（一）项、第（二）项、第

---

〔1〕参见主力军：《股份合作制企业的法律适用问题研究——从一则股份合作企业的股份转让协议效力纠纷案切入》，载《政治与法律》2011年第12期。

〔2〕张询书：《农村土地承包经营权入股的风险问题分析》，载《安徽行政学院学报》2008年第1期。

(四)项、第(五)项规定而解散的,应当在解散事由出现之日起十五日内成立清算组,开始清算”。《破产法》第30条规定“破产申请受理时属于债务人的全部财产,以及破产申请受理后至破产程序终结前债务人取得的财产,为债务人财产”。《农村土地承包法》第8条规定“国家……保护土地经营权人的合法权益,任何组织和个人不得侵犯”。最高人民法院《关于审理涉及农村土地承包纠纷案件适用法律问题的解释》也规定“承包方以其土地承包经营权进行抵押或抵偿债务的,应当认定无效”。综上所述,土地承包经营权作为破产财产清偿债务在进行入股公司破产清算时,是存在法律障碍的,不仅会影响农村的社会稳定,而且可能有损于债权人的利益。

试举一例,劳务作为公司出资与土地承包经营权入股企业都具有专属性。有人认为我们可以借鉴劳务出资入股的法国模式,即“劳务出资额不计入公司注册资本,只作为分享利润和净资产、承担损失的依据”。[1] 这种方式乍看起来,一方面村民能够不失地,另一方面债权人的利益也就此得以很大保护,但仔细分析,就会发现:若农地经营权入股土地不计入公司资产额,就会违背法人制度基本原理。一方面将公司现有的合法剩余财产用于清偿债务,另一方面在这部分财产不足以清偿时,允许农户以其他有形资产购回已入股农地。当然,这种做法,在一定程度上也只能说是防范农地入股带来的社会风险的权宜之计。

(4)建立覆盖城乡的社会保障体系,从根本上解决农户的后顾之忧

土地经营权证券化的相关制度完善,归根结底在于农村土地承包经营制度的完善,不可能一蹴而就,重中之重就是加快建立农村社会保障制度,完善农村社会养老保险的制度,使农民老有所依、老有所养。现阶段难以推行养老保险制度的原因在于,其“资金筹集坚持个人交纳为主,集体补助为辅,国家给予政策扶持的原则”。[2] 随着改革开放的推进,农业税负的减免,我国的农民收入相较之前有了很大增长,然而通货膨胀的加剧,生活成本的提高等导致农民增加的收入远不及生活成本增加支出的费用,因此,农民的生活依旧未能摆脱困顿的状态,更没有多余的钱购买社会养老保险。这样一来,国家若要从根本上改变农民的生活现状、彻底改进农业生产方式,应当首先为农民设置生活保障即缴纳社会养老保险,逐渐减轻土地在农民心中的分量,不再视其为“命根子”,唯有如此,农民才有勇气迈出农业改革的第一步,参与农地新的流转方式,促进农业的现代化发展。

2. 调整承包经营权期限与股权期限的冲突

(1)永包制方案

永包制,实质上就是对农地承包权的无限延期,使农民对其土地享有永久的承

---

[1] 参见高海、刘红:《劳务出资对土地承包经营权入股合作社的启迪——基于重庆、浙江等地方性文件的样本分析》,载《农业经济问题》2010年第11期。

[2] 参见吴玉萍:《土地承包经营权流转中存在的问题与法律建议》,载《政法论丛》2005年第1期。

包经营权,发包人一旦将农地承包出去就丧失了收回土地的时机,但可以以回购的方式重新掌握农地的承包经营权。

从理论层面看来,永包制采取的这种无限延长承包期限的方式,很好地解决了农地承包经营权所受的期限性束缚,承包经营权人不必再因顾虑承包期限到期而不敢大成本投入生产,农地承包经营权的物权属性得到了一定程度的彰显,逐渐转变为永久性的财产权。但是,意料之中的,这种永久制承包方案存在一定的弊端,即永久制方案下的农地权利与罗马法上的永佃权相类似。而我国的家庭联产承包责任制意欲将农地的承包经营权作为一项用益物权,并且这一权利性质已经在我国现行的法律《物权法》《农村土地承包法》等中得到明确的认可,永包制这一承包方式明显将农地承包经营权推向所有权的范畴,与上述我国现存的农村土地政策与法律法规相违背。同时,永包制消除了期限义务与利益,也使发包人的收回权与监督权形同虚设,发包人的请求权难以落实,用益物权关系的债权基础难以存续。

(2)有期限的股权方案

有期限的股权方案相较于永包制而言,存在很多合理的地方。其既没有改变我国现行《农村土地承包法》中对承包权期限的限制性规定,也契合了与股权运行有关的规则,同时能够尽可能地协调农村新增人口,如新生儿、新嫁女与农村原承包经营权人之间分配不公的冲突。在这种方案下,土地的权利期限与股份的权利期限相吻合,这样一来,相同期限的两种权利的组合作为法人资本的一部分,使法人更加具备稳定性与确定性,便于农地证券化前期更好地吸引投资者,尽快进入生产运营环节。

然而,虽然有期限的证券化方案存在很多值得肯定的地方,但也同样面临很多问题,特别是承包权人出资机会与利益分配的不均等。农民因受限于承包期限,不敢全身心投入农地的证券化运营,缩手缩脚,反而减少了投资机会和分配利益的条件。同时,承包人到期选择退股或拒绝入股,极有可能产生农地细分的不良后果,严重阻碍农地的规模化运营与现代化发展。

(3)法定租赁制方案

我国台湾地区所谓"民法典"债权编第425条规定,土地及其土地之上房屋同属于一人所有,而仅将土地或仅将房屋所有权让与他人,或将土地及房屋同时或先后让与相异之人时,土地受让人或房屋受让人与让与人之间或房屋受让人与土地受让人之间,推定在房屋得使用期限内,有租赁关系。其期限不受第499条第1项规定之限制(租赁期限不得超出20年之限制)前项情形,其租金数额当事人不能协议时,得请求法院定之。上述规定创设了一种法定的租赁制度,其产生依据是法律推定而非约定。当事人行使其处分权买卖不动产导致房屋与土地分离,两者分属不同主体所有时,为更方便地解决实事纠纷明确各方法定权利及义务问题,依据我国现有法律法规可以推定房屋所有人与土地所有人之间形成法定的租赁关系,房屋所有人为土地的承租人,土地所有人为出租人。

法定租赁权的设定有利于突破永包制和有期限股权方案的局限性。实践中,法定租赁制有利于解决企业永续性和债权人利益保护的难题,对土地租赁双方的利益给予最大限度的平衡,符合效率与安全的制度价值。

第一,法定租赁权具有长期性,突破了土地承包经营权的期限限制,能够契合农业公司永续性经营的特征,同时有利于农业公司合理有效地利用耕地,防止为谋速利造成的经营短期化。因为,在计算土地长久的使用、收益价值的情况下,土地的质量问题就会成为重中之重,当下的土地承租人为了长久的营利自然而然地就会精心维护土地的质量以提高农业生产经营的长期产出比,不会过度和滥用土地。

第二,使企业的获利期得以延长。由于土地产出具有一定的延时性,一般而言土地需要经年耕作才能开始产生利润回报,家庭承包期届满时农业企业可能刚刚开始产生收益,企业正值生长期或者发展的关键时期,直接通过延续租赁关系维持企业的发展,不仅有利于企业盈利能力和水平的提升,也有利于提高农业企业的债权担保能力、增加资产信誉。

第三,法定租赁制对于缓解平衡各方当事人之间的利益冲突有积极的影响。我国的承包经营主要进行了两轮,且各农户之间难免在不同的时段存在农民个体入股的差异。因种种客观因素造成的在入股的各方农户之间与发包方订立承包合同的时间不一致导致其拥有的承包经营权的期限不一致,这直接导致以农地经营权入股的期限产生差异,股东身份的存续期不同。“承包权期限不完全一致,这就存在如何平衡不同期限的承包权之间投资期限利益问题。如果仅以一部分农民的承包权到期就解散企业,就可能对期限较长的承包权人而言极为不公平。”而采用法定租赁制,可以通过约定将不同承包期限整合成统一的农业公司经营期限,避免因承包期限不同而产生的出资机会与收益权的差异。

3. 解决土地经营权证券化后股权障碍问题

(1)确立新生婴儿能够取得股份

新生婴儿取得本村户籍,成为本集体经济组织成员之一,当然地对集体资产享有所有权。而集体资产具有农村社会保障功能,主要的目的在于满足全体社员的基本生活需要,这也表现出其在发挥社会保障功能时不能根据对象的不同实行差别待遇。如果因为新生婴儿没有劳动能力,而不对其发挥集体资产的社会保障功能,显然与集体资产的设立初衷不符,与集体资产具备的社会保障功能相悖,正因为新生婴儿没有劳动能力,无法通过自己的劳动创收保证其基本生活需求,才更加需要社会保障。所以,集体资产的社会保障功能应当覆盖婴儿,农地经营权的证券化应当为新生婴儿设置股份。另外,“社会保障最基本的功能是保证社会成员生活安定。随着经济社会发展,社会保障在安定民众生活方面的作用愈加突出”。

(2)农地不纳入量化范围

农村土地实行集体所有权制度,其不同于私人所有权,不能与私人所有权混为一谈。其作为一种独立的所有权形式,应当受到社会各界的尊重,不因农地经营权流转方式创新而名存实亡。值得一提的是,若将集体所有土地量化成为股份,分配给集体经济组织内部成员或者股份合作社的社员所有,那么实质上就是将集体所有转化为农民对农地的按份共有,而按份共有制本质上属于私人所有制的范畴,这样将农村集体所有权量化形成股权分配的做法显然从根本上改变了我国现有的所有权体系,与我国《宪法》《物权法》《土地管理法》等法律精神相悖。

(3)确保农民对其股权享有完全处分权

农地经营权证券化后,农民对其股权具有完全的处分权,任何组织或者机构不得强行要求农民变更其股权状态,而应本着平等协商、自愿、有偿的原则进行股权变动事宜的磋商。

(4)确立股份合作社的法人地位

法人地位的缺失是股份合作社成立以来面临的重大难题,法人地位是股份合作社参与市场竞争、提高社会公信力、增强吸引农民参与农地证券化运营的重要前提与基础,其法人地位久久没有落到实处,使社会对股份合作社的认可度不高,农民参与农地证券化运营的积极性也无法提升,使农地证券化进程缓慢。因此,为了更好更快地推进农地证券化机制的运营,股份合作社亟须在工商行政管理部门获得注册登记,取得独立的法人地位。从当前社会实践情况来看,虽然法律并没有明确规定股份合作社的法人地位,但是根据社会需求,各地纷纷将股份合作社登记在册,承认了其法人地位。

(5)保证股权受让方具备相应的农业经营能力

农地经营权证券化的目的在于摆脱当下小农经济的弊病,将分散经营逐步发展为规模经营,而如果受让方不具备一定的农业经营能力,无法改变农业经营落后的现状,那么就与进行农地经营权证券化的初衷相违背,因此,应当保证股权受让方的农业经营能力。

(6)同一集体经济组织内部成员享有同等条件下的优先受偿权

农地经营权的证券化以某一集体经济组织为基础,进行证券化的主体往往是本集体经济组织内部成员,相互之间彼此认识,具有良好的信任关系。同时,为了保证农业经营的稳定性,规定在同等条件下,同一经济组织内部成员具有优先受偿的权利。

四、拓展农地信托制度

(一)农地信托制度的一般问题

信托制度最早产生于欧洲地区,延续至今,已将近百年发展历程,其对农业发展的重要推动作用，以及对本国经济发展的有力支撑是不言而喻的。我国于十八届五中全会明确农村深化改革的方向，即以“三权分置”政策为依托，将农地经营权从土地所有权中剥离出来，单独设定为一项权利。这一政策实现了在不改变土地集体所有的基础上，充分保障土地的流转性，将土地分配给有需要的人，或是能够创造更大价值的人。这样一来，多种土地流转创新模式应运而生，其中值得探讨研究的不乏信托，本部分主要以农地信托为主体开展研究。

农地信托作为一项舶来品，虽然已经在我国少数地区进行试点工作，如我国第一项农地信托计划——中信·安徽宿州项目，及紧随其后的中兴信托、北京信托、兴业信托等包含十万亩土地项目的陆续开展，但其仍属于一小部分少数人接触的事物，尚未被我国人民所知悉，并且，由于经验不足、相应理论指导的缺位，这一新生事物一时之间也很难为“农地本位”思想占据的农民所接受并参与进来。那么，究竟何为农地信托，其开展过程中的问题、风险防控及盈利点在何处，这是本部分研究的重点及难点所在。

1. 农地信托的界定

英国法学史家梅特兰关于信托的经典名句：“如果有人要问，英国人在法学领域取得的最伟大、最独特的成就是什么，那就是历经数百年发展起来的信托理念。我相信再没有比这更好的答案了。”[1]以信任为基础产生的委托，其实质便是信任义务的法律化，但是，受限于传统思维模式，目前法律界对此尚未形成统一的标准，英美法系倾向于“目的导向”或“效果导向”思维模式，最终落脚点在于法律效果，而大陆法系则强调在立法环节明晰法律行为的构成，以便于司法活动的开展，因此，其更加倾向于“要件导向”思维模式，主要存在制度说、行为说与关系说等观点。

几十年来，随着我国信托实践及相关立法工作的有序进行，关于信托领域，《信托法》《信托投资公司管理办法》《信托投资公司资金信托业务管理暂行办法》等相继出台并实施，标志着我国信托行业的法律化、规范化。依据我国现行《信托法》可知，我国信托领域采取“行为说”这一理论学说，即信托是指委托人基于对受托人的信任，将其财产权委托给受托人，由受托人按照委托人的意愿以自己的名义，为受益人的利益或特定目的进行管理或者处分的行为。

农地信托，顾名思义，就是将农地经营与信托结合起来，创新农地流转方式。农地信托以一般信托为基础，因此，根据我国《信托法》的规定，类推适用得出：农地承包经营权人将其对土地享有的承包经营权予以分离，进而将土地经营权信托给受托人，便于农地的合理流转，实现农民增收创收，受托人可以以自己的名义对信托财产

〔1〕 F. W. Maitland, Selected Essays (H. D. Hazeltine, G. Lapsley and P. H. Winfield eds.), *Cambridge, Cambridge University Press*, 1936, p. 129.

进行管理与处分,但最终土地收益仍然归承包人享有。[1]

2. 农地信托的特征

农地信托在融合一般信托与农地经营权的基础上发展而来,具备一般信托的独立性、利益性、目的性等共性,但其作为一项新生事物,依旧具备属于自己的额特性,具体包括以下方面:

首先,地域性与期限性。农地信托财产的标的是农村土地,属于不可进行转移的不动产,难以随着人们的意志而改变其空间位置,所以,设定农地信托应该依据农村土地的地理位置而设定,不得随意划分。这样一来,农地信托进行过程中的风险便大大降低。同时,根据我国土地方面的法律可知,土地属于国家或集体所有,农民对此仅是享有一定的承包经营权,但承包经营权具有一定的期限限制,限制的条件主要在于承包期限的长短,如耕地的承包期为三十年,那么在农地信托设立之时,约定的信托期限不应当超过特定土地上剩余的土地承包经营期限。

其次,特殊的主体定位与财产转移的限制性规定。于信托而言,信托的委托人一般为信托财产的所有权人,拥有处分该项权利的权限,待信托成立之日起,信托财产的所有权在法律意义上便归属于受托人,而受益人享有实质意义上的所有权,是真正的权利义务人。但是,由于我国特殊的土地制度及相应的信托财产的特殊性,使我国农地信托业务开展过程中,并非由信托财产所有权人对农地所有权进行委托,而是依据我国农地信托财产标的为农地经营权。由此可知,我国农地信托业务的委托人即为我国农地的承包经营权人,也就是我国广大农民群众,他人无权干预农地信托委托事项的开展及运行。所以,不得以农地所有权归属于集体所有而越权越位。至于受托人,无论是本集体经济组织成员,还是其他法人,都应当对其实行严格的市场准入机制,保证委托人的正常收益。

同时,基于上述农地特性及信托的特殊性,对农地信托业务进行过程中,农地所有权的转移受到了一定的限制。因此,我国在引入农地信托机制时,采取权能分离制度,即农地所有权归集体所有始终不变,而农地经营权则在我国"三权分置"政策的倡导下,逐渐分离出来,单独作为一项财产权利交由受托方,以支撑农地信托的开展及运营,这不同于英美法系下信托业务开展过程中所产生的形式所有权(legaltitle)和实质所有权(equitabletitle)之分,[2]是符合我国特殊国情的,并且也秉持了我国"一物一权"及严格法定物权的精神。

最后,在农地确权的基础上,对信托财产进行登记并公示。依据我国《信托法》第10条规定:"设立信托,对于信托财产,有关法律、行政法规规定应当办理登记手

---

〔1〕 参见柴振国:《农村土地承包经营权出资中若干法律问题研究》,中国检察出版社2011年版,第88页。

〔2〕 参见余辉:《英国信托法:起源、发展及其影响》,清华大学出版社2007年版,第50页。

续的，应当依法办理信托登记。未依照前款规定办理信托登记的，应当补办登记手续；不补办的，该信托不产生效力。”但《农村土地承包法》并未强制要求农地流转过程中必须进行登记，而是根据当事人自愿原则，有意愿进行登记的可向登记机构申请登记。为何如此强调信托财产的登记公示，主要原因在于信托法律关系一旦成立，信托财产所有权将转移至受托人名下，适用于农地信托领域，信托财产的转移就是农地经营权有效流转至受托人名下，直至信托到期或依法解除时，农地经营权届时将返还至委托人。农地经营权的信托具有公示特性，与租赁、互换、转让等具有债权性质的传统农地流转方式存在一定的差别。与此同时，由信托财产的独立性导致的信托一旦成立，信托财产的所有权便转移至受托人名下，这一财产与委托人的其他财产便无关联性，即使是委托人所负的到期的合法债务，其债权人也无权要求委托人以信托财产予以偿债。当然，有一种情形是可以突破信托特有的“隔离保护”功能的，即委托人在信托文件中明确保留了信托解除权。从上述内容可知，信托的登记公示不仅在于维护信托事件本身的效力，还能够通过公示，告知社会上其他人关于信托财产的情况，以便于保护善意第三人的利益。

（二）农地信托财产范围的界定

信托是一种更为科学、更为严谨的物权管理机制。但是，我国学术领域对农地流转方式的研究主要集中在论证农村土地用益物权的流转方式，而根据农村土地权利的功能进行辩证分析的研究比较少，且土地功能要素是探索一项农地流转方式是否具备可行性的重要参考因素。因此，以农村土地权利的功能要素为导火线对农地信托流转方式予以检验，进而明确农地信托的财产范围，是一项值得探讨研究的关键问题。

农地信托是信托的一种特殊化形式，其运行规则既要符合法律法规，又要保证农地信托的发展空间。农地权利是委托人委托给受托人进行农地信托流转的信托财产，其流转始于农地信托的构建，终于农地信托计划的结束或者解除，最后仍归属于农地的承包经营权人，也就是农地信托的委托人，这既满足了农地创新流转方式、实现创收增收的目的，同时也保证了农地具备的社会保障功能不被他人所颠覆。但是，考虑到信托的目的、信托财产性质等问题，并不是所有的农地权利都符合信托流转方式的规定，因此，有必要进一步界定作为信托财产的农地权利范围。

1. 从权利性质角度界定农地信托的财产范围

我国的农地权利体系是以农地所有权为核心而衍生的一系列权利集合体，包括农地所有权、农地利用权。我国农地的所有权归属于国家所有或农民集体所有，农民集体所有又可细分为农村集体经济组织、村级、乡镇级农民集体三种形式，上述主体在一定条件下都可以成为农地的所有权人，并且土地的所有权人可以在集体所有权人与国家所有权人之间实现一定程度的流转，即国家基于公共利益需求而将集体所有的土地强制收归国家所有。但是，作为土地所有权人的构成要素即个体农民却并不享有这项所有权,也无权处分这一权利。根据信托财产的流动性可知,农地所有权并不符合农地信托财产的标准,不属于农地信托财产的范围。

农地利用权是除农地所有权以外的权利集合体,包括农地用益物权、部分农地的担保物权及基于一定条件而设定的债权等其他权利。农地担保物权是以直接支配特定财产的交换价值为内容,以实现相应债权为目的的物权,在保证市场经济持续有效运行过程中起到重要的保障作用。并且,以土地租赁权为例,这是一项典型的基于土地而设定的债权,目的在于以有偿使用的方式,促进包括国有土地使用权、"四荒"土地使用权、土地承包经营权等在内的土地更大限度地利用,并创造更多的土地收益。而信托设定的目的主要是通过土地有效流转而实现土地使用权、收益权及部分处分权转移到受托人手中,从而实现农地效益的最大化。通过上述比较分析,不难发现农地担保物权、一定条件下的农地债权并不符合信托运行方式、信托目的、功能等方面的考量,因此,农地担保物权及一定条件下设定的债权不能划入农地信托财产的范畴。

农地利用权利集合体中最为重要的一项权利即用益物权。农地用益物权帮助农地的非所有权人实现了以合法方式使用他人土地的途径,虽然不能在农地效益提升方面起到直接的推动作用,但是却有效缓解了我国农地所有与农地使用之间的矛盾。同样属于定限物权的范畴,但价值取向不同于农地担保物权,农地用益物权的用益性、独立性、限制性等特性,直接反映了农地用益物权的目的和内容,是充分利用农地用益物权的必要条件。与此同时,信托制度衍生于英国封建时代的用益权制度,其本质为帮助委托人实现用益物权的各项权利内容。从上述分析中,可以得出用益物权符合信托财产的特殊化标准,所以,在农地信托业务开展过程中,农地用益物权即可作为农地信托的信托财产。

2. 从权利类型角度界定农地信托的财产范围

根据我国的法律法规及相应的社会实践试点工作可以得知,我国农地信托的信托财产一般局限于农地经营权,那么其他权利如农村集体建设用地使用权是否可以突破目前农地信托财产的现状,拓展农地信托财产的类型呢?

当下,农村建设用地使用权一般用于兴建乡镇企业、乡村公共设施和公益事业,特别是国家为了保护农村集体建设用地使用权,而对此作出颇多限制。[1] 但与此

---

〔1〕 根据《土地管理法》的规定,农民集体所有的土地的使用权不得出让、转让或者出租用于非农业建设,任何单位和个人进行建设,需要使用土地的,必须依法申请国有土地。农村集体经济组织使用乡(镇)土地利用总体规划确定的建设用地兴办企业或者与其他单位、个人以土地使用权入股、联营等形式共同举办企业的,应当持有关批准文件,向县级以上地方人民政府土地行政主管部门提出申请,按照省、自治区、直辖市规定的批准权限,由县级以上地方人民政府批准;其中,涉及占用农地的,依照规定办理审批手续。

同时,这些限制并非绝对化的,而是通过省级政府一定的批准权限,为集体建设用地使用权的流转留有一定空间。1997 年颁布《关于进一步加强农村集体土地管理的通知》中指出:“用于非农业建设的土地,因与本集体以外的单位和个人转让、出租、抵押附着物而发生土地使用权交易的,应依法严格审批,要注意保护农民的利益。”该项政策是对集体建设用地使用权流转在一定条件下进行的放宽。2003 年中共中央、国务院《关于做好农业和农村工作的意见》要求“各地要制定鼓励乡镇企业向小城镇集中的政策,通过集体建设用地流转、土地置换、分期缴纳出让金等形式,合理解决企业进镇的用地问题”。2004 年国务院《关于深化改革严格土地管理的决定》提出“在符合规划的前提下,村庄、集镇、建制镇中的农民集体所有建设用地使用权可以依法流转”。该规定为创新集体建设用地使用权流转制度培育了更多的发展空间。2008 年党的十七届三中全会《关于推进农村改革发展若干重大问题的决定》指出:“在土地利用规划确定的城镇建设用地范围外,经批准占用农村集体土地建设非公益性项目,允许农民依法通过多种方式参与开发经营并保障农民合法权益。逐步建立城乡统一的建设用地市场,对依法取得的农村集体经营性建设用地,必须通过统一有形的土地市场、以公开规范的方式转让土地使用权,在符合规划的前提下与国有土地享有平等权益。”简单来看,村集体可以针对集体建设用地构建一个设施较为完备的商业化市场,便于集体建设用地的营利性流转,并且,国家特别提出集体建设用地与国有土地享有平等权益,这是国家层面对此作为流转对象的认可与肯定。由此得知,集体建设用地使用权的流转,应当是符合社会需求的,但从社会实践来看,其流转过程并非预想的那么顺利,还存在各种问题亟待解决,同时国家政策及相应法律法规对此采取的不同程度的限制性措施,进一步阻碍了集体建设用地的有效流转。

严格把控集体建设用地进入土地一级市场的流转环节是国家明文规定的,所以,任何单位或者个人欲使用土地进行建设,必须申请并通过国家批准,由我国各级政府为各个建设项目提供国有土地。上述流程仅适用于建设商品房等建筑物时所需求的建设用地使用权,而不包括已经另有明文规定的乡镇企业建设用地的审批流程。集体建设用地使用权经过第一次流转进入一级市场后,对其后续发生的再流转,我国除在流转的主体、程序与范围等方面作出一定的限制外,其他并未作出禁止性规定,集体建设用地可以进行再转让、出资、入股等行为。

我国现下改革试点进行的信托化流转便是在集体建设用地再流转环节,将农村集体建设用地使用权交由信托机构,依照城乡发展规划进行统一管理、利用,有利于避免农民或村集体直接参与农地流转而带来的风险,并通过长期有效规划管理,以充分发挥土地权益,创造更大的价值。并且,随着城市化进程加快,城镇国有土地存量不断缩减,通过引入信托机制,将投资者投资的对象拓展至集体建设用地与国有建设用地，这样既可以解决农民落后的问题，帮助农民摒弃盲目进城的想法，同时也保护我国城乡不同土地制度免遭侵蚀的厄运。当然，我们认识到集体建设用地使用权信托化的诸多优势，但也不可忽略其具有的特殊化功能，即通过在其之上建设公租房，既能实现集体建设用地的财产价值，也能在客观上规范农民土地权利的市场化。

（三）农地信托的法律依据与实践模式

1. 农地信托的法律依据

立法存在滞后性，社会上出现的新生事物很难全部囊括在其中。从目前农地经营权的信托化流转来看，社会上已经有多个省市进行试点，但是却还没有一部法律对有关事宜作出具体规定，以至于使法律规定出现缺位现象，亟须进行法律完善，以弥补纠纷解决过程中无法可依的现象。截至目前，我国尚无对农地信托的直接立法，一般实践中出现纠纷也都是类推适用我国现有的《信托法》《合同法》《农村土地承包法》等内容予以解决，若在无具体内容可类推适用的情形下，可以适用我国《宪法》中的基本原则、基本原理，因此，制定我国关于农地信托的法律法规还是有一定的现实法律基础。

（1）《信托法》关于信托财产的规定

研究农地信托流转方式是否可行的首要任务就是要明确农地经营权作为一项信托财产是否适格的问题。关于信托财产的转移，各国对此称谓不一，其实质包含的内容也不尽相同。韩国称信托财产之转移为“财产”转移至受托人，而我国、日本等，更加侧重于“财产权”转移这一说法。上述内容的矛盾点在信托财产的属性，前者将其视为一种实物，后者则将其看作一种权利，二者存在本质区别，不可等同视之。

依据我国的特色国情及基本的土地政策，我国土地的所有权一直属于国家或集体，农民仅仅享有土地的用益物权——承包经营权，因此，在设立信托时是将农民手中的承包经营权予以信托，而非国家或集体享有的土地所有权，因此这项信托财产应当表述为“农地经营权”这项“财产权”。基于我国法律对信托的界定包括了财产权利，以农地经营权设立信托，符合我国的土地政策，同时也具有法律上的逻辑性。

（2）《合同法》领域的设立依据

构建我国的农地经营权信托机制，合同的签订是有效推进这一行动的重要因素，因此其设立必须符合当下《合同法》的有关规定，但也不应仅局限于此，还应当考虑到农地信托合同的特别之处，使新的农地信托合同同时具备共性与个性，其中最大的个性就在于必须约定合法的信托目的，便于实践活动的开展，保证参与者的利益。依据《信托法》可知，“采取信托合同形式设立信托的，信托合同签订时，信托成立”。因此，信托业务的设立不以转移财产所有权为条件，只要当事人之间达成设立信托的合意,信托即成立。这表明其在债权上的成立与物权生效要件不尽相同,但可以明确的就是,若要农地信托产生物权法上的效力,离不开委托人转移财产权的行动。

我国《信托法》明确规定登记的办理是信托有效成立的必要条件,否则信托行为不发生法律效力。一旦签订信托合同,受托人便对委托人享有一定的请求权,请求其将标的财产进行转移并登记,但是若受托人怠于作为,那么受托人有权撤销合同、解除合作关系。以下是根据我国《信托法》第 9 条[1]的内容类推说明在订立土地信托合同中必要载明事项:一是信托目的;二是信托主体即委托人、受托人的真实信息;三是受益人的界定;四是信托财产的界定;五是受益的方式。另外,关于任意性记载事项可将信托的期限、信托财产的管理方法等事项进行详尽的规定。

(3)《物权法》关于农地流转的规定

我国《物权法》中明确规定农地承包经营权的权利属性为用益物权,这是当下开展农地信托流转模式的权利基础,同时《信托法》关于信托财产的界定也将财产权利囊括其中,为农地市场引进信托制度提供了坚实可靠的法律基础,即只要是拥有农地承包经营权的农民就可以此权利设立信托,获得信托利益。

物权与债权是我国民法领域极其重要的内容构成,二者联合规定了我国财产领域的两大状态即静态与动态。《物权法》为农村土地承包经营权的流转作出了专章的规定,例如,《物权法》第 128 条规定:“土地承包经营权人依照农村土地承包法的规定,有权将农村土地承包经营权采取转包、互换、转让等方式流转。流转的期限不得超过承包期的剩余期限。未经依法批准,不得将承包地用于非农建设。”第 133 条规定:“通过招标、拍卖、公开协商等方式承包荒地等农村土地,依照农村土地承包法等法律和国务院的有关规定,其土地承包经营权可以转让、入股、抵押或者以其他方式流转。”由此可知,我国《物权法》已经明确承认农地流转的合法性,并以此为基础对农地流转的有关内容如流转期限、流转方式等作出较为详尽的规定。

(4)关于土地流转内容的其他规定

除上述信托、合同、物权等领域的现有法律为当下农地信托立法提供的信托财产、农地信托合同、农地经营权的权利属性等方面的立法依据外,还有一些法律法规关于农地流转的内容对农地信托的发展至关重要。

一是我国《宪法》明确承认了农地经营权流转的合法性。且 1988 年《宪法修正案》中明确规定:“任何组织和个人不得侵占、买卖或以其他形式非法转让土地。土地

---

[1] 《信托法》第 9 条:“设立信托,其书面文件应当载明下列事项:(一)信托目的;(二)委托人、受托人的姓名或者名称、住所;(三)受益人或者受益人范围;(四)信托财产的范围、种类及状况;(五)受益人取得信托利益的形式、方法。除前款所列事项外,可以载明信托期限、信托财产的管理方法、受托人的报酬、新受托人的选任方式、信托终止事由等事项。”

使用权可以依照法律的规定转让。”宪法是我国的根本法,其他各部门法的制定与行使应当在宪法规定的范围内,因此,关于农地经营权流转的相关法律制定有宪法依据,符合我国的立法的题中之义。

二是我国现有土地专项立法关于土地流转合法性的规定。我国《土地管理法》明确规定农村土地使用权可依法转让。同时我国《农村土地承包法》中用一节的文字规定了农村土地经营权的流转,其中第36条规定了几种农村土地经营权流转的方式,第38条则规定了我国农村土地经营权流转应当具体遵循的原则,第36条至第44条主要规定了农村土地经营权流转合同的订立、内容。由此可知农地经营权流转已经得到国家法律认可,且我国的法律法规还对流转方式作出了较为详细的规定。

三是农村土地规范性法律文件关于农村土地承包经营权流转的规定。如2005年农业部颁布的《农村土地承包经营权流转管理办法》中第35条明确规定了我国土地流转的具体方式:“本办法所称转让是指承包方有稳定的非农职业或者有稳定的收入来源,经承包方申请和发包方同意,将部分或全部土地承包经营权让渡给其他从事农业生产经营的农户,由其履行相应土地承包合同的权利和义务。转让后原土地承包关系自行终止,原承包方承包期内的土地承包经营权部分或全部灭失。”转包是指承包方将部分或全部土地承包经营权以一定期限转给同一集体经济组织的其他农户从事农业生产经营。转包后原土地承包关系不变,原承包方继续履行原土地承包合同规定的权利和义务,接包方按转包时约定的条件对转包方负责。承包方将土地交他人代耕不足一年的除外。互换是指承包方之间为方便耕作或者各自需要,对属于同一集体经济组织的承包地块进行交换,同时交换相应的农地经营权。入股是指实行家庭承包方式的承包方之间为发展农业经济,将土地承包经营权作为股权,自愿联合从事农业合作生产经营;其他承包方式的承包方将土地承包经营权量化为股权,入股组成股份公司或者合作社等,从事农业生产经营。出租是指承包方将部分或全部土地承包经营权以一定期限租赁给他人从事农业生产经营。出租后原土地承包关系不变,原承包方继续履行原土地承包合同规定的权利和义务。承租方按出租时约定的条件对承包方负责。

与此同时,中共中央对农地经营权的流转给予高度重视,特在通知中对农地流转工作给予指导性意见,以上足以说明我国实施农地经营权流转得到了法律与政策层面的支持。

2. 农地信托的实践模式

十八届三中全会中共中央《关于全面深化改革若干重大问题的决定》提出,“赋予农民对承包地占有、使用、收益、流转及承包经营权抵押、担保权能”。该项政策创新农地信托发展环境,为农地信托实践提供空间、培育土壤。但目前由于我国的农地确权工作尚未结束,农地信托业务的开展便受到一定的限制,使我国农地信托引入以来并未在全国遍地开花，形成星火燎原之势，但这些细微的实践模式，能够提供很多有价值并值得借鉴、研究的东西。现阶段主要信托模式如下：

(1)个体委托人模式

于2010年间，中粮集团迈出农地市场标志性的一步，即以黑龙江省肇东市五里明镇为据点，引入信托机制之自益信托，将信托与我国农地经营权的流转紧密结合在一起，促进了农业的规模化发展，加快了农业的现代化进程。中粮集团首先把当地镇政府创设的玉米种植合作社下的农地经营权以及当地农民姜晓波名下的鱼塘承包经营权作为信托财产，进行信托经营管理的尝试工作。接下来，为了获得前期的运营费用，中粮集团将信托财产的收益权质押给了龙江银行，以此换取了质押型的农业贷款，凭借此中粮集团开展专业化的生产经营，并将所得收益分配给五里明镇政府和姜晓波本人，至此完成中粮集团主导下的自益信托。

上述流转机制的出现使我国农地流转模式得到质的提升，其中所包含的创新突破内容是无可置疑的。首先，针对将农地经营权作为信托财产的做法，明显突破信托财产仅限于有形物的传统，将财产权纳入农地信托财产的范畴；其次，将收益权设置权利质权获得生产资金，有效地缓解了农地融资问题，但这样一来就很容易使受益人的利益受损。

(2)政府委托人模式

农地信托开展过程中，由当地政府充当中介，起到中间枢纽环节作用的信托模式被称为政府委托人模式，政府首先会从农民手中获取农地经营权，采取的方式一般是转包，政府作为接受转包一方，依法取得农地经营权，而后由政府出面与信托受托人协商信托相关事宜，农民便不与信托受托人发生直接接触。这项模式依具体内容又可称为“事务管理类信托 + 资金信托的模式”，在我国当属2013年中信信托在安徽省宿州埇桥区占据5400亩农田设立的首例银行参与的土地流转项目最为典型，设立期限为12年，设立名称为“中信 · 农地经营权集合信托计划”，引起了社会广泛关注。[1]

在农地信托之政府委托人模式开展过程中，农地经营权信托的具体内容、运营资金及相应的科学技术等问题，需要予以重视。首先，需要解决的问题即农地经营权如何信托的问题。农地经营权信托的信托财产为我国农民手中握有的农地经营权，但是在此模式下，农民并不直接参与信托，不直接接触农地信托的受托人，而是选择以转包的方式先将农地经营权转给政府，再由政府出面与信托公司签订信托合同，农地信托运营过程中产生的收益，将严格按照合同要求分配给受益人，其中包括转包农地经营权的农民。同时，应当注意到农地经营权信托是有期限的，待到信托业务

〔1〕 参见姜雪莲：《农村土地承包经营权流转信托的法律问题——以中信安徽宿州农村土地承包经营权信托为中心》，载《北方法学》2014年第4期。

结束时,受托人便依约将农地经营权返还给委托人。其次,实施农地经营权信托的一个重要目的在于实现农地的规模化经营、现代化生产,但是这一目标的实现离不开我国农村地区相应基础设施的规划与建设,而大量基础设施的建设需要一定的资金支持,所以农地信托期间建立相应的资金信托计划来对接,才能更好地解决农地经营融资难的问题。最后,政府委托人模式之中信信托的专业化管理离不开科学技术的支撑。安徽帝元生物科技有限公司由安徽和元投资管理有限公司与中科院合肥物质科学研究院在合肥国家高新技术产业开发区共同创立,自创设一来,一直秉持生产与研究相结合的发展模式,努力将学术前沿成果运用于农业现代化工作中。[1] 所以,未来安徽帝元生物研发公司将在农地信托运营管理中充当着非常重要的角色。该项土地信托模式运行的具体流程,如图 3-4[2]所示:

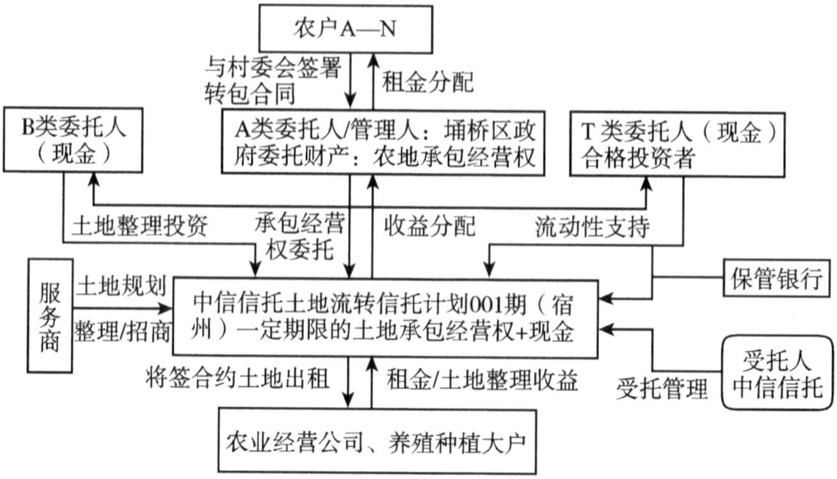

图 3-4 安徽宿州农地经营权信托交易结构

(3)合作社委托人模式

合作社委托人模式是以合作社为委托人开展的农地信托模式,如北京信托。2013 年 11 月江苏省无锡市开展的“桃园村项目”并采取了一种新的信托方式——股权 + 双合作社模式进入农村土地信托流转行业中,其具体运营步骤是:首先,确权到农民个人。针对我国农地国有或集体所有的特色国情,实际享有使用权的农民权属不明,社会中很容易发生侵害农民权益的问题,因此应当针对农民的农地经营权这一财产权利进行确权,并发放农地经营权证书。其次,入股到

---

〔1〕 参见 58 同城,宿州帝元现代农业投资发展有限公司,公司信息基本资料。

〔2〕 蒲坚:《解放土地——新一轮土地信托化改革》,中信出版社 2014 年版,第 234 页。

农村的专业合作社。农地经营权一旦确权到个人,那么拥有此权利的农民就有权处分该项权利,以该项权利出资。最后,委托给北京信托公司。这项委托事宜应当由农民共同出资所形成的专业合作社为委托人,将农民的出资即农地经营权作为信托财产设立信托。

北京信托的委托人是合作社,这与政府委托人模式下开展的中信信托存在根本性区别。北京信托在引入第三方的问题上,具有自身特有的方式,将农地经营权委托给桃园村自设的专业合作社,社员为当地农民,他们拥有多年的种植经验与种植技术,将这些人力、经验、技术与合作社带来的优越资源结合在一起,一方面促进了农业的专业化、规模化种植,另一方面还在一定程度上解决了广大农民的就业问题,实现农地信托运营效益的最大化。

(4)国外主要土地信托模式

在国外农地市场中,尤其是作为信托法起源地之英国,信托业发展迅速,将信托与农地结合的生产发展模式,已经渗入农村地区,形成了各具特色的农地信托模式,接下来将简要介绍传承了英美法系与大陆法系特色的两种信托模式:

一是英美模式,由该国实体组织开设、运营的永久性资金是该模式区别于大陆模式的一大特色,这些实体组织主要包括信托机构、社区组织、住房协会等。实践运营的具体细节如下:首先,由委托人或者称之为开发者出资购买一块尚未开发的土地。其次,筛选较为合适的受托人,与之签订信托合同,并将信托财产即土地的所有权交给受托人,受托人负责土地信托受益凭证的发行工作,委托人则负责该凭证的销售工作,吸引市场闲置资金,用于土地营养成分的改善工作。最后,将得到改良的土地以出租的方式交由该开发者,受托人收取租金,给予受益凭证持有人固定的报酬,并将剩余租金用来买回受益凭证。[1]

二是日本模式,该模式的特殊之处在于在土地信托业务开展过程中设立了土地信托银行,该银行在土地信托业务开展过程中扮演着受托人的角色,享有治理、使用该土地的权利,但同时也负有按期分红、支付委托人利益的义务。在实践操作中,根据土地信托设立时信托财产的委托方式不同,可以分为:一是出售型,信托财产委托给受托人的方式为出售,并将出售所得划减应当支付的受托人报酬及其他费用后,交给委托人;二是出租型,信托财产委托给受托人的方式为出租,受托人对信托财产不享有处分权,仅仅是运用其经营权、使用权获取收益,并定期给付给委托人,待信托结束时,原土地完整的所有权仍由委托人享有。[2]

通过上述比较研究,不难发现国内外农村土地信托发展模式不一,各有各的生

---

〔1〕 参见[日]三菱日联信托银行编著:《信托法务与实务》,张军建译,中国财经经济出版社 2010 年版,第 11 ~ 12 页。

〔2〕 同上书,第 12 ~ 14 页。

存优势，但都不能完全照搬过来直接应用于我国农地信托市场，农地信托的合作社模式更符合我国的国情，但是在融资方面可以采纳个体委托人模式下的融资方式，或者日本模式下建立的土地信托银行。截至目前，农地信托已经在全国各地展开试点工作，但是与之相对应的理论基础和法律法规还未成熟，为了未来农地信托制度健康有序发展，我们亟须解决这一问题。

（四）农地信托制度存在的问题

农地信托作为一项舶来品，刚刚落地我国，极易出现"水土不服"的症状，特别是我国特殊的土地制度，为本就"先天不足"的农地信托制度在我国的推进设置了层层难关。那么，农地信托能否在新一轮农村土地变革中发挥应有作用，值得思考。

1. 缺乏统一的农地信托登记制度

在农地信托开展过程中，确权登记制度是明确参与人各项权利义务、保障农地信托业务有序开展的必备条件。有学者指出，农地通过信托与金融结合，当然是一种进步，但从法律层面来讲，土地没有确权，也就难以运作土地信托，流转信托项目就存在着很大的风险。所以，只有将农地确权工作尽快提上日程，明确农地各项权利义务的归属，发放权利证书，才能更好地解决农地信托的关键难题即农地融资问题，使农地经营权"活"起来，为农民增收、创收。

与此同时，根据我国《信托法》第 10 条可知，登记是信托成立的必备条件，未经登记的，则信托不成立。因此，在开展一项农地信托业务时，委托人交付信托财产前，则应当就信托财产进行登记并予以公示，以更好彰显信托的物权效力。2014 年 11 月我国不动产登记条例的签署与生效，为我国登记制度的生存提供土壤，但因为对不动产登记机构未予以明确规定，仅是粗线条地要求县级及其以上政府确定一个部门专门管理不动产的登记，依旧未解决部门之间互相推诿的弊病。具体登记流程尚未进行实地调研、科学考量，难免使人民群众纠结于程序是否便民、是否公开等问题。

2. 农地信托立法系统性、体系性缺位

首先，在我国现行法律的大框架内，新增农地信托专门立法，必然要面临的难题就是新增立法与现行相关法律是否存在冲突、矛盾的地方，抑或存在法律衔接不当、法律规定存在空白的问题，因此，农地信托立法过程中，一定要注意法律的衔接、法律内容是否矛盾等问题。当下，由法的滞后性导致的农地信托这一新时代产物并未被囊括进《农村土地承包法》所列举的几项农地流转方式中，使法律法规与社会现实之间并不完全匹配，法律领域出现空白区，一旦农地信托领域出现违法事件，则很难通过法律途径予以解决。所以，从长远角度考虑，农地信托立法与《农村土地承包法》的衔接不够等问题亟待解决。

其次，在农地信托立法领域，应当及时发现并妥善处理农地信托所强调的“双重财产权”与我国《物权法》秉持的一物一权原则之间的矛盾。这一矛盾并非仅限于创新农地流转领域，往更高的层次上说，这也是大陆法系与英美法系之间思想相悖的问题，是对大陆法系崇尚严密逻辑的严重冲击。因此，创设新的立法，应特别关注并解决法律之间存在冲突的内容。

最后，农地信托立法应当与我国的人身立法如婚姻、继承等领域法律内容相衔接。农地信托法律关系是财产性法律关系，财产性法律关系的设立、变更与灭失等变动与其所有权人密切相关，同时所有权人的变动也影响着财产性法律关系的变动，如所有权人丧失行为能力、死亡等，继承人能否对信托财产法律关系进行继承。综观国外立法领域，大多数国家承认对这一法律地位的继承，如日本在信托法律中明确指出农地信托委托人一旦死亡，继承人有权继承这一信托地位，但有一种情形除外即遗嘱信托。因此，未来我国的农地信托立法，应当明确参与主体人身关系变动所引起的法律后果，以便更好地保护参与人的合法权益。

3. 农民“退出难”问题

为了利用信托的融资功能及风险规避功能，特将农地信托引入农地生产经营过程中，以创新农地流转方式，保障农地生产经营。但实践中很多事情往往超出预期，与目标内容相违背。现实生活中，合法拥有农地承包经营权的农民，以分离出来的农地经营权为信托财产，转移至受托方，参与到信托流程中来，但最终收益如何还是未知数，同时不再继续参与的农民能否顺利退出等问题尚未明确，农民存在后顾之忧，在农地信托面前踟蹰不前，阻碍了农地信托的进程。

我国《信托法》第54条规定：“信托终止的，信托财产归属于信托文件规定的人；信托文件未规定的，按下列顺序确定归属：（一）受益人或者其继承人；（二）委托人或者其继承人。”以此推知，一般情况下，农地信托终止时，农民能够拿回农地的经营权，但在此过程中信托财产发生毁损、灭失等情况，农民该以何途径维护合法权益呢？

与此同时，在农地信托进行过程中，应当注意农民的后续保障问题。以安徽省马鞍山市含山县为例，农地信托业务的开展使当地村民出现一种认知，即农地租金只是旱涝保收。“吃的米和蔬菜等等一切都需要购买，租金其实只是支付了我们的这笔需求，一旦遇到大病大灾，我们就无法应对。农民不种地了，劳动力自然就从土地上解放出来，租金保障了农民的旱涝保收，农民可以外出打工，一些农民可以在大平公司进行聘用，但是大都是季节工。”[1]这种现象说明当下的农地信托机制的开展尚未实现帮农民致富的最初目标。

---

〔1〕 查道坤：《全国最大土地流转信托调查：农民后续保障成难题》，载每日经济新闻网。

4. 尚无成熟的农地信托风险防范机制

在农地生产经营过程中,主要面临的风险包括:一是自然灾害。农民常说的一句话就是农民靠天吃饭,古代皇帝祭天祈求风调雨顺,当代科学家以较高的科学技术水平检测灾害、降低灾害的损害程度,但有些损失还是无法避免。二是市场主体地位不平等,农民作为弱势群体极易受到市场主体欺诈行为的侵害。目前,农村劳动力向外输出比较严重,农地"抛荒"愈演愈烈,国家为了保证耕地的有效利用、农民生活方式的可选择性,不再局限于传统的农地流转方式,将信托与农地经营联合在一起,在全国范围内逐步展开试点工作,期望能够以信托机制完成农业经营融资问题,理论上这一操作没有问题,但是实践过程中,很多风险难题尚未得到有效解决。首先,我国尚无法律法规对此领域事项作出具体规定,参与主体良莠不齐,没有达到预期的农地信托效益,参与的农民基本生活难保障。其次,政府监督机制尚未成熟,甚至可以说对农地信托领域的监督机制尚未构建,致使资产评估机构等中介服务机构的缺失,使参与主体顾虑重重,且可能承担的风险也比较大。最后,还有一个值得注意的问题就是关于农地信托领域的保险尚未到位,一旦农地经营受到灾荒,损失只能自担,而无法通过保险分担风险、转嫁风险。

(五)农地信托流转的制度设计

1. 将农地确权与农地信托纳入登记制度

首先,农地信托开展前的首要任务就是进行农地确权登记。针对农地信托的信托财产而言,推行农地信托制度在农村地区广泛流传并应用的重要前提,就是确保信托财产为农地信托参与人所有。构建全国范围内的农地登记制度,一方面,实现为农民权利确认的效果,达到公示公信的效果;另一方面,也便于农地信托开展过程中的审核审查。审查合格后,参与农地信托的主体便可致力于长期投资经营农业生产,而非分散精力关注农地经营权的归属问题,以及在农地信托开展过程中依据确权证书即可进行抵押贷款等,而不必忧虑侵害善意第三人的合法权益。但是,目前我国农地确权工作并未以星星之火形成燎原之势,进程缓慢,大部分农民手里依旧未拿到确权证书,这就对农地信托业务的开展产生很大阻力。因此,需要农地主管部门给予重视并积极行动补发农地确权证书。

其次,将农地信托纳入我国现有的登记范围中。我国《信托法》第10条规定:"设立信托,对于信托财产,有关法律、行政法规规定应当办理登记手续的,应当依法办理信托登记。未依照前款规定办理信托登记的,应当补办登记手续;不补办的,该信托不产生效力。"因此,应当以法律的形式对农地信托登记的相关事宜给予确定化,将登记机构、登记人员、登记程序等事项明确化,结合《不动产登记暂行条例》和关于土地流转登记的相关规定可知:其一,县级以上的人民政府部门应当负责农地信托登记的事务,并接受上级部门的监督。其二,互联网时代对信托登记的形式不应仅限于纸质版的登记簿,还应当建立全国统一的电子档案系统,登记内容多样,应当包括土地质量、农地经营权的主体、内容、期限等。其三,对专业技术人员进行知识更新培训,争取用最简易的程序完成最齐备的系统设计,以便民利民。

2. 将委托人、受托人以及农业企业的标准法定化

首先,将委托人的标准法定化。通常信托的委托人是信托财产的所有人,而在农地信托业务中,信托财产为农地经营权,其大多掌握在广大农民群众的手中,但是考虑到农民自身所具有的局限性及诉讼主体易发生混乱等因素,鼓励并支持农民建立合作社,农民以合作社的名义参与农地信托,并且在信托过程中,尽量减少政府对农地信托的管控,给予其充分的生长空间。同时,社会各界力量都可以通过各种途径,帮助农民更好地认识农地信托并积极参与进来。

其次,将受托人的标准法定化。农地信托受托人素质的高低影响着农地信托的开展效果,若受托人素质未能达到农地信托开展应当具备的要求,很难保证农地信托顺利开展,开展的成效更没有保障。因此,将农地信托受托人的标准法定化,避免农地信托开展过程中出现鱼龙混杂的局面,这样才能保证农地信托的顺利开展,才能维护参与农民的利益。受托人性质不同,所需要具备的条件也不一样,具体包括:

第一,受托主体为自然人应符合的要求。自然人作为农地信托的主体,除了具备完全的民事行为能力外,还应当具有较高的农地生产经营的专业素养。并且在民法领域,法无禁止即可为,关于农地信托的参与主体受托人方面,法律并未作出明确规定。这样一来,农业种植大户、个人都有机会成为农地信托的受托人,而无关是否是本集体经济组织内部成员,只要具备农地生产经营的专业化素质即可成为受托人。

第二,受托主体为法人应符合的要求。目前,从我国各地开展的农地信托试点实践中,不难发现信托投资公司在信托受托主体中扮演着非常重要的角色,如中信信托、北京信托等。信托投资公司作为法人组织,具备独立行使民事权利,承担民事义务的能力,能够跻身农地信托受托人的行列,但是并非所有的法人都有资格参与农地信托。最主要的考量就在于企业的信誉、化解风险、承担责任的能力等,从而更好地保护委托人的利益。基于此,正处于起步阶段的农地信托,在以法人为受托人主体时,大多数人倾向于选择将范围仅限定于国有公司。日后随着各项制度的完善,可能逐渐引入其他法人主体。

第三,受托主体为政府机构应符合的要求。农地信托的运营与发展离不开良好的市场运行机制。所以,减少政府干预,充分发挥市场“无形之手”的调解作用,是农地信托业务发展的必要条件。但我国市场经济体制较为特殊,在农地信托业务开展之初,需要政府大方向的把控,但是这一把控不能贯彻农地信托发展的始末,在其发

展较为成熟的时期,政府应适当放权,做好必要的监督与服务即可。

第四,受托主体为村民委员会应符合的要求。村民委员会作为地方自治组织,并不属于政府机构,其地位与职能其实就相当于居民委员会。正因为村民委员会的特殊性使其可以作为农地信托业务中的受托人,实践中已经出现村民委员会以合作社的名义参与规模经营的现象。但由于村民委员会自有资金是村民集体的,因此,为了保护村民的合法利益,应当由个人承担责任。

第五,明确农业企业的标准。农业企业是农地信托业务中的实践者,是真正接收农地经营权、实现农业现代化经营的重要主体,然而一旦发生违约或侵权事件,其也是违约或侵权的直接实施者,其行为直接关系到农民的切身利益。所以,应当以法律的形式明确规定农业公司的标准与行业管理办法。具体内容如下:一是通过法律法规,明确规定禁止改变农业用地的用途。现行“18 亿亩耕地红线”不能被打破的土地政策,要求我们在农地信托实务中时刻防范“挂羊头卖狗肉”的做法,洞察表面工作与实质实行行为的区别所在,防止农业用地转作他用,否则不仅破坏了我国的土地政策,也侵害了农民仅有的财产权,阻碍农业经济良好运行。二是企业资金的有效投入是农地信托业务专业化、规模化运营发展不可或缺的重要条件。因此,在设立信托时,要优先选择资金雄厚的农业企业。三是国家应制定相应的政策帮助解决农地信托融资难问题。农地信托业务并非信托企业的内部事务,而是关系我国农业发展命脉、农民生活水平的重大问题,更是当下为有效缓解“三农”问题、农地“抛荒”问题而试运营的农业流转出路,这样关系国计民生的大事应得到国家政策的支持,如农业贷款降息、免息,补贴农业机械、种子与农药的买卖,培养专业化人才参与指导农业生产等。

3. 构建我国农地信托流转的运营模式

(1)农地信托模型的构建

农地信托业务繁琐、参与主体多样,形成的法律关系也较为复杂,其运营与发展离不开各行各业人才的参与,各个环节的主体相互合作、共谋发展,良好运营这一综合性的市场,唯有如此,农地信托设立的初衷极有可能实现。各主体定位如图 3 - 5 所示。

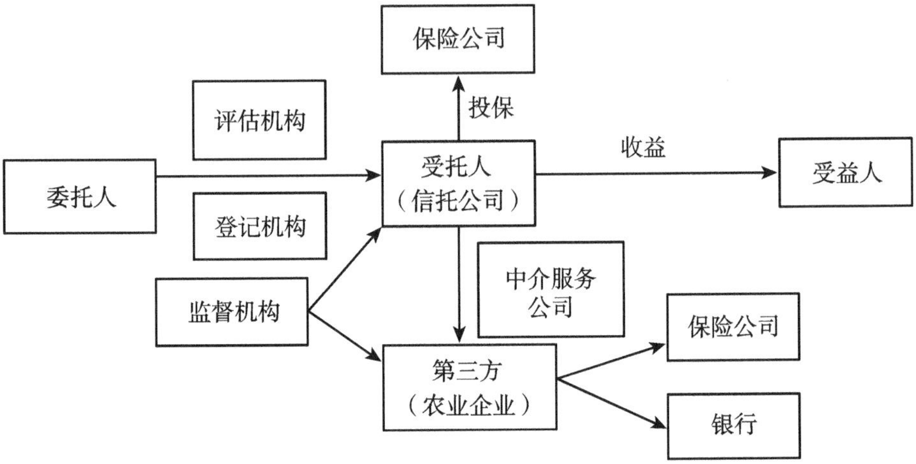

图3-5　农地信托模型的构建

依据图3-5所展示的农地信托运营中各主体的定位及功能可知其之间的关系，具体内容包括：一是农地信托的委托人与受托人之间，委托人将自己拥有的农地经营权转移至受托人名下，在这一过程中需要借助土地评估机构衡量土地价值，以及保证农地经营权转移事项的法律效力，应于登记机构办理农地信托登记。二是基于受益人所享有的受益权，受托人应严格遵循信托文件的约定分配利益于受益人，由于农地信托一般为自益信托，委托人与受益人重合，所以其收益主要是土地租金与浮动的信托利益。三是受托人接手信托财产后，应对其风险全方位负责，因此到保险公司为信托财产投保是防范风险损失的重要举措。四是在受托人与第三方农业企业之间，一般是通过中介服务机构散发关于农地信托的信息，并凭借其技能测量农地面积、评估农地价值等，实现农地专业化、规模化运营发展需要投入大量的资金，因此国家可以在农业融资问题上给予一定的优惠政策。另外，农民自身条件有限，对信托事务存在盲区，无法及时有效监督信托运营状况，因此，有必要设立专门的监督机构对信托公司和农业公司的行为予以监督，防范违约或侵权事件的发生。

（2）确保评估机构与评估程序的法定化

农地评估是农地信托委托人与受托人之间交易的重要环节，也就是说，信托双方意思表示能否一致、该项信托能否设立往往取决于农地评估，其决定着土地现有价值和增值范围，也决定农地租金的价位，事关委托人（农民）生存发展根基，因此，应聘请市场上有评估资质的专业机构予以评估，严格限制评估机构的标准。但考虑到社会实际运营状况，在农村地区一些具有较高威望的中介服务机构也可从事土地评估。日后，应当评估机构规范化与评估程序标准化，指导社会实践中农地信托业务的有效开展。

以下内容是农地价值评估时应当考虑的几项因素：

一是农地的生态指标。农地生态指标是农地价值评估的初步环节，也是对农地价值影响最基础的因素，如农地的面积、地理位置、沙化及盐渍化程度等事关农作物生长状况和种类的因素，这需要专业化的技能与知识，因此，凡是充当农地价值评估的机构一定要具备相关专业资质。

二是农地的社会指标。农地的社会指标一般是指特定农地经营权确权问题和土地效益的预估问题。前者是指为了保障农地信托中受托人不受非承包经营权人的欺诈，农地应当确权到个人，发放权利证书并统一登记于登记簿上，方便人们查阅；后者主要是希望通过土地评估机构的价值衡量能够预估特定土地的产量与收入，从而进行合理信托。

三是农地的经济指标评价。在农地经济指标评价中主要包括特定土地的年产量、年投入量和年净利润等数据。在对这些数据进行评估时，评估机构要始终严守中立立场，平衡委托人与受托人的利益，促进农地信托顺利开展，保证其威严不受质疑。评估机构的评估数据非常重要，不仅在很大程度上决定了农地的评估价值，更是农业用地后期运营的重要参考资料。

(3)设立监察人制度确保农村土地信托的合法运营

农地信托业务开展过程中，由两方力量对此予以监督：一是国家监督，国家在执法环节对自身的监督；二是社会力量的监督。这些监督力量的共同目标在于保护农地信托业务免受不法侵犯。

国家监督大多体现为我国政府的监督，其通过规范执法行为、严明执法责任、防止执法越权等系列事项，从根源上杜绝行政干预过多、农地信托市场垄断的弊病。且自己监督极易诱发腐败，适时引入“司法审查制度”以保证行政行为的规范性，从而保障农民的合法权益。

社会监督是依靠社会力量对侵害农民权益的行为进行有效监督。充分发挥农民的积极性，发扬民主力量，避免政府过多干预农地市场运营，导致农民信托不自由。且在信托运营过程中，委托人查阅财务账目的权利就属于这种监督，同时，村民委员会也可对信托公司与农业企业进行监督，确保农业用地不被挪作他用。通过层层监督，更有利于实现农地信托目的、实现农民财产权的保值增值。

(4)设立投保机制强化风险预防

何为保险？就是合众人之力以最小的代价预防风险并在受损时得到一定的补偿。在农地信托尚处于摸索阶段时，我们应当引入保险机制，为我们的农地信托事业保驾护航。尤其是当下，我国对于农地信托的法律法规还不健全、相应的社会公共基础还未建立起来，农地信托业务设立后，一旦发生事故，在没有国家政策扶持的情况下，若保险也不参与其中，那么农地信托参与者的损失将无从得到补偿，其最终结果或垂死挣扎或破产。若在开展信托业务时就引入保险机制，为特定土地上种植或养殖的动植物进行投保，一旦发生保险合同约定的保险事由致使保险利益受损时，就能够获得一定的赔偿，在一定程度上分担了风险、减少了损失。

(5)减少行政干预，构建成熟的农地流转市场

我国农村地区经济等发展比较缓慢，农民市场意识普遍不高，政府主导型经济手段根深蒂固，长期以来人们也习惯了政府的强制性手段，就像浙江绍兴模式下的信托业务就是在政府的运作下完成的，近期其为农地信托参与人树立榜样、增添信心，但是从长远看来，这使农地信托发展面临重大难题，市场参与过少使农地信托运营中市场发展极不健全，农地信托机构相应地也无法充分发挥其自身的优越性来帮助农民保值增收。

在设立农地信托中，要时刻谨记去行政化，建立健全农地流转市场。一是建立健全市场机制，而非由国家对农地信托市场进行绝对控制。通过建立良好的市场环境，激活市场竞争力，以吸引更多的信托机构及农业企业参与其中，从而可以选择条件更优的信托机构与农业企业接手农地生产经营，保障农业运营健康有序发展。二是去行政化并非完全不要行政力量的介入，政府和集体组织相应的辅助作用还是很有必要的。这种辅助作用主要表现在以下两点：第一，通过完善相应的法律法规，严厉打击非法侵入农地市场的主体，加强对土地流转方式的管理。第二，农地信托设立后，政府和集体组织应适度参与管理，主要是政府及集体组织对信托运营的监督管理，农地信托市场的良好运行离不开监督这双眼睛。其他方面，政府和集体组织不应当介入，要给市场参与者充足的发展空间，使其各自具备的优势得以发挥，从而为农地信托市场健康有序发展提供良好的外部环境。[1]

4. 健全农地信托制度的风险防范机制

首先，通过引进农地信托保险机制，转嫁风险、分担责任。农地信托业务开展始末，都应当在风险预防方面贯穿保险机制。当下我国保险行业的发展比较成熟，相关的法律法规也比较完善，在设立农地信托之初，引入保险机制，可以有效预防风险并在信托财产毁损时凭借保险赔偿降低信托公司所承担的损失。另外，直接从事农业种植的第三方农业公司或种植专业户可以为其在特定土地上的动植物进行投保，避免损害发生时承担较多的责任。

其次，完善农地确权与农地信托登记制度，保证第三方的真实性、可靠性。在我国农地信托遍地开花之时，我们的首要任务就是构建农地确权相关法律，逐步确立专门的登记机构完成农地确权工作，达到公示公信的效果。一方面，应当结合我国现有的土地登记制度，利用互联网技术，构建全国统一的农地确权登记系统，便于及

---

〔1〕 参见范兰礼：《农村土地流转评估与规划》，中国农业科学技术出版社2011年版。

时有效查看。这样参与农地经营的市场主体不用再将心思或精力放在排查相对人是否是真正的农地承包经营权人问题上，而专心于农地的生产经营。另一方面，应当完善信托登记制度。我国信托法应当结合我国《不动产登记暂行条例》的内容，明确规定信托登记的有关事项：其一，应当将农地信托登记事项交由县级以上政府主管部门，由其专门负责农地流转的登记事项；其二，应建立全国范围内统一的不动产登记簿，可以采用电子版也可以采用纸质版，但考虑到查阅方便，更倾向于电子版；其三，登记人员应当挑选高素质专业化的人才予以担任，并要定时定量予以培训教育；其四，在规划农地信托登记程序时，应本着便民的原则，同时为保证登记的真实性，登记人员可以进行实地考察。[1] 唯有如此，才能保证第三方的真实可靠，在一定程度上提高交易的安全性。

最后，从法律层面加强对农民权益的保护与监督。我国"三权分置"政策的提出以及农地信托试点工作的不断开展，其最终目的就是帮助农民创收增收，但实施这些措施的基本前提就是保证农民土地财产权不被他人侵害。一是在农地信托立法过程中，应当对农民权益保护的内容作出规定。农民权益保护的有关规定应当是农地信托立法的重要组成部分，不仅在于我国是农业大国，农民的发展关系到社会稳定，还在于我国实施家庭联产承包责任制，农民没有其他社会保障，农地就是农民获取生活成本的最主要来源。因此，应当保证农民权益得到法定保护。二是在行政方面，强化我国政府"服务者"的形象，对其在农地信托业务开展过程中的角色进行准确定位，防止政府干预过多。例如，政府应当积极组织进行农地确权工作，为农地信托的开展提供坚实的基础。三是在司法程序中，完善农地信托业务相关的法律咨询机构与法律援助机构，增强农民的法律意识，强化其面对危害行为，勇于以法律为工具进行维权的信心。四是通过后续法律监督，保证农民权益免受侵害。法律监督的主体上至国家政府部门，下至社会群众力量，目的在于一方面引起国家对农地信托流转的高度重视，明确执法程序、规范执法行为，以达到执法目的；[2] 另一方面充分发挥社会群众的强大力量，有效监督立法、执法、司法等行为，确保农地用途合法、农民收益增加。

农地信托流转是新时代创新的产物，目的在于将信托融入农地经营中，解决长期困扰农村地区的生产资金匮乏、基础设施落后等问题，"三权分置"政策的提出为我国当下农地信托业务的开展提供了政策上的支持，为农地信托从理论上转为现实实践提供了社会大环境，同时我国学术界领域的很多学者也为这一新的农地流转方式理论论证与实践试点工作付出了大量的心血，但是，若要真正实现农地信托带领农民脱贫致富，依旧是一个浩大的工程，需要社会各界人士的齐心协力、逐步探索。

---

〔1〕 参见庞亮、韩学平：《构建我国农村土地信托制度的法律思考》，载《科学社会主义》2012年第5期。

〔2〕 参见郭洁：《土地资源保护与民事立法研究》，法律出版社2002年版。

第四章　完善我国农地金融配套体系

自2016年中共中央办公厅、国务院办公厅印发《完善三权分置意见》以来，农村土地所有权、承包权、经营权三权分置改革势在必行，全国各地迅速推进农村土地“三权分置”的改革工作，成为继家庭联产承包责任制之后的又一重大制度创新。在中央和地方的共同努力下，农村土地经营权流转市场初步形成，各个试点在探索过程中取得了一些先进经验和成就，但仍然普遍存在农地金融配套体系不健全的严重问题，如尚未形成健全的农地评估系统，政府职能缺失与错位未起到应有的引导、支持、监督作用，农村社会保障体系不健全导致农民参与流转的积极性不高等问题，成为进一步推进农地流转的桎梏，因此，必须加快完善我国农地金融配套体系，助力农村土地经营权流转。

一、建立农地评估系统

在农村土地“三权分置”的改革背景下，土地经营权流转成为盘活农村经济、优化资源配置、增加农民收入的重要手段。现阶段，我国农地流转市场初步形成，尚未建立起一个相对成熟的农地评估系统。由于农村土地附着价值的多样性及土地本身的复杂性，农村基础设施落后，区域差距大等原因，要想建立起一个精确、科学的农地评估系统难度很大，但农地经营权价值评估是农地流转的第一步，科学、规范的农地评估系统是农地经营权有序流转的前提，在此背景下，引入新理论新方法，拓宽农村土地经营权价值评估问题的研究思路，构建有中国特色的、适应中国国情的农地评估系统，以适应我国“三权分置”改革的需要与“三农”工作的现实需要，具有重要的现实意义。[1]

（一）建立农地评估系统的现实制约

1. 土地价值的多样性

土地价值是土地价格形成的基础，价值评估是农村土地承包经营权顺利流转的重要保障。[2] 目前，我国学者对农地已经从单纯的经济价值扩展到了社会价值和

---

〔1〕 莫春兰：《基于实物期权理论的农村土地经营权评估探讨》，载《广西经济管理干部学院学报》2016年第2期。

〔2〕 辜寄蓉等：《完善农地流转价格评估体系的思考》，载《中国国土资源经济》2017年第10期。

生态价值等综合价值，而学界以往的研究重点侧重于经济价值，忽视了社会价值和生态价值，对农地流转的价格构成尚未形成科学统一的评价指标，难以为其提供理论支撑，实践中也做法各异，成为建立农地评估系统的桎梏。

农地的经济价值是人们普遍认识到的价值，即农村土地的经济生产和增值功能，农地富含作物生长所需的养料，可以对其进行农业生产，产出农作物、农副产品等，既可以满足自身需求，又可以进行交易赚取利润，同时，在人口爆炸的当今时代，人们对于粮食和土地的需求日益增加，农地作为不可再生资源，具有不可移动性，在市场规律的影响下，土地价格会逐渐上涨，有很大的增值空间。

作为农民重要的生产资料，农地还具有非常重要的社会价值，承载着养老、就业、医疗等诸多社会保障功能。目前我国农村社会保障制度尚不健全，农民依然面临着医疗、教育的大额支出，很多农民受教育程度低，缺乏基本的职业技能，无法适应其他工作，务农能够为他们的基本生活提供保障，解决农民的就业问题。

农地流转如出租、转包能够为外出务工人员、老年人等无法从事农业生产的人群增加收入，提供保障。另外，农民从事农业生产所获得农产品是人类生存繁衍的前提，关系到粮食安全、国家安全，是社会发展的必要条件。

除此之外，作为生态系统的重要组成部分，农地的生态价值不容忽视。农民在对土地进行农业生产，获取农产品的同时，还能够涵养水分、防止"撂荒"，净化空气，释放氧气，调整微气候，对农地的合理利用可以保持土壤肥力，实现可持续发展。同时，农地对维持物种多样性，保持生物圈平衡也起到了重要作用，为一些动植物的生存提供了载体和空间。农地生态系统具有自然和社会的双重属性，和其他系统相比更容易受到人类活动的影响，因此有必要将农地生态价值纳入农地经营权流转价格里。

价值决定价格，农村土地经营权流转的价格需要参考多种价值进行考量，我国农地经营权流转市场初步形成，尚未形成科学统一的评估体系，就农地经营权流转的价格构成也尚未形成统一的意见和结论。目前就农地经营权价格体系存在两大问题：一是究竟何种价值需要纳入考量范围，诸多学者认为应综合经济价值、生态价值和社会保障价值计算，而有的学者则认为农地经营权价格仅包括其经济价值，即农地本身的生产能力及就其所取得的收益。二是针对农地流转的经济价值理论研究较早，实践中虽形成了较为通用的评估方法但仍然存在很大问题，而对于社会价值和生态价值的研究较少，缺乏理论支撑。

2. 影响因素的复杂性

农地流转价格评估包含多个子系统，各个子系统的影响因素均能对评估结论和价格产生影响，主要包括土地状况、经济环境和政策环境，需要对其分别进行评估综合分析得出结论，需要评估人员掌握基本的土地知识，并对本地的经济和政策有深入了解，任何一环出现评估失误都会造成农地流转价格无法反映其真实价值，扰乱农地流转市场。

影响农地流转价格的关键因素是土地自身状况，主要包括地块位置、土地面积、土地质量、水文状况、气候条件、土地承包剩余年限等。一般来说，农地处于交通便利、方便生产作业的位置价格较高，以河北省为例，平原地区平均流转价格为920元/亩，山区为728元/亩，丘陵为397元/亩〔1〕；土地面积越大，越容易进行规模经营，降低生产成本，越容易以较高的价格流转出去；土地质量的评估主要是针对土壤肥力、环境质量、生物活性和生态质量进行调查。地块位置和土地面积的评估和测量容易操作，但较为核心的土地质量则较难测量，需要专业人员在调查、监测后凭借专业的评价方法和标准进行评估，由于目前的评估系统缺乏专业人员和正规程序，在实践中较难实现。

经济环境对农地价格有重要影响，主要包括当地经济水平、供求关系和粮食价格等因素。当地经济水平越高，农民的生活水平和日常开支越高，农地价格也随之上涨，例如，2016年上海市土地流转的平均价格为3240元/亩，河北为450元/亩，江西为340元/亩，最高价格和最低价格悬殊接近10倍。〔2〕 土地价格同样受市场规律影响，供大于求时价格上涨，供小于求时价格下跌。另外，农地价格受粮食价格影响呈正比趋势，2017年，因粮食价格下跌，北方地区的农地流转价格随之下降100～200元/亩，有些地区出现了村内免费流转的现象；而南方因稻谷价格下降幅度小，农地流转价格也无明显变化。

除此之外，政策环境同样会对农地价格产生影响，包括农村社会保障体系以及政府的财政税收政策等。农民之所以有浓重的土地情节，是因为大多数农民受教育程度低，难以适应社会上的其他工作，而农村的社会保障体系尚不健全，医疗、教育等保障不尽如人意，尽管有些农民从事养殖业或做生意、打工，但农业生产一直是他们的主业或副业，为其提供最基本的生活基础和就业保障，增加收入。因此，在农村社会保障体系健全的情况下，农民的生活有基本保障，土地的社会保障功能弱化，农民对土地的依赖性随之减弱，农地流转价格就越低。政府的财政税收政策也在很大程度上影响着农地流转价格，多地政府会定期出台农地流转指导价，在农地流转价格评估中多参考此标准，如湖南省双峰县在农村土地承包经营权抵押贷款中建议水稻种植按每亩300～500元评估授信，防止评估价值背离实际〔3〕，此外，政府对农地

---

〔1〕《2017年农村土地流转平均价格是多少钱一亩?》(附2016年全国土地流转价格)，载土流网：https://www.tuliu.com/read-54340.html，最后访问日期：2018年5月8日。

〔2〕同上。

〔3〕《农地流转“富厚”双峰》，载《金融时报》：http://sh.qihoo.com/pc/2s1co417mjq? sign=360_e39369d1，最后访问日期：2018年5月8日。

的财政税收优惠也会造成农地经营权流转价格波动。

3. 不同区域的差异性

改革开放以来，我国东部地区经济高速发展，东、中、西部经济水平差距悬殊。东、中部地区经济发展水平较高，由于第二、三产业发达，农民更加愿意去城镇发展，对土地的依赖程度低，流转意愿高，农地流转市场活跃；而西部地区比较贫瘠，经济发展落后，农民非农就业机会少，收入低且不稳定，对土地依赖度高，农地流转水平落后。同时，城郊地区因为毗邻城市，交通发达，资源丰富，城市与企业的发展对土地有着巨大的需求，升值空间大，开发程度高，因此土地流转价格高，交易意愿高；偏远地区则经济发展水平落后，交通不便，耕地分散，传统的农业耕作方式效率低费时费力，难以形成规模经营。不同的经济发展水平和地理位置造成了我国农地流转的流转规模、流转速度、流转价格等区域差异化明显。

（1）流转规模和速度的差异性。自农村土地"三权分置"改革，提出放活经营权以来，农村承包地流转增速平稳，据农村经营管理统计资料显示，截至 2017 年 6 月底，全国家庭承包经营耕地流转面积 4.97 亿亩，比 2016 年年底增长 3.8%，比上年同期增长 8.1%；流转率 36.5%，比 2016 年年底提高 1.4 个百分点。[1] 在整体向好的情势下，依然存在区域不均衡的现象，西部地区的农地流转规模和速度远远低于东、中部地区。据《中国农村经营管理年报（2015）》统计，截至 2014 年年底，家庭承包耕地流转比重超过 35% 的 8 个省（市）分别是：上海（71.5%）、江苏（58.4%）、北京（52.0%）、黑龙江（50.3%）、浙江（48.0%）、安徽（41.0%）、重庆（39.7%）、河南（37.1%），均为经济发达省份或农业大省，而西部地区的陕西、甘肃、云南、宁夏的流转比重则分别为 15.6%、20.4%、17.0%、23.0%，远远落后于东、中部地区。截至 2017 年 11 月，作为农业大省的湖南省双峰县土地流转总面积达到 31.5 万亩，流转度为 45%，其中，500 亩以上的流转大户 38 户，1000 亩以上的流转大户 25 户。

（2）流转价格的差异性。目前，我国农地经营权流转还处于试点阶段，农地经营权流转市场初步形成，对农地流转价格国家没有统一定价，多是由政府根据当地情况定期发布政府指导价，造成实践中不同区域农地经营权流转价格差距悬殊，无法形成全国性的价格标准。受农地自身状况、经济环境和政策环境等因素的影响，各地农地经营权流转价格不一，其中：2016 年上海土地流转平均价格最高，为 3240 元/亩，海南为 2630 元/亩，北京为 2371 元/亩，河北为 450 元/亩，云南为 360 元/亩，价格最低的是江西 340 元/亩，和上海的土地流转平均价格相差接近 10 倍，甚至同一县不同乡镇的土地价格也存在差异，如黑龙江省佳木斯市桦川县的水田价格，中部的创

---

〔1〕 农业农村部：《2017 年年中农村经营管理基本情况报告》，载搜狐网：http://www.sohu.com/a/231163371_611279，最后访问日期：2018 年 8 月 15 日。

业乡和星火乡平均流转价格为10000元/亩，南部的四马架镇则只有7000元/亩[1]，为建立全国统一的农地流转市场增加许多工作和困难。

(二)农地评估系统中存在的问题

1.缺乏专业的评估机构

目前我国农地流转价格的形成机制主要包括三种模式：一是农户自主定价，主要存在于有农地流转意愿的农户之间自行交易的情形，一般情况下存在于地域较近的同村或同乡之间，由于传统的人情因素，此种情况下农民大多不会对流转土地请专业的评估机构对农地进行评估，流转价格很低，甚至有免费流转的情况。二是参考政府指导价，政府指导价分为两种：一种是政府直接针对不同等级的土地制定参考价格；另一种是由政府成立的专门管理农地流转的部门进行评估给出指导价，比如宁夏平罗县，政府对不同地质的土地制定了具体的参考价格，价格从最低的550元/亩到最高的750元/亩不等。三是第三方机构定价，第三方机构包括金融机构、中介机构与政府引入的第三方评估机构。政府引入第三方评估机构根据农地具体情况，结合当地经济发展水平和一系列影响因素，对农地流转价格进行评估给出参考价格。除评估机构外，农民选择在某些中介机构进行流转时，则由中介机构进行评估。从以上三种农地流转价格形成机制可以发现，目前我国农地流转市场的评估主体主要存在两大问题：

(1)缺乏专业的评估机构。专业的评估机构和评估人员是保证评估结果权威可信的前提，目前很多地区的农地流转评估工作都是由政府牵头成立的综合性管理机构完成，由政府公职人员兼任农地经营权价值评估人员，缺乏专业性。例如：宁夏开罗县的农村土地经营管理制度改革服务中心，该中心在负责开罗县农地流转评估工作的同时还承担着贷款担保、抵押登记、抵押物处置等职能，并非专业的评估机构；宁夏同心县也没有专门的农地经营权价值评估机构，其评估工作主要依赖于合作社内部成员的议定机制；福建明溪县在农地经营权抵押贷款中，贷款申请人在申请备案登记后，由其申请办理贷款的金融机构对农地经营权价值进行评估，造成农地流转价值远低于其实际价值；山东枣庄虽成立了枣庄市农村土地资产评估事务所，但业务种类繁多，包括农地收益评估、农村土地使用权中介服务、资产评估服务、房地产中介服务、财务咨询服务，而农地经营权价值评估是一个十分复杂的综合性工作，农地收益仅是其中一个评估指标，并不等同于农地经营权价值。

(2)即便成立了专业的评估机构，但没有专业的评估人员，名不副实，依然需要引入专业评估人员进行评估。实践中，有些试点虽然成立了专业的农地经营权价值评估机构，但并不具备专业的评估人员，在进行农地经营权价值评估的时候依然需

[1] 《2018年土地流转多少钱一亩？影响价格的因素有哪些?》，载土流网：https://www.tuliu.com/read-71832.html，最后访问日期：2018年12月20日。

要引入第三方进行评估，并无实质意义。开远市成立了专门的农村土地流转评估中心，但是并无专业的评估人员；山东枣庄市是早期农地经营权流转改革试点之一，早在2009年便成立了枣庄市普惠农村土地资产评估事务所，其所作评估报告实际上是由三农服务中心的政府工作人员邀约农业专家所作〔1〕；湖南新田县的农地经营权价值评估工作包括多种模式，除承贷银行内部定价、借贷双方协商定价、政府平台定价外，在进行市场评估定价时一般引入第三方评估机构或由银行与土地流转中心成立评估委员会进行评估，自身均不具备精通农学、经济等各个领域的评估专家。

2. 缺乏统一的评估机制

2003年，我国颁布了《农用地分等规程》、《农用地定级规程》和《农用地估价规程》三个国家行业标准，尚未建立科学统一的具体技术标准和国家准则，各地均处于试点摸索阶段，农用地经济价值估价主要采用成本逼近法、市场比较法、收益还原法、基准地价系数纠正法、剩余法等，这些评估方法都各有利弊，需要根据实际情况进行矫正，其具体评估标准如何，何种情况下适用何种评估方法，并没有全国性的统一规定，实践中各地没有形成统一评估机制，评价规则混乱，随意性比较大，造成农地流转价格无法反映其真实价值。

成本逼近法是从经济学原理分析，在农地经营权流转中，转入者会以自己对转入地进行开发所需要的成本为标准，转入价格不能高出该标准，转出者则以自己对该农地进行开发所花费的成本为标准，转出价格不能低于该标准，双方需要协商一致使农地流转价格趋于正常成本。市场比较法以替代原理为理论基础，在农地经营权流转过程中，转入者和转出者都会参考近期农地流转市场中类似土地的成交价格，分析比较参照土地与被评估土地之间的具体差异进行调整，得出评估结果。收益还原法是指在农地经营权流转市场，转入者会根据市场行情估算自己所需要投入的成本以及未来可获得的合理预期利益，利用土地还原率得出评估结论。以上三种方法是实践中较常采用的评估方法，除此之外还有基准地价系数纠正法、标准田法、评估分法等。

在各地的试点实践中，对于农地流转的价格评估各地做法不一，未形成统一的评价机制。以农地抵押贷款为例，宁夏同心县的评估机构是乡镇农村经营管理部门，针对不同地块没有制定确切的参考价格，只有一个大概的参考范围，如原则上中等地质以上的农地经营权流转价格不高于3000元/亩，土地经营权评估价值 = 年租地平均收益 × 经营期限 + 地上种养物价值；宁夏平罗县则针对不同地块制定了具体的参考价格，价格从最低的550元/亩到最高的750元/亩不等，每年上调10%，土地承包经营权价值 = 每单位面积土地参考价格 × 土地面积 × 承包剩余年限；湖南新田县的土地承包经营权价值 = 年均土地净收益 × 土地剩余经营年限，福建明溪县的评

〔1〕 参见赵金颖等：《威廉姆森分析范式下农地经营权抵押贷款问题研究——以山东枣庄为例》，载《国土与自然资源研究》2016年第1期。

估方法和宁夏同心县类似,土地承包经营权价值=年租地平均收益×经营期限+种养物价值。这就造成了不同地区类似土地承包经营权价值计算方法不同最终评估结果也不尽相同,区域之间无法形成较为统一的评估方法,为打造全国性的农地流转市场造成阻碍。

3. 缺乏专业的评估人才

农地经营权价值评估涵盖农业学、植物学、经济学、法学、建筑工程学等各个领域,是一个复杂而综合的系统,如农地的经济价值评估,无论是采取何种方法,均要对农地的土壤、农作物的产出、农产品的市场价格、农地基础设施、地理位置、所处区域经济发展水平等诸多因素作出评估,要求评估团队中的评估人员对自己相关领域有较高的专业素养和丰富的实务经验。我国农村“三权分置”改革正处于试点探索阶段,对于农地经营权价值评估无论是市场、配套设施还是人才储备均刚刚起步,在学校教育、人才培训方面处于短板,受过正规培训的高素质评估人员稀缺,人才缺口大,难以满足当前农地流转市场的需求与发展。

我国目前的农地经营权价值评估多由政府成立的综合性管理机构邀请相关专家进行,其自身组成成员为政府公职人员,并不具备专业的农地经营权评估知识。例如,宁夏开罗县的农村土地经营管理制度改革服务中心,其农地经营权价值评估工作由政府公职人员完成;同心县则由合作社内部成员议定;开远市虽成立了专门的农村土地流转评估中心,但缺乏专业的评估人员;枣庄市成立了枣庄市普惠农村土地资产评估事务所,但其企业注册信息中的经营范围仅为农村土地收益评估、农村土地使用权中介服务,无法满足当前农地流转市场对农地经营权价值评估的需要。农地收益只是农地经营权价值评估诸多评估指标中的一种,无法反映农地经营权的真实价值,评估人才的紧缺造成农地经营权价值理论上和实践中差异较大,评估结果价格过低,无法反映真实价值,使农民的权益无法得到保障。

目前我国的评估师主要包括注册资产评估师、房地产评估师、土地估价师等六大类,注册资产评估师按照《资产评估准则》对机器设备、企业价值等资产进行评估,土地估价师依照《城镇土地估价规程》对城镇建设用地价格进行评估,从业务范围和操作经验来说现有的和土地有关的评估师均无法完全胜任当前的农地经营权价值评估工作,实践中相关机构常常邀请农学专家参与评估,但农学专家仅对其相关领域擅长,可以对农地等级、农作物产出等进行评估,但对其市场价格却并不熟悉,因此农地经营权价值评估是一项跨学科、跨领域的专业性极强的工作,需要各个领域的专家学者、评估师、政府部门通力合作,作出科学精准的评估报告。

(三)农地评估体系的构建

1. 建立权威的评估机构

权威的评估机构是农地经营权价值评估结果客观科学的前提,目前我国农地流转市场处于杂乱无序状态，农地流转价格过低，极大地打击了农民流转土地的积极性，亟须建立独立、权威的评估机构，以保障农地流转价格科学合理，推动农地流转，改善当前农地流转市场乱象。

首先，设立独立的农地经营权价值评估机构，采用PPP(Public-Private Partnership，政府和社会资本合作)模式，政府和社会资本合作，成立一个政府与专业评估机构均参与其中的专业农地经营权价值评估机构。从1995年中国引入PPP模式至今，该模式已经进入规范化阶段，有诸多成功案例和操作经验。该模式的优势在于可以优中选优，从诸多评估机构中选出最具核心竞争力的评估机构，请专业的人做专业的事，提高评估效率和质量，同时保证政府的监督引导，起到一定的约束和激励作用。此外，我国智慧法院建设也为设立此种类型的农地经营权评估机构提供了有益借鉴，在互联网和人工智能席卷全球的大趋势下，全国各地法院均与社会资本合作，建立了电子法院、人工智能机器人等，如河北电子诉讼法院平台和吉林电子法院均由北京华宇信息技术有限公司提供技术支持，社会资本的加入为我国智慧法院建设提供了必不可少的技术支撑，同样农地经营权价值评估机构也可以引入社会资本，试点成功之后向全国范围推广。

其次，该农地经营权评估机构的遴选应公开公正公平，设立一定的门槛，建立科学的内部管理机制和复核机制，加快建设农地流转信息平台。为避免出现过去空有评估机构没有专业评估人员的尴尬局面，参与竞选的评估机构在各个相关领域如农学、植物学、建筑工程学、经济学等至少具备1～2人组成评估团队，如此大广度的跨学科、跨领域工作要求评估人员具备所有专业技能显然是不现实的。政府在评估机构中要发挥应有的支持、引导和监督作用，建立科学的内部管理机制，进一步规范评估机构的职能和活动，合理划分职责范围，不能缺位，亦不能越俎代庖，使评估机构能够作为"独立第三人"客观公正的作出科学的评估结果，阳光是最好的防腐剂，为了保证评估结果的科学合理，应建立评估报告复核机制，并记录在档，加快建设农地流转信息平台建设，将评估报告上传至该平台，使农地流转价格公开、透明，以起到规范和约束作用，同时，也能让农民了解到更多的农地流转信息，改善当前信息不对称现象，促进农地流转。

2. 制定科学的评估机制

目前我国农地流转市场初步形成，除《农用地分等规程》、《农用地定级规程》和《农用地估价规程》三个国家行业标准外，各地制定了一系列不同的指导意见和评估标准，各种评估方法各有利弊，且评价指标难以精确计量，且实践中重经济价值，对生态价值和社会价值往往忽视不计，导致农地流转价格过低，不能反映其真实价值，亟须制定一个全国性的科学统一的评估机制。

首先，应完善农地价格构成体系，囊括其经济价值、社会价值和生态价值，在完善农村社会保障体系的基础上,降低农村土地的社会价值。在我国农村,农民有浓厚的土地情节,不仅因为土地可以为其提供收入和粮食,更重要的是土地承载着重要的社会保障功能,无论农民选择从事养殖业、进城务工或者其他行业,只要有土地在,就有一条退路和最后的保障。以往的农地经营权价格评估重经济价值,忽略了农地的社会价值和生态价值,使农地流转价格严重低于其实际价值,因此有必要重构农地价格体系,对于农地的经济价值,实践中多采用成本逼近法、市场比较法、收益还原法等,其中收益还原法运用最多,多地已经形成了相似的评估方法。而社会价值和生态价值在土地评估中一直被忽略,社会价值包括社会保障价值和社会稳定价值,就社会保障价值一般按照当地政府部门制定的社会保障标准确定,社会稳定价值评估主要有耕地开垦费法和粮食量法,但都不是非常合适且相对简单,生态价值评估也没有比较成熟的计算方法,因此亟须对农地的社会价值和生态价值评估进行试点实践,完善农地评估方法和农地价格构成体系。

其次,对评估目的、土地等级、评估程序、评估指标以及修正系数等制定全国性的评估标准和具体的技术指引,规范农地流转市场,形成科学统一的评估机制,使农地经营权评估工作有据可循。因地制宜,科学选择评估方法。以评估方法为例,成本逼近法只考虑了农地开发所需要的成本而忽视了农地的巨大价值及其所带来的收益,市场比较法参考类似土地近期的市场交易价格,普遍被交易双方接受,但运用该方法的前提是有一个比较活跃的市场,我国农地流转市场仅初步形成,尚未形成成熟的价格机制和评估指标体系,无法提供参考,收益还原法尽管受未来不确定因素的影响,预测难度大,相对来说农地的投入成本、生产资料和农产品的价格都易于确定,可以用货币来衡量,实践当中运用较多但也容易造成土地价格被低估。因此,对于农地经营权价值评估不应拘泥于某种方法,要因地制宜,采用适合的评估方法,如对新开发的土地可以适用成本逼近法,对于小规模流转的土地可以适用收益还原法,在市场发育成熟的地区可以适用市场比较法,而大规模流转则必须采用复杂的模型对多种影响因素确定权重,不宜采用过于简单的收益还原法等。

3. 培养专业的评估人才

专业的评估人才是建立权威的评估机构和评估机制的必要前提,当前农地经营权价值评估人才急缺,实践中多由政府部门邀请相关评估机构或者专家学者完成,亟须培养一批了解农村、熟悉农地经营权价值评估的专业人才,确保农地流转价格科学合理,推进农地流转市场有序发展,搞活农村经济,增加农民收入,为农村“三权分置”改革储备人才,提供智慧支撑。

首先,政府部门应鼓励相关高校培养一批熟悉农地流转价值评估的专业人才,建立农地经营权价值评估实习基地,学生在实习期表现合格可直接到政府与社会资本合作的评估机构工作,为农地流转储备人才。当前我国的大学教育普遍存在理论与实践脱节的现象，导致很多毕业生在学校学习的理论知识和参加工作后遇到的实际情况差距很大，无法快速适应工作节奏，如法学专业，国内不少大学重理论轻实践，而法律实务中遇到的案件和问题要比理论中复杂疑难得多，农地经营权价值评估工作同样如此，其评估体系纷繁复杂，包括诸多子系统，需综合农地地质、农作物产出及收益、所处区域位置、气候条件、剩余承包期限等诸多评估指标进行衡量，需要扎实的理论功底与丰富的实务经验，因此必须在从高校抓起，进行人才储备。

其次，政府部门要积极引导评估公司参与农地经营权价值评估，发挥行业协会作用，扩大具备农地经营权价值评估资质的土地估价师进行再教育的地域范围和人员数量，引进相关领域的专家学者，进行定期培训和学习，严格考核制度，杜绝形式化，真正培养出一批跨学科跨领域评估人才。目前我国现有的六大类评估师中，对城镇建设用地进行评估的土地估价师虽与此相关，但和农村土地经营权价值评估分属不同体系，并不具备应有的专业素养，无法胜任评估工作，因此开展了全国土地估价师继续教育活动计划。据统计，2016 年度全国范围内参与农村土地流转及价值评估再教育的土地估价师有 211 人，其中河北 6 人，3 人挂靠承德乾圆土地评估有限公司，其余 3 人挂靠公司分别位于廊坊、邢台、保定，仅 24 学时，由北京房地产估价师和土地估价师与不动产登记代理人协会承办，存在区域分布不均衡、学时短等问题，恐难满足农地经营价值评估所要求的知识储备与专业素养。

二、完善农村社会保障体系

2017 年年末，我国 13.9 亿人口中有接近 6 亿农民，占总人口数的 41.48%，在人口老龄化不断加剧、物价飞涨的背景下，完善农村社会保障体系是保障农民基本生活，维护农村稳定，促进农地流转的重中之重。在我国农村，农民有着浓厚的土地情节，土地不仅是农民进行农业生产的物质基础，在农村社会保障体系不健全的情况下，土地发挥着重要的社会保障功能。医疗和教育支出常常使普通的农民家庭入不敷出，面临巨大的经济压力，很多农民选择进入城镇发展抑或从事其他职业，即便对土地进行粗放经营也不会将其流转，对土地依赖程度高。土地依然是农民生活、就业、养老的最后一道保障，在农民眼中，土地的保障功能远远超出其经济价值，对于农地流转心存疑虑，担心农地流转之后失去最后一道“保命符”，出现流转纠纷、四至不清的情况，流转意愿不强，亟须完善农村社会保障体系，弱化农村土地附着的社会保障功能，降低农民对土地的依赖程度，推动农地流转市场健康、有序发展。

（一）完善农村社会保障体系的现实制约

1. 城乡二元结构影响大

城乡二元结构在我国由来已久，中华人民共和国成立初期，为了迅速恢复国民经济，集中力量发展工业，我国实施了一系列农业支持工业、农村支持城市的政策与制度,长期以来农业和农村一直为了工业和城市的发展做出了巨大的贡献,各种资源和政策均向城市倾斜,且后期不断被稳固和强化。第一,工农产品“剪刀差”,提高工业产品价格、压低农产品价格,1997 年,中国农产品价格低于其价值至少 34%,工业品价格高于其价值至少 19.6%,农民交售农产品、购进农业生产资料和生活消费品三项共计 355 亿元,相当于 1977 年国家财政收入的 1/3。[1] 第二,农业集中生产和统购统销制度,为了更好地支持工业化,组织农业进行农业合作化和人民公社化,对农产品实施强制的统购统销制度,由粮食部门领导,不允许私人私自经营。第三,控制要素流动保证工业和城市的发展,计划经济时代结束后,劳动力和资本等要素开始在城乡间流动,通过户籍制度以及与城市配套的社会保障制度、劳动就业制度、城市福利体制等使城乡二元结构深化,吸引农村资源向城市流动,而农村和农业长期积弱,在社会保障、福利待遇等方面远远落后于城市,很难吸引到人才和投资,这也是我国“三农问题”难解决的根源。

根深蒂固的城乡二元结构和倾斜政策使农村在经济水平、社会保障、医疗教育等方面远远落后于城市,农村社会保障体系存在覆盖面小、城乡差距大、区域发展不均衡等问题,据《中国统计年鉴》统计,2016 年城镇居民人均可支配收入为 33616.2 元,农村居民人均可支配收入为 12363.4 元,相差近三倍,且农村社会保障支出占财政支出比例偏低,国家将 80% 的财政支出投入到人口只有 40% 的城市,导致农村社会保障体系不健全,农民无法和城镇居民一样享受到发展带来的成果,依然面临着“上学难,看病难”的问题,而想打破现状,均衡城乡社会保障支出,势必要触动现有阶层的利益,增加国家财政支出压力,不可一蹴而就。

2. 农村人口老龄化严重

老龄化时代的到来,宣示着农村养老将由传统的家庭养老向社会养老转变,政府在社会养老方面应肩负起更大的责任,完善农村社会保障体系,使农民“老有所依,老有所养”。在人口老龄化速度不断加剧的背景下,老年人口快速增多,农村的贫困特点也发生了深刻变化,农村的老龄化程度不断加剧,明显高于城市,且中、西部的老龄化程度高于东部地区,老龄化指数和老年抚养比不断上升。这些留守农村的老龄人口丧失劳动能力,无法再进行农业生产,即便进行农地流转,但目前农地流转价格过低,一般在每年一亩几百元到一千多不等的价格,无法维持老年人的基本生活,土地所附着的社会保障功能无法实现,给农村社会保障体系的完善和实施带来巨大的财政压力,需要比以前高得多的资金投入才能保障其基本生活。

据《中国统计年鉴》数据显示,2016 年我国 65 岁以上人口由 2015 年的 14386 万人升至 15003 万人,占总人口比重也从原来的 10.5% 上升至 10.8%,15~64 岁的人

---

[1] 李炳坤编著:《工农业产品价格剪刀差问题》,农业出版社 1981 年版。

口则由2015 年的 73.0% 降至 72.5% ,近五年来青壮年人口数量不断下降,老年人口数量不断上升,人口老龄化加剧。由于近几年来粮食价格持续下跌,农民仅靠务农收入过低,面对物价飞涨和医疗教育等家庭支出的巨大经济压力,青壮年大多选择进入城镇发展,儿童和老年人留在农村,造成了许多"空壳村"出现。据统计,55.85 万个村级集体经济组织中经营性收益低于 5 万元以下的占比达 85.1% ,其中无经营性收益的"空壳村"占比高达 51.5% 。当土地无法再发挥其社会保障功能为老龄人口带来满足基本生活的收入时,农村社会保障体系的健全成为保障农民基本生活、维护农村稳定的必要手段。

3. 农民传统生活保障观念根深蒂固

长期以来,受自给自足的小农经济以及我国几千年封建文化的影响,加之中华人民共和国成立初期农业支持工业、农村支持城市的城乡二元结构积重难返,农民已经习惯了牺牲者、奉献者的角色,具有较强的顺从性与容忍性,对国家和社会并无太多要求,缺乏应有的权利意识与利益表达意识,参保意识不高,形成了"养儿防老"的家庭养老模式和重男轻女的观念。一直以来,农民承担着与城镇居民完全不平等的义务,但是在教育、就业、社会保障等方面享受到的公共服务却十分匮乏。目前我国并没有建立对农民的职业教育与培训机制,进城务工农民子女的教育问题难解决,由于缺乏应有的职业技能与素养,大部分农民都在从事社会最底层的工作,截至2017 年,全国农民工总量 28652 万人,外出农民工 17185 万人,因很难获得较好的工作机会,在年老或因疾病丧失劳动能力后只能返乡务农,因此土地才承担着农民的就业、养老等社会保障功能。

正是由于农民权利意识与利益表达意识的缺乏,以及受从众心理、"搭便车"心理的影响,农民对于其自身迫切需要的社会保障需求并未积极争取,同时,大多数农民受教育程度低,语言组织能力和表达能力有限,也没有类似于工会、工商联等农民群体组织为其发声,久而久之,农民也丧失了诉求欲望,"养儿防老"式的家庭养老观念越发深入人心。但随着时代变迁和经济发展,大多数农民的孩子通过读书或工作进入城镇发展,不会再回农村,而农民有着浓厚的乡土情结,不愿意也无法适应城市生活,大多数老年人选择留在农村,家庭养老模式无法再发挥作用,农村社会保障体系面临严峻考验。

(二)农村社会保障体系存在的问题

1. 政府社会保障职能缺位

保障农民的基本生活是国家的基本义务,政府是社会公共利益的提供者、社会公正和社会秩序的维护者,一个富强民主文明和谐美丽的社会主义现代化强国应该让每个社会成员尤其是农民能够有尊严的活着,让每一个人都能享受到社会发展带来的成果。一直以来,国家政策向城市倾斜,政府在农村社会保障体系的建立健全中存在严重的职能缺位,未能起到应有的支持、引导、监管作用。

首先,政府在农村社会保障体系中缺少财政支持。政府的资金支持在任何一个社会保障体系健全的国家都是主要的资金来源,这是由社会保障的公共性、福利性、长期性和资源消耗性决定的。中华人民共和国成立以来,为了快速实现工业化和城市化,制定了以牺牲农村利益为代价的农业支持工业、农村支持城市政策,农民不仅成为改革和发展中最主要的利益受损者,也没有享受到政府给予的政策红利,相反,城乡二元经济制度和户籍制度导致农村和城镇社会保障体系二元化,国家财政支出对城镇社会保障体系的支出远远高于对农村社会保障体系的支出,据统计,农村社会保障投入只相当于城市的1/8,农村人均国家社会保障投资仅为城市的1/30〔1〕,加之一些地方政府重经济发展,长期忽视社会保障体系建设,财政支持严重缺位。

其次,政府在农村社会保障体系中未发挥引导作用。由于根深蒂固的传统保障观念、受教育程度低、获取信息渠道少等问题,农民并未认识到时代更迭给传统小农经济带来的风险,很多农民甚至不知道农村社会养老保险,没有参保意识,心存疑虑,因此需要政府发挥引导作用,对农村社会保障的法律和政策进行宣传,引导农民投保。据中国社科院调研统计,被调查的农民中,32.2%的人知道农村社会养老保险,67.5%的人不知道,在知道的人中,24%的人参加了社会养老保险,73.1%的人没有参加。〔2〕

最后,政府在农村社会保障体系中存在监管缺位。社会保障制度具有天然的追求公平的特质,权力是一把“双刃剑”,在给予政府天然的组织领导者的身份的同时,也容易滋生腐败。农村社会保障涉及人员广、范围大、资金多,在缺少监管的情况下,很容易出现追求小集体利益、贪污、挪用国家社保基金的“寻租”现象。据媒体曝光,有些贫困的低保户并非真正的贫困户,而是村干部利用职权为自己的亲戚或朋友谋取利益,有些真正的贫困人口反而没有得到国家扶助,有些干部甚至挪用、截留国家的社保基金。政府部门对农村情况了解不多,农民对社会保障具体情况又知之甚少,真正享受到的补助只是很少一部分,农村的社会保障体系缺少监管机制和责任追究机制,使一些干部怀有侥幸心理,铤而走险,侵害农民权益。

2. 农村社会保障体系落后

目前我国的社会保障体系主要由社会保险、社会福利、社会救助和优抚安置四部分构成,其中社会保险是我国社会保障体系的主要部分,包括养老保险、医疗保险、失业保险、生育保险。我国社会保障体系的建立是随着工业化和城镇化建立健全的,传统自给自足的小农经济以家庭为生产单位,以个人保障和家庭保障应对生

〔1〕 柴振国等:《农民财产权视阈下的农地经营权流转制度创新》,中国检察出版社2017年版。

〔2〕 葛庆敏等:《农村社会保障体系建设中的政府角色及其实现的法制保障》,载《现代法学》2011年第6期。

产生活中产生的风险，而城镇在工业化过程中，家庭不再是主要的生产单位，养老、医疗、工伤、教育等问题愈发社会化，家庭保障和个人保障无法再应对工业化和城市化带来的风险，在国家政策的倾斜下，城镇迅速建立起较为健全的社会保障体系，相比之下，农村社会保障体系覆盖范围小、覆盖数量小，不仅没有推进农村现代化，甚至成为发展智慧农业、推进农地流转的阻力。

首先，我国农村社会保障体系覆盖范围小，主要体现在和城镇社会保障体系相比，不仅保障项目少，且同一项目下保障范围小。由于一直以来国家对城镇地区的政策倾斜，城镇社会保障体系建立早且较健全，仅社会保险制度就包括养老保险、生育保险、失业保险，而农村的社会保障体系主要由新型农村医疗合作保险制度、新型农村养老保险制度和最低生活保障制度三部分组成，且支出内容单一。以养老保险和医疗保障为例，城镇社会保障体系中的企业职工养老保险包括基本养老金、丧葬费、抚恤费等内容，而农村社会养老保险金则只有基本养老金，城镇基本医疗保险包括疾病治疗费用补偿、门诊费用补偿等，新型农村合作医疗则只包含疾病治疗费用，不包括门诊费用补偿。

其次，我国农村社会保障体系覆盖数量小，主要体现在覆盖率低和失地农民、农民工社会保障缺位。城镇社会保障体系建立早也较成熟，基本覆盖了所有的企业、机关事业单位和居民，而农村社会保障覆盖率远远低于城镇，据人力资源和社会保障部2016年年底发布的数据显示，城乡养老保险的覆盖率达到95%，医疗保险覆盖率达到91.5%，农村养老保险平均覆盖率50%，在个别贫困地区不足25%，外出务工的农民工养老及医疗保险覆盖率不足30%。[1] 我国社会保障体系是以户籍制度为基础建立的，城乡二元分化，在农地流转和人口流动过程中，失地农民转为城镇居民，需要重新购买城市社保，而农民工由于长期在城市打工户口却在农村，无法享受城镇社会保障，面临着就业、医疗、教育的巨大压力，长期以来没有得到解决。

最后，我国农村社会保障体系没有为失地农民提供各方面保障，尤其是就业保障，成为加快农地流转、发展智慧农业的阻碍。在农地流转过程中，被征收土地的农民城镇化，这意味着之前其所缴的农村养老保险等无法再享受，必须重新缴费加入城镇社会保障体系，对失地农民来说意味着一笔损失，对于将农地流转出去的农民来说，目前的农地流转价格远远不能满足其日常所需，就业问题是摆在失地农民面前最大的难题，但我国农村还没有建立健全的农民就业保障，导致农民除了从事农业生产外就业难、收入单一，加重了农民对于土地的依赖性，阻碍了农地流转。

3. 农村社会保障管理机制混乱

受城乡二元经济结构和户籍管理制度的影响，我国农村社会保障体系和城镇社

〔1〕 张心田：《我国城乡社会保障有哪些差异，如何统一》，载《保障论坛》2017年第6期。

会保障体系也是两个完全独立的系统。城镇社会保障体系早在1999年便成立了劳动和社会保障部,形成了统一的城镇社会保障管理体系;而农村社会保障体系尚未形成统一规范的管理机制,管理机制混乱,在横向管理上存在多头管理、互相掣肘的问题,在纵向管理上中央和地方责任区分不明确、事权分配不合理,大大降低了农村社会保障体系运行的效率和效果。

首先,在横向管理上,农村社会保障体系并未形成统一化的管理机制,而是把各个项目分割给不同部门进行管理,如新型农村合作医疗保险由卫生部管理,农村最低生活保障制度等社会救助由民政部门负责,社会养老保险则由社会保障部门和人力资源部门共同管理,各个部门之间协调工作欠缺,相互掣肘,各自为政,这种多头管理的模式造成了管理成本和基金风险的增高,部门之间权责不清,监督机制难以发挥作用。从某种角度上讲,政府也是经济人,只要其行动超出保护财产权、人身和个人权利等范围,政府分配不管在多大程度上介入经济活动,都会导致寻租活动,都会有一部分社会资源用于追逐政府活动所产生的租金,从而导致非生产性的浪费。[1]

其次,在纵向管理上,在农村社会保障体系的管理运行中,依然没能避免中央政府与地方政府之间财权上移、事权下移,财权与事权分离的问题。目前,政府在公共产品供给上呈现出严重缺位即对社会保障、农业、教育等投入不足,各级政府事权分配不合理,“上下不清”,在社会保障领域,中央与地方政府之间职责不清,各自财政分担比例模糊,且垂直的行政命令体系经常会对各级政府发出指令或设置考核目标,但相应的支出责任则由各级政府自行承担[2],事权在下而财权在上,在农村社会保障体系中,主要责任包括财政支出落在县、乡等基层政府身上,但其不拥有与其事权相对称的财权,中央和省级政府拥有过多财权却承担着较少的提供责任,导致农村社会保障供给不足、不稳定等问题长期存在。

(三)农村社会保障体系的完善

社会保障体系作为一项公共福利应由政府承担主要责任,这是由其公共性、长期性、耗资性决定的,当前,农村社会保障体系虽已初步建立,但存在严重的财政投入不足及监管不力,导致农村社会保障体系覆盖种类少、覆盖数量少等问题长期存在,政府作为领导者、建设者、公共产品的提供者,应明确政府职能,加强对农村社会保障体系的引导、支持、监督,扩大覆盖面,加快对老龄人口、农民工尤其是失地农民等特殊人群提供就业、医疗、养老等基本保障,同时,各级政府、各部门之间应加强协调协作,做好各个项目、各个区域之间的衔接工作,完善农村社会保障体系,推动农地流转、农业现代化,缩小城乡差距,让农民也享受到发展的成果。

---

〔1〕 林毓铭:《社会保障与政府职能研究》,人民出版社2008年版。

〔2〕 宋立:《政府事权、财权划分问题研究》,载《经济要参》2005年第38期。

1. 明确政府职能

农村社会保障体系的完善是一项长期且稳定的工程，政府作为社会福利的提供者、社会公正的维护者，在现阶段我国城市化和工业化已取得一定成果的前提下，应明确职能，切实贯彻“工业反哺农业、城市反哺农村”政策，高度重视农村问题，加强对农村社会保障体系的引导、支持、监督，尤其要增加财政投入，进行实质性的资金支持，解决资金不足的核心问题，完善农村社会保障体系。

首先，政府应加大对农村社会保障体系的财政投入，稳定的资金来源是完善农村社会保障体系的前提与核心。调整财政投入应从两方面下手：一是逐步增加社会保障支出在国家财政总支出中的比例，减少行政事业性经费支出，将政府的社会保障支出责任制度化，政府是社会保障的责任主体，有责任在社会保障基金不足时通过国家公共财政资金为因失去劳动能力、疾病等各种原因生活困难的农民提供最基本的生活保障；二是各级政府应调整财政支出，加强对农村社会保障体系的财政支持，破除城乡二元结构，在逐步完善农村社会保障体系的基础上缩小城乡社会保障水平差距，完善农村社会保障基础设施，如医疗设施、养老设施，推进农村社会保障服务体系建设，以信息化促现代化，依托村、乡、县三级信息服务网络，建立农民个人社会保障终身账号，实现全国信息互通共享，使农民可以方便快捷地了解社会保障政策及个人信息。

其次，政府应加强对社会资本、政府工作人员、农民各方的引导，吸引社会资本投资，提高政府工作人员的服务意识和综合素质，引导农民积极参加社会保障，保障社会保障体系运行效率和质量。社会保障支出具有长期性、公共性、耗资性，政府作为责任主体应在承担主要财政责任的同时引导社会资本如企业和民间组织进入社会保障领域，形成以政府财政支出为主、以多元化筹资为辅的农村社会保障资金常态化供应机制和支撑体系，为农村社会保障体系的完善提供持续稳定的资金来源。目前，由于农民自身局限性以及政府工作人员组织宣传工作不到位等原因，农民对社会保障体系了解不多，投保意识差，政府应提高基层工作人员的服务意识和综合素质，深入农村，对农村社会保障体系的法律规定、相关政策进行组织宣传，让农民认识到参保的重要性，提高参保意识。

最后，政府应建立完善的监管考核体系，建立有效的监管问责机制，形成社会监督以及政府内部监督相结合的监管体系，将农村社会保障体系建设成效纳入政府绩效考核系统，鼓励、督促各级政府加速推进农村社会保障体系建设。政府作为农村社会保障体系的组织者、领导者、建设者，兼具裁判员与运动员的双重角色，应接受社会各界的广泛监督，要加强社会层面的权利意识与监督意识，鼓励和引导媒体、民间组织等进行监督，利用现代信息技术拓宽社会保障体系监督举报渠道，建立信息反馈机制，保证公众参与渠道畅通。由于社会监督缺乏行政上的隶属关系与有效的责任追究机制难以发挥最佳监督约束效果，必须建立行之有效的政府内部监督机制，设置专门的监督部门，对参与农村社会保障体系建设工作的具体部门及其工作人员以及其他参与人员进行监管，加强上级政府对下级政府、同级政府对参与社会保障体系建设的具体部门及其工作人员的监管，尤其是对农村基层组织加强监管，保证农村社会保障体系健康有序运行。

2. 推进农村社会保障体系建设

在我国，农村土地不仅能够为农民提供粮食和经济收入，更承担着重要的保障功能，长期以来农村社会保障的匮乏导致农民土地情结浓厚，担心农地流转出去之后失去生活最后一道保障，农地流转意愿不高，严重阻碍了农地流转市场的发展。完善和健全农村社会保障体系是弱化农民对土地的依赖程度，为转出农民解决后顾之忧，提高农民土地流转积极性的重中之重。中央政府与地方政府应相互配合，加大对农村的政策倾斜，统筹城乡社会保障体系，缩小差距，让农民真正享受到改革发展带来的成果。

首先，应扩大农村社会保障体系的覆盖范围。和城市社会保障体系相比，农村社会保障体系不仅保障项目少，且同一项目下保障范围小，当前覆盖范围较广的新型农村合作医疗保险以及社会养老保险、最低生活保障制度项目显然无法满足农民对于教育、医疗、养老等基本生活的需要，今后在政策的制定上要优先考虑各社会保障项目对农村居民的覆盖，从面上把更多的农村居民纳入社会保障体系，以后再逐渐从人均量上的投入增加来改善其保障水平，以此缩小社会保障公共服务的城乡差距。[1] 为了推动农地流转，急需在现有医疗、养老保险项目的基础上增加农民职业教育培训、就业保障、流转补贴等项目，为将农地流转出去的农民实现非农就业提供基础。

其次，应扩大农村社会保障体系的覆盖数量，尤其是农村最低生活保障制度和农村养老保险制度的覆盖数量。扩大农村最低生活保障制度覆盖数量，逐步实现农村低保人口全覆盖和最低保金不断递增，确保特殊人群对土地流转的积极性。[2] 当前，我国农村地区依然分布着大量的特困人群，每个人均有权利，有尊严地享有最基本的公共服务，如医疗、养老、教育等基础服务，各省应根据本地区的经济发展水平、通货膨胀程度和物价水平等因素综合考虑，制定不同标准，将真正贫困但没有享受到低保的农民纳入进来，保障其基本生活。继续扩大农村养老保险的覆盖数量，农村社会保障长期以来处于缺位状态，农村居民“养儿防老”的传统观念根深蒂固，

---

〔1〕 潘怀明等：《贵阳市社会保障制度城乡一体化的平行对接问题研究》，载《贵州财经学院学报》2011 年第 4 期。

〔2〕 张晓娟等：《我国农村土地经营权流转障碍因素及政策启示》，载《财经理论研究》2016 年第 5 期。

加之政府对农村社会保障制度的宣传力度不够，农民参保意识差，要加大宣传力度，引导农民参保，使农村居民“老有所依，老有所养”。

最后，在逐步扩大农村社会保障制度的覆盖范围和覆盖数量的基础上，逐步提高农村社会保障水平，逐步缩小城乡差距，这将是一个长期而缓慢的历程。现阶段的农村社会保障水平无法真正满足农村居民的基本生活需求，以养老保障为例，农村养老金每月为117.33元，同期城镇职工基本养老金为2627.44元，相差22倍，而同期全国农村低保平均标准为312元〔1〕，很明显农村养老金无法保障农村老龄人口的基本生活，因此即便建立了农村社会养老保险制度，家庭供养和土地收益仍然是他们的主要生活来源。提高农村社会保障水平的关键是要有足够的财政支持，我国政府应尽快建立起高水平、多层次、多渠道的筹资机制，吸引社会资本进行投资，为农村社会保障体系的完善和发展提供长期且稳定的财政支持。

3. 完善农村社会保障管理机制

我国农村社会保障体系尚未形成统一规范的管理机制，现有管理机制混乱，在横向管理上存在多头管理、互相掣肘的问题，在纵向管理上中央和地方责任区分不明确、事权分配不合理，大大降低了农村社会保障体系运行的效率和效果。对此，各级政府应建立一个专门管理农村社会保障事务的权威机构，协调工作统一领导，理顺中央与地方政府在农村社会保障体系中的事权与财权，实现地方政府在事权、财权与社会保障责任的有机统一，形成一个制度化、法律化的长效管理机制。

首先，在横向管理上，为打破农村社会保障制度中多头管理、互相掣肘的局面，提高政府的组织协调和管理水平，在各级政府建立一个专门管理农村社会保障事务的权威机构，理顺各方关系，领导和协调各部门的工作。该机构的组成人员为负责不同社会保障项目的卫生健康部门、财政部门、民政部门、税务部门等部门的主要人员以及专家学者、农民代表，可由政府牵头设立。该机构在进行统筹管理的同时应加强监督，建立有效可行的监督约束机制，各部门应明确各自职能并有所侧重，促使各职能部门各司其职、分工合作、及时沟通，有效履行各自职责，降低管理成本，避免部门间因利益纠纷互相推诿、关系恶化。

其次，理顺中央与地方政府在各个社会保障项目上的事权与财权。根据社会保障项目的不同属性，合理划分事权以及与事权相匹配的财权，避免出现地方政府仅有事权却无财权的尴尬局面。明确中央政府与地方政府在农村社会保障体系中的职责与财政分担比例，形成制度化、法律化的长效机制，克服事权下移、财权上移的通病，逐渐实现地方政府事权、财权及社会保障责任的有机统一，调动各级政府推动农村社会保障体系发展完善的积极性，中央政府在下放财权的同时加强监督管理，

〔1〕 杨建海：《“三权分置”背景下土地养老的信托模式研究》，载《中国软科学》2018年第2期。

对地方政府起到监督约束作用，确保财政投入及时到位，防止地方政府的工作人为追求个人利益、小团体利益、地方利益而挥霍、挪用、贪污社会保障基金，确保农村社会保障财政投入及时到位。

三、加强政府政策扶持及监管

改革开放后，随着土地有偿使用制度的确立和完善，农村土地流转市场初步形成。在国家的大力扶持和推动下，农村土地流转市场从无到有、由小到大，对解决“三农”问题、优化资源配置、推动农业现代化具有重要意义，近年来取得了一定成效，但由于我国农地流转市场初步形成，地区差异明显，尚未建立起全国统一的土地市场，也未出台专门的法律法规进行规制，存在市场失灵的现象，市场机制无法完全发挥作用，导致农地流转市场混乱无序，严重侵害了农民权益。加之农村土地资源具有稀缺性，现阶段不能完全依靠市场机制和农民自身行为来推动农地流转，政府的介入是十分必要的。

（一）政府在农地流转中的地位分析

由于我国地域辽阔，人口众多，设置了五级政府架构，因此我国政府事权及其划分较为复杂。在农地流转中，中央政府、地方政府以及村民委员会的地位和作用有所区别，中央政府作为公共政策的供给者、粮食安全的保障者、农民权益的维护者，应为农地流转提供政策扶持、制度保障，同时为避免出现地方政府与基层村民委员会“寻租”现象，要加强监督约束，地方政府和基层村民委员会作为国家政策的执行者和农地流转中的服务者，应深入基层，引导、扶持农村土地流转，对流转主体、合同、程序等加强监督并及时对违法违规现象进行纠正处罚。

1. 农地流转市场的服务者

在我国农村，土地具有经济价值、生态价值、保障价值等多重属性，不仅可以为农民提供粮食和经济收入，更能为农民提供基本生活保障和非农就业外的最后就业保障。由于农民受教育水平低，综合素质差，即便进城务工实现非农就业，收入较低也不稳定，因此许多农民不愿意将土地流转出去，担心失去最后一道保障，因此农地流转意愿低，有的宁可撂荒也不流转，造成了农地资源的极大浪费。

农村土地经营权流转不仅涉及多方利益主体，其流转过程也十分复杂，需要确权、评估、签订合同等多道手续，而农村相对封闭，农民获得信息的渠道单一，对农地流转相关政策及法律法规的了解与接受程度不同，需要政府的积极引导与支持。政府工作人员应大力宣传农地流转相关政策及法律法规，纠正有些农民一旦流转出去自己就失去承包经营权的错误想法，打消他们的顾虑，调动农民流转土地的积极性，同时，也要积极引导新型农业经营主体如合作社以及企业、电商平台入驻农村，盘活农村经济。

2. 农地金融体系的扶持者

农村土地经营具有长期性、风险性及短收益性，因此农地流转转入方对于大规模转入土地有所顾虑，流转意愿不强。我国农地流转市场初步形成，尚未形成较为统一的农地评估标准和方法，农地流转价格无法反映真实价值，同时由于农地的不可移动及模糊的产权权属，涉农金融机构的涉农信贷投放、放款意愿低，导致农民农地经营权抵押贷款额度过低，甚至无法成功申请贷款，政府作为公共服务的提供者、农地流转政策的实施者有必要对农村土地流转加大扶持力度，鼓励农地流转，给予财政支持与补贴，推动农地流转市场健康有序发展。

农地金融体系是一个庞大复杂的工程，政府在其中发挥着至关重要的作用。在农地流转过程中，一般都由政府牵头，对其在管理、财政与监督上都给予大力扶持，如德国以完备的法律为基础，建立了政策性金融体系，各级政府与中央银行都进行政策扶持与财政补贴，为农地流转提供了资金支持。我国农地流转中的农地金融体系的建立与完善同样需要政府的大力扶持，为农地流转创造良好的金融环境。

3. 农地流转管理的规范者

目前，我国农地流转市场初步形成，现行土地制度框架下存在诸多内生、外生约束。在法律法规层面，农地经营权流转相关立法滞后，多是政策性规定，仅有的相关规定集中在《农村土地承包法》、《土地管理法》和《农村土地承包经营权流转管理办法》，其中均是对土地流转程序、流转合同作出原则性规定，过于模糊，可操作性差，对农地流转的形式、程序、价格、管理、监督等没有明确具体规定，实践当中经常出现法律“盲区”，无法可依的现象。在市场规制层面，尚未形成统一的农地流转市场和流转机制，农地流转过程、流转合同等自发随意，很难起到约束保护作用，容易引发土地流转纠纷。

在农地流转过程中，法律的不完备和市场规制、监督机制的缺失使政府不得不在其中承担协调、管理、监督、规范的服务角色，规范农地流转市场交易行为，根据本地具体情况制定适宜的指导政策来规范农地价格评估、合同内容等，以避免农地流转市场乱象横生，农民合法权益受到侵害。

4. 农地流转市场的监管者

完善的监督管理机制是农地流转健康运行必不可少的要素。在农地流转过程中，地方政府往往扮演着“裁判员”和“运动员”的双重角色。作为“裁判员”，政府要大力引导、扶持、规范农地流转，搭建农地流转服务平台，制定和实施农地流转规则，规范农地流转程序和合同内容等；作为“运动员”，政府则作为农地流转的转出方或转入方直接参与到交易，甚至可以利用政府职能和行政权力组织农民进行流转。在政府既是决策管理和实施者，又是参与者的情况下，不可避免地会出现为追求个人利益、小团体利益、地方利益而寻租谋私的情况，侵害农民权益，因此必须建立完备的监督管理机制。

《农村土地承包法》第 45 条规定，县级以上地方人民政府应当建立工商企业等社会资本通过流转取得土地经营权的资格审查、项目审核和风险防范制度。政府作为农地流转市场的协调、管理、规范的服务者，对其监管包括内部监管和外部监管。内部监管是指中央政府、地方政府、基层村民委员会由上而下的层层监管，防止地方政府或基层村民委员会为追求个人利益、小团体利益、地方利益而寻租谋私，侵害农民权益。外部监管是指各级政府对农地流转市场进行监管，规范市场交易行为，主要包括事前监管、事中监管和事后监管，事前监管主要是指农地流转资格准入制度和项目审核制度，对农地流转交易主体的资质进行审核。事中监管是指对流转过程中的土地确权、农地价格评估等流转过程及合同内容等进行监管。事后监管主要是为了遏制农地“非粮非农非林化”，对农地用途、经营和合同履行情况进行监管，不允许转入者随意改变土地的农业用途。

(二)农地流转中政府职能的缺位与错位

人民的利益是最大的福祉，“三农”问题一直以来都非常受重视，为了保护农民在农地流转过程中的合法权益，国家陆续出台了一系列政策法规，明确指出要尊重农民的土地流转主体地位，任何组织和个人都不得强迫流转，也不得妨碍自主流转，但在实践当中，一些地区并未完全贯彻落实国家政策，地方政府的缺位与错位使农民利益被严重侵犯，转变政府职能、打造法治政府、服务型政府，解决政府缺位与越位问题已迫在眉睫。

1. 政府职能缺位

政府职能缺位是指一些地方政府不作为、对农地流转放任自流，没能起到应有的引导、扶持、规范、监督作用，使农地流转市场处于自发无序状态，主要包括引导缺位、扶持缺位、规范缺位与监管缺位。有些地方政府在农地流转过程中欠缺公共服务理念，追求自身利益，未能起到应有的引导扶持作用，没有根据本地基本情况对土地流转做出详细规划，对农地流转缺少监管，没有很好的规范农地流转市场，造成农地流转市场处于自发随意的混乱无序状态。

(1)引导缺位。人们对于新生事物的了解和接受需要宣传和引导，近年来，农地流转市场从无到有、由小到大，流转模式不断创新，在典型示范地区也取得较好成效，有效地促进了农地资源优化配置和规模化经营，然而在部分地区仍然存在农民流转意愿不高、农地流转面积偏低的问题，究其原因主要是政府作为农地流转的决策者、组织者和实施者没有从根本上对宣传农地流转政策措施、法律法规、中央文件精神、具体流转程序和效果等重视起来，欠缺服务意识，农民信息获取渠道匮乏，对农地流转一知半解甚至毫无所知。由于政府宣传引导的缺位，本就有着浓厚土地情结的农民面对农地流转顾虑重重，害怕发生流转纠纷，或者流转后失去财政补贴，无法收回土地经营权等问题,不愿进行土地流转。

(2)扶持缺位。政府对农地流转的政策扶持主要包括两个方面:一方面,政府对农地流转交易主体的财政补贴和优惠政策;另一方面,政府对农村金融机构进行扶持,鼓励引导其为交易主体提供信贷支持。实践中二者皆存在扶持力度小的问题。政府对农地流转交易主体直接给予的财政补贴和优惠政策主要包括粮食直补、良种补贴、农资综合补贴、农机购置补贴、贷款贴息以及新增农业补贴向新型农业经营主体倾斜,虽种类多样但补贴力度小,以浙江绍兴市新昌县为例,政府对新增流转连片经营的耕地种植水稻20亩以上,农村土地流转年限5年以上并签订规范流转合同的,分别给予经营业主和流出户一次性奖励每亩150元,粮食直补约10元/亩,良种补贴为水稻15元/亩、小麦、玉米均为10元/亩,和农民投入的物力财力相比,这些补贴只是杯水车薪。此外,政府对于涉农金融机构的扶持力度也很小,加之农业生产经营周期长、风险高、收益低的特性与金融机构所追求的低风险相悖,因此涉农金融机构向农民提供信贷服务的意愿不高,农村家庭借款被拒现象非常常见,有的申请成功信贷额度也非常低。

(3)规范缺位。政府对农地流转的规范缺位表现在对流转主体、流转过程、流转合同审核备案的不作为,导致流转主体错位、流转过程混乱、流转合同不规范。第一,流转主体错位。《宪法》《土地管理法》都规定农村土地归集体所有,但对于农村集体所有权的代表究竟是谁,立法中没有明确规定,农地产权权属模糊,乡镇、村民委员会、村集体经济组织都在一定程度上被认为是产权主体,因此农地流转过程中出现了村民委员会等越权代位流转土地的流转主体错位现象。第二,流转程序混乱。目前,农地流转短期化、随意化,且未按规定签订规范的书面合同,多为口头协议。地方政府对流转合同的鉴证备案、审查登记、存档制度落实不到位,未督促农户签订规范书面合同,及时办理报批、备案手续,入档率低,导致农地纠纷日益增多。第三,流转合同不规范。一些地方政府未对农地流转合同进行规范化管理,农户法律意识不强,很多流转合同中没有明确约定双方权利义务以及违约责任等,甚至缺少合同必备条款,很难起到约束作用,出现纠纷后无法通过法律途径维护自己的合法权益。

(4)监管缺位。政府对农地流转的监管缺位包括对各级政府行为的内部监管缺位和对农地流转中其他主体的监管缺位。我国农地流转内部管理职责不明确,涉及农业、财政、国土等多个部门,各个部门各行其是,缺乏相应的监督机制,导致实践中出现了部分地方政府"寻租"谋私、以地生财的现象。由于政府对农地流转缺乏动态监督管理机制,对交易主体及其行为的监管尤其是事中事后监管缺失,一些地区出现了大面积的毁约弃耕以及擅自改变土地农业用途的现象,如2015年河北省邢台市柏安、威县和邯郸市成安县、磁县等地刚刚在去年签订的5~10年的包地合同,上千亩土地被撂荒，许多转入者强行单方面解除合同，退回耕地，甚至未按照合同约定向农民给付地租，而当地政府对此表示毫不知情，并未起到应有的引导、监管作用，造成了恶劣的影响。

2. 政府职能错位

近年来，政府在农地流转过程中发挥着组织领导、服务协调的多重作用，为农地流转交易主体进行资金扶持、政策支持，搭建农地流转交易平台，提供农地流转信息，完善农村社会保障制度和农村金融体系，提高了农地流转效率，促进了农地资源的优化配置，对推动农地流转、发展现代农业起到了积极作用。但权力是把“双刃剑”，政府在农地流转中发挥积极作用的同时，由于缺乏科学合理的规划，抑或是为了追求个人利益、小团体利益、地方利益，一些地方政府不可避免地出现了职能错位，主要表现为管理职能错位和服务职能错位，如违背农户意愿强行流转、以权谋私、以地生财、与民争利等。

（1）管理职能错位。政府的管理职能主要是指在农地流转过程中，政府要严格执行基本的土地用途管理制度，尤其是农村基本耕地保护制度。我国是人口大国，粮食需求量巨大，耕地安全是粮食安全和国家安全的前提，习近平总书记强调的“四个不能”中的重要一条就是“坚守18亿亩耕地红线不动摇”，这就要求地方政府要坚持农地农用原则，在响应国家政策推动农地流转的同时也应结合本地情况进行科学合理的规划，不盲目流转土地甚至改变土地用途。然而实践当中，土地流转常常与农业规模经营和城市化等问题紧密联系在一起，农村土地流转往往成为政绩工程的借口。[1] 一些地方政府为了响应国家政策，完成上级交代的任务，不顾本地的实际情况，未做科学合理规划，盲目流转土地，甚至出于对自身政治经济利益的追求，为增加地方财政收入，搞政绩工程，改变流转农地用途，将农用土地改批为建设用地。例如，河北邢台巨鹿县小吕寨镇屯里村出现了300亩集体耕地撂荒5年，不允许村民承包，村干部毁地卖土从中牟利的情况。一些地方政府的种种失范行为不仅违背农地使用原则，造成了国有资产的流失，损害了农户权益，也严重危害到了耕地安全和粮食安全，造成了极其恶劣的影响。

（2）服务职能错位。在农地流转过程中，政府的服务职能主要指为农地流转提供一个良好的制度环境和服务平台，组织引导、协调规范，宣传土地流转相关法律法规及政策，规范流转市场交易主体行为，从而起到推动农地流转，提高流转效率的作用。在20世纪80年代分权改革和财政改革后，我国地方政府获得了很大的权力尤其是经济权力，成为地方经济活动的主导者和管理者，随着地方政府经济权力和财政权力的增加以及长久以来“官本位”思想的影响，一些地方政府没有明确认清自己

---

[1] 陆道平、钟伟军：《农村土地流转中的地方政府与农民互动机制研究》，清华大学出版社2012年版。

的职能定位，将自己作为权力的拥有者与主导者，其在地位上的天然优势决定了其他市场主体无法与其竞争，出于对GDP、财政收入以及经济发展速度增长的追求，这些地方政府出现了利用权力实现短期利益的行为。为了防止地方政府滥用权力、违背农民意愿、"寻租"谋私、以地生财，中央文件明确指出农地流转要尊重农民意愿，遵循"依法、自愿、有偿"原则，然而实践中，有些地方政府没有明确认清自己的职能定位，滥用权力，过分干预农地流转，违背农户意愿，强制流转土地，严重损害了农户利益。例如，河南省永城市政府和镇政府利用黑社会未经审批占用28000多亩土地建设旅游开发区，其中有10000多亩耕地遭到严重破坏。有些地方政府"反租倒包"，"暗箱操作"，挪用、侵吞流转费用。例如，湖南慈利县国太桥乡两合口村村委干部侵吞农民农地款达127000元，华容县东山镇政府和四村村委截留农民农田、荒地流转费用，其价格分别为每亩6800元、11184.8元。[1]

在农地流转过程中，政府职能缺位会引起一系列消极影响，导致农村土地流转动力不足，农民对土地流转的相关政策法规不了解，法律意识淡薄，容易引发纠纷，事后监管的缺失也造成许多农地被改变用途。然而，与政府职能缺位相比，政府职能错位造成了更加恶劣的影响，目前，我国农地流转虽然取得了一定成绩，但流转过程中也暴露了很多问题，政府管理职能错位、盲目流转土地，使许多土地在流转之后被撂荒，甚至为了政绩大搞形象工程，违背农地农用的原则，使国土资源严重流失，耕地面积大幅下降，粮食产量随之减少，威胁国家粮食安全。据统计，2016年年底我国耕地面积由2009年的20.31亿亩减至20.25亿亩，年内净减少耕地面积99万亩，距我国确定的耕地红线18.65亿亩仅有1.6亿亩，而城市建设用地面积则由1981年的6720平方公里增至2015年的38.6万平方公里。随着城镇化扩张加速，耕地面积和务农人口数量的减少，以及人口的持续增加，导致我国粮食缺口越来越大，从2012年至2015年，我国的粮食进口量增长了780%，2016年中国进口大豆8391万吨、稻米353.39万吨，成为最大的农产品进口国之一，据农业部预测，到2020年，中国的粮食缺口将加大到1亿吨以上。除此之外，有些地方政府以地生财，与民争利，"暗箱操作"，瓜分农民利益与国家资源，加剧了贫富差距与社会不公，严重侵害了农民的合法权益，尤其是征地不公成为农民群体性事件的主要原因之一，政府形象严重受损，产生了信任危机，失地农户对政府存有抵触心理，影响社会稳定。

（三）政府职能的转变和完善

在农地流转过程中，地方政府本应发挥服务协调、规范监管的重要作用，但实践中却差强人意，许多地方政府均存在职能缺失与错位现象。长期以来，受我国"官本位"思想以及计划经济体制影响，政府一直是权力的掌控者与决策者，很多政策、项

---

〔1〕范怀超等：《我国农地流转中地方政府职能重塑探析》，载《西华师范大学学报》2017年第1期。

目的颁布实施都是以行政命令式推进，服务意识缺失。不可否认，在中国特殊的政治、经济和社会背景下，对很多事情尤其是土地问题，政府的参与推动是不可或缺的，然而政府的天然地位和职能决定其一旦介入就很难退出，且参与程度与范围拿捏不准则会出现政府职能缺位与错位，因此，必须明确政府的服务职能，纠正“官本位”思想，加强对农地流转的政策扶持，强化政府监管，为推动农地流转提供一个良好的制度环境。

1. 明确服务职能

政府在农地流转过程中服务职能的缺失与错位主要表现为不作为或者过分行政干预，对自己的职能没有正确定位，有些地方政府认为农地流转是承包户个人的事，求稳怕乱，政府没必要去管，且农地流转涉及利益主体多、情况复杂、政策性强，很多地方政府没有出台具体政策，没有明文任务要求，对农地流转工作放任自流，使其处于自发无序状态。

(1) 正确厘清政府角色。按照新古典经济学理论，在不存在外部性因素的前提下，市场是配置资源的最佳方式，在市场失灵时政府可以进行调控。目前，我国农地流转市场初步形成，存在市场失灵：一方面，我国农村相对闭塞，农民的生产生活大多仍然局限在基于地域和亲缘构成的传统农村关系网中，若没有政府的引导与服务，农地流转多在亲戚朋友间进行，流转价格也很随意；另一方面，农民对土地的禀赋效应决定了他们在社会保障体系还不健全的情况下依然会将土地作为最后的生活和就业保障，即便撂荒也不愿意进行流转。因此，政府介入农地流转是必然且必要的，各级地方政府或在其中担任“裁判员”，制定、执行相关规则，服务于农地流转，搭建平台，提供信息等；或担任“运动员”，直接作为农地流转交易主体，参与谈判。通常来说，地方政府应尽量避免在农地流转中既当“裁判员”又当“运动员”，要对自己的角色进行正确定位，政府在农地流转中是服务者、协调者、规范者、监管者，不能依靠行政权力过分干预甚至替民做主，应坚持公平、正义的准则，维护农民权益。

(2) 树立有限政府理念。有限政府理论发端于西方国家，诺贝尔经济学奖获得者哈耶克认为，政府在法治的原则下，对权力进行有效制约，是维持社会秩序的重要基础[1]，有限政府理论为我们正确把握政府与市场、政府与社会的关系提供了新的研究视角，对政府在农地流转中的角色定位与功能发挥、规避职能缺位与错位有重大的积极意义。首先，戒除全能型政府的思维惯性。长期以来受计划经济体制的影响，地方政府一直作为经济活动的决策者和管理者，事无巨细大包大揽，但农地流转是一项跨学科、跨领域的复杂工程，需要具备农学、经济学等领域的深厚基础，政府工作人员很难面面俱到。有些地方政府直接为流转土地制定交易价格，强制某区域

[1] 沈费伟等：《政府在乡村治理中的角色分析》，载《长白学刊》2016 年第 5 期。

必须种植某种作物进行规模经营，管理过宽过细，应该将专业的事交给专业的人去做。其次，厘清政府权力清单，实行责任制，做到有权必有责、有责要担当、失责要追究，科学合理地划分政府与市场、政府与社会的权力边界，强化政府问责制，对其起到切实的监督约束作用，进一步压缩政府“寻租”空间，遏制政府官员不作为、乱作为，规避职能缺位与错位。

(3)强化政府服务意识。政府作为公共服务的提供者，在农地流转中理应发挥引导、扶持、规范等重要作用。实践中由于一些政府服务意识缺失，导致许多农民对相关知识不了解，相关信息也无从得知，农地流转极其不规范，纠纷多发。要推进农地流转，政府必须强化服务意识，进行引导、扶持、规范，切实履行服务职能，建设服务型政府。首先，加大宣传引导的力度，调动农民积极性。政府应组建一支专业水平高、沟通能力强、服务意识高的干部队伍深入农村，充分利用电视、广播、互联网、自媒体、宣传栏等工具，用简洁明了、通俗易懂的方式将国家的政策、法律法规、注意事项等宣讲到位，使农民真正了解农地流转，消除疑虑，参与流转。其次，完善服务机构。农村相对闭塞，信息获取渠道匮乏，政府应建立土地流转指导中心，建立土地流转信息网站，线上与线下相结合，介绍相关政策及法律法规，提供农地流转信息，对农地流转流程及相关注意事项等提供咨询服务，指导合同的签订。

2. 加强政策扶持

相较于其他行业而言，农业生产周期长、风险大、收益低，近年来粮食价格偏低，农民生产积极性不高，农地的高效快速流转需要政府的政策扶持尤其是财政扶持，主要包括政府对农地流转交易主体的财政补贴和优惠政策，以及对涉农金融机构的扶持与引导，为农地流转提供资金、技术等支持。

(1)加强对农地流转交易主体的政策扶持。目前我国对农业经营主体的补贴多样但力度较小，扶持方式单一，大多是一次性给予资金补助，难以对农民的生产经营产生实质性的帮助，应加大财政扶持力度，创新扶持方式，切实解决农民生产经营难题，改善农民生活。首先，加大财政扶持力度，由中央、省、市、县各级财政按照一定比例设立农地流转专项支持资金，鼓励农地流转与规模经营，在国家政策允许的范围内加大农业补贴力度，增加农业补贴种类与金额。其次，创新扶持方式，传统的财政资金支持力度小，应制定一系列的配套措施加以创新，在除财政扶持外，给予税收优惠、技术支持、基础设施投入、农业项目申报、用地倾斜等，建立农地流转风险保障制度，对交易双方进行严格审查与跟踪指导、管理，提供权益保障，对失地农民提供就业培训，实现劳动力转移。

(2)加强对涉农金融机构的政策扶持。完备的农村金融体系有助于提高农民流转积极性、增加农业信贷投入、促进农村经济发展，为农地流转提供资金支持，我国目前的农地金融体系发展滞后，产品相对单一，创新不足，无法满足农业生产的金融需求，政府应加大对涉农金融机构的政策扶持，建立多层次多渠道的农村金融机构体系，为农地流转提供稳定支持。首先，创新农地金融产品，如农地使用权抵押贷款产品、农地证券化金融产品、家庭联保金融产品、农村宅基地抵押金融产品、农村互联网金融产品等，尤其是注重引入互联网金融产品。互联网金融产品不受农村地域限制，利用大数据进行资源整合，能够提高交易效率，降低交易成本。其次，对涉农金融机构注资补充资本金，给予营业税、所得税优惠，建立风险补偿机制为其提供保障，对土地规模经营贷款、农村配套设施建设贷款等实行财政贴息政策，给予政策性优惠，提高涉农金融机构的抗风险能力与可持续发展能力，为农地流转提供良好的金融支持。

3. 强化政府监管

在农地流转过程中，相关政策法规的不完善以及行之有效的监管机制的缺失是政府职能缺位、错位的重要原因。就对政府自身的监管而言，应建立一个行之有效的内部监管、外部监督相结合的监管机制，就政府对农地流转中其他主体的监管而言，应按照法律规定尽快建立起一个行之有效的资格审查、项目审核和风险防范制度，以进一步减少政府“寻租”空间，规范农地流转市场，使其健康有序发展，强化对政府自身的监管。首先，建立内部监管与外部监督相结合的监管机制。就内部监督而言，健全土地管理机制。整合相关部门职能，建立一个专门的农地流转管理部门，进行统一领导与监督，明确上级政府对下级政府的监管职能。就外部监督而言，建立开放型政府，加强社会监督。阳光是最好的防腐剂，政府在农地流转过程中应做到透明、公开，建立社会监督反馈渠道，由农民、媒体等对其进行监督。其次，落实惩处机制和行政问责机制。有些基层政府之所以屡次出现职能缺位、错位的失范行为，归根结底还是惩处力度不大，因此，要明确将惩处机制和行政问责机制常态化、法律化，对严重失职、违法行为加大惩处力度。最后，严格政绩考核机制。有些地方政府之所以违背农民意愿“反租倒包”、强行流转土地，甚至未经审批改变农地用途，归根结底是受自身政治经济利益的驱动——农地流转与规模化经营、城镇化、财政收入等挂钩是政绩考核的指标之一。因此，要对涉及农地流转的进行严格考核，调查其是否有违法违规违纪行为，杜绝某些地方政府官员的侥幸心理。

同时，要强化对流转主体的监管。各省市应该结合国家出台的相关政策与法律法规，建立健全对农地流转市场主体的事前审查、事中规范与事后跟踪机制，作出具体规定以有章可循，切实起到监督约束作用。首先，强化对流转主体的事前审查，对其农业生产经营能力、资金状况、银行信用等级等进行评估，尤其是承包经营大户，以避免出现事后大面积撂荒的局面，不能为了完成指标降低标准、盲目流转。其次，加强事中规范，针对农地流转过程中出现的流转程序、流转合同不规范行为进行指导矫正，根据规定制定统一的流转合同示范文本，纠正不签订书面合同、合同内容不规范的错误行为,严把合同签订关,确保农地流转合同规范、手续完备,严格执行农地流转鉴证备案、审查登记和档案管理制度,及时办理申请鉴证、登记、备案等相关手续,建立“一地一格、一户一页、一村一盒、一镇一柜”的农地承包、流转的信息化管理及地块的“身份化”管理。最后,强化事后跟踪监管,定期进行跟踪调查,查看流转主体履约情况及土地经营情况,坚决遏制农地非农非粮非林化,设置失信人名单,对随意改变农地用途的经营者进行制止与警告,列入失信人名单,逾期不改者终止流转合同,加大处罚力度,保护耕地安全。

四、大力发展智慧农业

从世界范围来看,发展智慧农业是推动农地科学流转、实现规模经营的必然趋势,智慧农业就是将物联网技术、应用计算机与网络技术、音视频技术、3S 技术、人工智能技术等综合运用到传统农业中去,利用传感器和软件通过移动平台或者电脑平台对农业生产进行控制,使传统农业更具有“智慧”。除了精准感知、控制与决策管理外,从广泛意义上讲,智慧农业还包括农业电子商务、食品溯源防伪、农业休闲旅游、农业信息服务等方面的内容。简言之,智慧农业利用多种信息技术实现了农业生产、销售、管理、运输等全面信息化,连接了农业的全过程,为农业现代化与可持续发展提供了便利。

(一)发展智慧农业的现实制约

智慧农业实现了规模经营,用机械智能体系替代了人力,将田地、养殖场所、周围村落视为整体,变废为宝,循环利用,不仅能够减少人力资本和能源消耗,实现农业精细化、高效化、绿色化发展,还能提高生产效率和和农产品竞争力,推动传统农业向现代化农业发展。我国大部分地区依然从事传统农业生产经营,靠天吃饭,农地细碎化、农地非农化以及农业机械化程度低,这都成为传统农业过渡到智慧农业的现实制约。

1. 农地细碎化严重

农地细碎化是我国农业生产的土地利用格局,主要表现为农地的破碎化与零散化,农户所拥有的土地大小不一,良莠不齐,距离远近不等,这是由中国的自然、经济、政治、制度等综合因素导致的。据统计,2003 年中国农户平均土地经营规模为 0.0511 公顷,户均 5.772 块,平均每块土地面积 0.088 公顷[1],而 2013 年第二次全国土地调查数据显示,我国户均土地经营规模已下降至 0.495 公顷,土地经营细碎化情况越发严重。

---

〔1〕 李功奎等:《农地细碎化、劳动力利用与农民收入——基于江苏省经济欠发达地区的实证研究》,载《中国农村经济》2006 年第 4 期。

我国农地细碎化的原因主要包括自然原因和制度原因。首先,自然原因是我国农地细碎化的客观影响因素。和平原地区相比,山地、丘陵地区的农地被天然分割,面积小数量多,同时,我国人口基数大,土地作为农业生产经营的载体具有稀缺性和不可再生性,只能划分为多块分配给个人以满足生产生活需要,自然灾害如地震、洪水等也会导致土地被毁损呈零星状分布。其次,与自然因素相比,制度原因是导致农地细碎化的主要影响因素,即20世纪80年代的家庭联产承包责任制。家庭联产承包责任制将农村土地变原来的集体所有、集体统一经营为集体所有、分田到户,分田时按照农户家庭人口数量、土地质量、距离家的远近等因素进行“插花”分配,好坏远近平均搭配。此后为了保证集体经济组织内的分配公平,许多地方每隔几年会根据人口的增减进行调整,加剧了农地细碎化程度。

家庭联产承包责任制极大地调动了农民的生产积极性,提高了农业生产经营效率,改善了农民生活,但随着经济发展、城镇化的迅速扩张以及物联网、人工智能等新兴事物的出现,农业基础设施逐渐完善,农业机械种类和数量的增多,零散小块的农地生产无法获得规模报酬,集体协商合作成本高,使许多现代农业机械与设备的使用受限,发展智慧农业成本太高。

2. 农地非农化严重

农地非农化是指流转后改变农地农业生产用途,用于其他产业,对农业基础地位以及国家粮食安全造成威胁,也不利于农地流转后推广智慧农业。近年来,我国农地流转稳步开展,据农业部统计,截至2016年年底,二轮承包经营权流转面积达到4.7亿亩,占比约为35.1%,大量工商资本涌入农村市场,在推动农地流转和规模化经营的同时也增加了农地非农化风险,这是由农业生产的低效益性与工商资本的逐利本质决定的。据统计,2016年年底我国耕地面积由2009年的20.31亿亩减至20.25亿亩,年内净减少耕地面积99万亩,距我国确定的耕地红线18.65亿亩仅有1.6亿亩;而城市建设用地面积则由1981年的6720平方公里增至2015年的38.6万平方公里。

导致农地非农化的原因有很多,主要包括农业生产效益低、地方政府的财政扩张倾向等原因。首先,和其他非农产业相比,农业生产经营周期长、风险大、效益低。近年来,化肥、农药、农用柴油等农业生产资料价格上涨和人工成本上升,农产品价格下跌,农业生产收入效益低,还需要抵御农业气象灾害、市场价格波动等风险。据国家统计局2018年第三次全国农业普查显示,上半年全国农产品生产者价格水平比上年同期下降2.2%,国家粮食局明确表示将继续实行稻谷、小麦最低价收购政策,其中小麦最低收购价调低0.03元,每斤1.15元,粮食直补约10元/亩;小麦良种补贴为10元/亩;而农业投入如化肥、人力成本等价格却呈上涨趋势,尿素和复合肥两种肥料零售价格环比上涨11.18%,涨幅为0.46%,人力成本则上升10~20元。

从事农业生产经营效益太低,出于对利益的追逐,一些转入方改变农地农用用途,从事工商业。其次,农地非农化也是一些地方政府追求政绩、盲目流转土地改变土地农用用途的结果。目前的政绩考核与人才选拔多偏重GDP、财政收入等硬性指标,造成了农地流转与城镇化运动成为政府官员打造政绩、增加财政收入的主要手段,据2005年《社会蓝皮书》数据显示,在耕地非农化过程中,农民只得到土地收益的5%~10%,村集体得到25%~30%,村以上政府及部门得到60%,形成了土地财政。

3. 农业机械化水平低

智慧农业和生物机器人技术是现代农业发展的方向,农业机械化是发展智慧农业和生物机器人技术的基础,是现代农业建设的重要科技支撑,世界先进国家的成功经验表明,农业机械化作为基础为提高农业生产经营效率、土地产出率和资源利用率,保障国家粮食安全和食品安全发挥了重要作用。2004年《农业机械化促进法》颁布,中央一号文件对农业机械化给予了高度重视,大力推进农机购置补贴工作,我国农业机械化迎来了发展的黄金十年,农业机械化水平大大提高。据《2017年中国统计年鉴》数据显示,2016年全国农机总动力达到9.7亿千瓦,比2004年增加4.7亿千瓦,增长94%,农业装备总量增加,全国农作物耕种收综合机械化水平达到65.2%,比2004年提高31个百分点,农机作业水平大幅提高,农机合作社完成作业服务面积4.7亿公顷,占全国农机作业面积的2/3左右,农机化经营总收入达5388亿元,利润2066亿元,农机社会化服务蓬勃发展,带动农机工业振兴发展。

尽管我国农业机械化进程已经取得一系列可喜成就,但仍存在诸多问题,在农业机械化水平、农机装备制造水平、农机作业效率等方面远远落后于发达国家,对促进农地流转,实现规模经营,发展智慧农业形成阻力。首先,受地理环境及经济发展水平的影响,农业机械化发展水平区域之间不平衡。适度规模经营或地势平坦交通方便是实现农业机械化的优势所在,而我国平原地区仅占全国面积的12%,山地33%,丘陵10%,丘陵山地间耕地面积小数量多,东部发达地区、东北地区机械化水平较高,其中黑龙江农垦地区、江苏江阴市、常州武进区农业综合机械化水平达到90%以上,经济落后多丘陵山地的地区机械化水平较低,如贵州不足30%。[1]其次,不同农作物机械化水平差距大,在主要农作物中,小麦基本已经实现了全程机械化,大豆、玉米、水稻耕种机械化水平也较高,但棉花、马铃薯、花生等由于作物自身特点机械化水平低,作业机械严重缺少,就经济作物而言,很多环节依然空白,起步较晚。最后,我国农业机械技术与科研水平落后,农业机械结构不均衡,我国农业机械化进程起步晚,缺乏大型创新型企业与专业的研发人员,农业机械种类不全且技

[1] 白学峰等:《中国农业机械化现状与发展模式研究》,载《农机化研究》2017年第10期。

术含量低，低端低质器械多，高端智能机械少，远远落后于发达国家。

（二）智慧农业发展中存在的问题

1. 农村基础设施建设落后

农村基础设施是为农民生活改善和农村各项事业发展提供公共产品和公共服务的各种设施的总称，按照服务性质主要分为生产性基础设施、流通性基础设施、信息性基础设施、人文性基础设施等，涉及政治、经济、文化、生活等诸多方面，是发展农村经济、推广智慧农业的物质基础和重中之重，没有完善的农业基础设施，智慧农业无从谈起。2004～2016年连续十三年的中央一号文件都高度重视“三农”问题，多次强调完善农业生产现代化机械化、村庄道路建设养护、教育资源与服务型供应事业等多方面的基础设施建设，发展现代农业、智慧农业。经过长期以来的发展，我国农村基础设施建设已经取得了很大成就，但整体来看，各项基础设施仍然存在很大不足，尤其是农业基础设施、信息化基础设施、流通基础设施、教育基础设施等方面的匮乏与落后成为培养智慧农民、发展智慧农业、促进农村经济发展的桎梏。

（1）农业基础设施建设落后。目前，我国大多数地区的农业基础设施建设依然薄弱，在农田道路建设、水利建设、农业机械化方面存在严重不足。当前，我国大部分农村地区农田道路建设落后，尚未进行修整，道路狭窄阻碍大中型农业机械通行，雨雪天气道路泥泞通行难，有些地区由于管理不到位，农田道路成了农民倾倒生活垃圾的场所，毁损严重。在水利建设方面，农业灌溉设施以简单的水道沟渠居多，大水漫灌依然是主要灌溉方式，许多水利设施存在投入不足、管理不善、年久失修等问题。据第三次全国农业普查数据显示，2018年有喷灌、滴灌、渗灌设施的耕地面积仅占全国灌溉耕地面积的16%，造成水资源的极大浪费。此外，在农业机械化方面，农机设备投放量少，农机设备购置补贴水平低，农业机械化水平不高。

（2）流通设施建设落后。智慧农业实现了农业生产、加工、销售、运输全程精准化、高效化、绿色化管控，运输环节对农村流通基础设施要求较高。乡村道路建设落后，农村道路在建设、养护、管理方面存在诸多问题，如农村道路密度有待提高，道路管理严重缺失，缺少专业养护机构与人员，缺养、失养现象严重。就物流体系而言，有些农村地域偏远，村庄分散，道路难行，物流基础设施根基薄弱，交通运输落后，很多第三方物流也没有普及到乡村，解决物流的“最后一公里”问题势在必行。当前，许多农贸市场和批发市场缺少专业的储藏场所和销售场所，据调查表明，目前只有大概41.7%的农产品批发市场建有冷库，11.1%配有冷藏库，12.9%有陈列冷柜，导致大概70%的肉、80%的水产品以及大部分牛奶及豆制品无法进入冷链系统。[1]

（3）信息化基础设施落后。近年来在国家政策的大力扶持和鼓励下，我国农村

〔1〕 邹蕴涵：《我国农村基础设施建设现状及存在的主要问题》，载《财经界》2018年第1期。

信息化建设进程加快,基本实现了农村网络光纤接入全覆盖,但依然存在管理机制混乱、专业人才匮乏、互联网普及率低以及信息化资源开发利用难度大等问题。我国信息化建设起步晚,由于智慧农业囊括农产品生产、销售、运输等各个环节,涉及人员广,没有形成科学完善的管理机制,管理难度大,专业人才匮乏,一些基层干部和群众对其存在误区,在建设过程中重硬件建设轻软件建设,重开发轻应用,重建设轻维护,导致大量"僵尸"网站出现。[1] 农村互联网普及率与利用率低,据《2017 年中国互联网络发展状况统计报告》数据显示,截至 2017 年 12 月,中国网民职业结构中,农林牧渔劳动者仅占 7.1%,农村互联网普及率为 34%,非网民人口中农村非网民占 62.4%,除上网技能缺失与文化水平限制外,因为当地无法连接互联网等上网设施而无法上网的占 14.8%。由此可见,尽管我国农村网络光纤接入在 2016 年年底便高达 82.2%,但由于价格太高、购买力低等原因导致由村到户的"最后 500 米"依然难打通。信息化资源开发利用难度大,信息平台管理不规范,农村信息化资源开发利用程度低,资源供给量严重不足,涉农信息数据库数量小规模小,农业信息网站占网站总量不到 1%,由于建设过程中缺乏统一标准,各地信息资源难以对接,整合难,出现"信息孤岛"现象。

2. 农业专业化人才匮乏

智慧农业是依托互联网,将物联网技术、应用计算机与网络技术、音视频技术、3S 技术、人工智能技术等现代科技的农业产业链,对人才要求极高,需要不同领域的专业人才,无形之中提高了智慧农业应用的门槛。目前,我国智慧农业建设过程中专业化人才缺口大,农业信息化人才与农业科技人才匮乏,导致农业信息服务平台供给不足,同时,农民文化素质较低,接受新鲜事物慢,现有的农业专业化人才无法满足智慧农业发展的需要,智慧农业普及率低。据《人民日报》相关报道,到 2020 年,我国约需要农业企业经营人才 150 万人,相关各类技术服务型人才 150 万人,农村各类实用人才需求总量达到 1800 万人以上。

(1)农业信息化人才匮乏。我国农业信息化建设过程中急需具备较高专业素质、综合素质的信息化人才,如基础农业信息员、农业信息数据库人才、农业生产过程远程监控等一线岗位人才。信息化建设过程中人才匮乏是由多方面原因造成的。首先,我国信息化建设起步晚,缺乏开发经验,本身难度大,仅物联网而言就包括感知层、网络层和应用层,操作复杂,专业性强,门槛高,企业关注度低,要求相关技术人员具有过硬的专业技能。其次,农业信息人才知识结构不合理,由于我国智慧农业建设刚刚起步,配套机制尤其是人才储备方面存在严重不足,目前的农业信息人才主要来自农学、计算机、物流等专业,多依托高校的学历教育,但培养针对性不强,

---

〔1〕 胡杨名:《城乡统筹发展背景下农村信息化建设问题研究》,载《江西社会科学》2016 年第 2 期。

缺少跨学科跨领域的复合型人才，难以满足智慧农业对信息化建设的要求。最后，农村经济落后，工资水平低，编制难落实，和城市的生活水平、工资待遇相比，无法吸引高素质人才扎根农村。另外，农村信息化培训基地落后，缺少培训规划，难以将现有的基层工作者培养成符合信息化建设需要的高素质人才。

(2)新型智慧农民匮乏。一是文化素质水平低。受城乡二元结构影响，农村居民受教育程度远远低于城镇居民，导致农民文化素质水平低，传统思想固化，一味求稳，不敢创新。据全国第三次农业普查数据显示，2016 年，我国农村农业生产经营人员中，未上过学的占总人数的 6.4%，小学文化程度的占比 37%，初中文化程度的占比 48.4%，高中或中专文化程度占比 7.1%，大专及以上文化程度的仅占 1.2%。二是信息素养水平低。以互联网为例，2016 年我国农村网络光纤接入率便高达 82.2%，预计 2018 年年底实现基本全覆盖，但截至 2017 年 12 月，中国网民职业结构中，农林牧渔劳动者仅占 7.1%，农村互联网普及率为 34%，非网民人口中农村非网民占 62.4%，其中因不懂电脑、网络，不懂拼音等知识水平限制而不上网的非网民占比分别为 53.5% 和 38.2%，而智慧农业则全程通过网络进行，农民信息素养水平极大地阻碍了其进行智慧生产的进程。

3. 传统经营方式根深蒂固

我国是农业大国，但不是农业强国，长期以来受自给自足的小农经济的影响，农民的传统农业生产经营方式根深蒂固，存在很大的弊端。

(1)滥用化肥农药，引发食品安全问题。目前，我国主流的农业生产模式是大规模的单一农产品种植与单一禽畜集约化养殖，在种植和养殖上，高度依赖农药、化肥与抗生素。原因在于大规模的单一种植看似高效，但长期的农作物种植单一会导致局部生态环境单一化，土壤中微生物环境单一，农作物很容易遭受病虫害，单一的生态环境会加速其传播，只能大量使用农药，但又带来了新的弊端，致使土壤地力和肥力下降，此时为了保持产量，就增加化肥的投入，形成恶性循环。过度使用农药和化肥不仅造成了土壤污染，更引发了严重的食品安全问题即重金属、农药残留超标。据统计，我国粮食产量占世界的 16%，化肥用量占 31%，每公顷用量是世界平均用量的 4 倍，每年 180 万吨的农药用量有效利用率不足 30%。

(2)农业产业化水平低，农产品竞争力不强。农业产业化是指以市场为导向，以经济效益为中心，以科技为支撑，围绕主导产业，优化组合各种生产要素，专业化生产、规模化建设、系列化加工、社会化服务、企业化管理，形成市场牵龙头、龙头带基地、基地连农户，集种养加、产供销、内外贸、农科教于一体的农业经济管理体制和运行机制。[1] 市场化是农业产业化的起点和归宿，但我国农村相对闭塞，农民受教育

〔1〕 参见 360 百科：https://baike.so.com/doc/4948960-5170234.html，最后访问日期：2018 年 12 月 2 日。

水平低,获取市场信息渠道匮乏,获取时效性市场变化及供求信息能力差,靠天吃饭,按心情生产,严重脱离市场。此外,在农业信息化进程不断推进的过程中,“龙头企业+农户”的产业化模式也暴露出一定问题,如利益分配机制不完善、农民被排除在加工和销售环节之外、农产品增值率低、市场竞争力不强等问题,应在现有基础上结合智慧农业系统进行调整和创新。

(3)农民传统农业思想根深蒂固,组织化程度低。长期以来受自给自足的小农经济以及封建等级制度的影响,农民一直处于社会底层,既缺乏表达自己利益需求的意识,也没有有效表达利益的渠道,养成了“万事靠自己”的习惯性思维,不利于其分享社会资源、参与政治生活、分担生产经营风险。计划经济体制瓦解后,农村土地开始实施家庭联产承包责任制,许多农民孤军奋战,无序地进入市场,组织化程度低,每一个农民在种植粮食方面几乎都是全能型劳动者,从生产到运输、销售独立完成;相较之下,加入农业合作组织不仅需要交管理费,自身活动受到限制,且无法直接帮助农民提高粮食产量和经济收入。因此多数农民参加农业合作组织的积极性一直不高,组织化程度低。

(三)发展智慧农业的措施

1.完善农村基础设施建设

农村基础设施建设是一项耗资巨大、收益慢但利国利民、势在必行的工程,在资金方面,应构建以国家财政支持为主、社会资本为辅的多层次筹资渠道。便利的交通,先进的水利设施、流通设施与信息化设施是发展智慧农业的物质基础,完善的农村基础设施能够加强农村与外界的联系,提高农业生产效率。通过信息化、智能化管理降低自然灾害与市场波动带来的风险,增加农民收入,盘活农村经济,但无法为投资者带来直观可见的资金流入。目前我国农村基础设施建设缺失严重,资金缺口巨大,其自身的公共服务性与非营利性导致农村基础设施建设融资难,即便采用PPP模式与社会资本的合作,也可能面临无利润或利润低的尴尬局面。因此,除了加大政府的财政补贴之外,在吸收社会资本参与进来时,要根据项目的性质、大小、难易、资金投入与盈利情况灵活采取不同的合作模式,提供稳定且持续的资金支持。

(1)加强农业基础设施建设。农业基础设施建设是发展智慧农业的基础,智慧农业依托互联网、物联网、大数据、云计算、遥感技术等对农业生产进行智能控制,水肥药自动投放,和传统农业相比,对水利设施与农业机械等基础设施提出了更高的要求。推进农田道路建设,实现农田主干道水泥化,方便农业机械进出农田,建立监督管理机制,定期进行养护与清理,严禁在农田与道路附近倾倒生活垃圾,保持道路畅通,加强水利设施建设,逐渐以滴灌、喷灌等现代化灌溉方式替代大水漫灌,大力建设集引水、排水、蓄水、灌溉等于一体的水利设施,实现节水灌溉,促进农业可持续发展。建立农业机械设备专项资金,提高农机设备购置补贴水平,增加农机设备投放量,实现精准化、智能化、科学化远程控制农业生产。

(2)加强流通设施建设。进一步推进乡村道路建设,加大财政投入,引导社会资本参与建设,形成在公共财政框架下,政府投入为主导、农民积极筹资投劳、社会力量广泛参与的多元化投资体制,解决资金问题,建立规范化、制度化的监管机制,管养并重,定期进行保养维护,做到养护管理标准化、路政管理网络化、制度管理规范化、办公管理程序化、道路管理信息化、工程管理精细化、成本管理科学化。加强农村物流基础设施建设,打通“最后一公里”,加强顶层设计与规划,根据农村地域分布状况合理布局,增加农村物流配送中心和网点,健全物流体系,节约配送成本,建设大型冷库、冷藏车等冷链基础设施,提高农产品的保鲜度。

(3)推进信息化基础设施建设。信息化是智慧农业的核心,运用物联网、互联网、云计算、大数据等实现智慧生产、智慧管理、智慧加工都离不开信息化的支持,因此必须纠正现有对其错误的认知、培养专业人才,提高农村互联网普及率和利用率,加强信息化资源开发利用力度,完善信息化管理机制,以智慧农业促进农村土地科学流转。首先,完善农村信息化建设管理机制,加强顶层设计和规划管理,在国家层面确立农村信息化建设基本框架和原则,健全相关管理制度与标准体系,在各个环节和方面制定具体的实施细则与管理制度,将其纳入规范化、制度化的轨道上来,对基层政府进行培训指导,消除认知误区,促进农村信息化建设有序开展。其次,提高农村互联网普及率与利用率,农民是农业生产经营的主体,也是发展智慧农业的根本,针对我国目前农村信息网络已经基本实现全覆盖但农村互联网普及率依然偏低的现状,基层政府应加强宣传引导与财政补贴,引导社会力量参与农村信息化建设,对还没有实现网络覆盖的偏远农村进行重点扶持,已经实现网络覆盖的农村要加速信息化基础设施的更新换代,推进农村网络的提速降费,提高互联网普及率与利用率。最后,提高农村信息化资源的开发利用力度,建立起包括农村信息需求调研系统、农村信息采集系统、农村信息处理系统在内的健全的农村信息资源建设体系,[1]提高信息资源供给水平,加强涉农网站、数据库的建设,鼓励高校与企业参与农村信息化产品的研发与创新,提高科研转化度。

2. 培养新型智慧人才

(1)加强农业信息化人才队伍建设。农业信息化人才是实现智慧农业的关键,对于解决“三农”问题和推进社会主义新农村建设具有重要意义,必须对此给予高度重视。首先,各级政府必须加强对信息化人才队伍建设的重视,加强宣传,通过一系列优惠政策如财政补贴、科研奖励等吸引各大高校、科研院所、农业推广中心等单位开设农业信息化专业,培养农业信息化人才,形成合力。其次,完善农业信息化人才

---

〔1〕 张玉香:《农业信息化理论与实践》,中国农业出版社2005年版。

知识结构，培养复合型人才。目前，高校教育依然我国人才储备的重要来源，农业高职院校应抓住机遇，明确农业信息化人才的培养目标，开设完善的农业信息化人才课程系统，将农业、信息等学科内容进行融合，交叉教学，建立实训基地，积极开展校企合作，做到理论与实践相结合、产学研相结合，提高学生的知识储备与实务操作、创新能力。最后，通过一系列的优惠政策引导农业信息化人才向农村流动，提高工资待遇，改善工作环境，加强对现有基层工作人员的信息化培训，依托高校、科研院所建立培训基地，邀请有关专家进行定期培训，建立考核评价机制，调动基层工作者的学习热情，为农业信息化提供长期稳定的智力支持。

（2）加强智慧农民队伍建设。智慧农业的主体是智慧农民，通过理论讲授、实践指导、传播教育等多种培训方式和途径相结合，加强农民职业教育培训，提高农民的文化素养与信息化能力，使其能够更好地参与到智慧农业生产经营当中去。目前，很多农村地区都开展了农民职业教育培训，但多流于形式，农民参与培训积极性低，培训内容针对性、实用性低，很难满足智慧农业对农民主体提出的新要求。首先，要加强理论培训，提高农民的文化素养。以村为单位建立村民学校，向农民灌输终身学习的重要性，加强师资队伍建设，根据农民学历水平分层次教学，着重消除文盲现象，也可设立农民互帮互助小组，由文化水平较高的村民对其进行帮扶，提高其文化素养，增强学习能力。其次，要加强实践指导，提高农民的信息化能力。智慧农业实现了从生产、加工、销售、运输环节的全网化，农民通过服务平台足不出户便可知道农地生产状况，投放水肥，若不具备必要的信息化能力，则智慧生产无从谈起，寸步难行。要普及计算机基础知识和网络应用，针对如何使用农业智慧服务平台进行重点培训，使农民能够将其为我所用。

3. 转变传统农业生产经营方式

近年来，我国农地流转取得了可喜成绩，但流转后的耕地利用情况却差强人意，由于前期预算失误或进行农业生产效益极低甚至亏损，许多地区出现了大面积的耕地撂荒现象，而智慧农业依托物联网、云计算、大数据、遥感技术、3S 技术等实现农业生产经营全程精准化、高效化、绿色化，将大大减少因传统农业生产经营带来的成本和资源消耗，是推动农地科学流转、实现规模经营的重要手段。

通过智慧农业，将农田、养殖场所和周边的生态环境视为整体，利用现代技术对能量循环进行精确严密计算，实时监测农业生产的能量消耗与污染物排放，不超出农业生态环境可承受的限度；同时，科学处理动物粪便，以有机肥减少化肥使用量，促进资源循环利用，实现绿色化生产。利用物联网技术收集农业生产参数，构建智能化农作物环境和过程实时监测、智能预警、远程精准调控的农业生产管理系统，对温度、湿度、光照、土壤水分、肥力等数据进行监测汇总，实现精准灌溉、精准施肥、精准用药，避免滥用农药化肥情况出现，合理利用农业资源，减少浪费和污染，促进可持续发展，既要保护绿水青山，又要创造金山银山。

通过智慧农业，推进绿色食品建设，利用 RFID、无线射频、二维码等识别技术，建立农产品溯源系统，实现农产品从种植、加工、运输、销售等各个环节的全流程化动态监管体系。建立农产品档案，完善信息登记，包括作物的基本信息、农药化肥记录等，建立农产品质量和食品安全信息平台，建立网站和手机 APP 等多种查询方式，保障消费者能够方便快捷地查询到该农产品从农田到餐桌的所有溯源信息。

通过智慧农业，提高农业产业化水平，积极引导龙头企业入驻农村，鼓励支持种植大户、家庭农场、农民专业合作社等新型农业经营主体强强联合，促进第一、二、三产业融合发展，实现农地、劳动、资本、技术要素等资源优化配置，提高农业产业化水平，增强农产品市场竞争力，实现农产品特色化、专业化、标准化生产。

通过智慧农业，完善智慧农业信息服务体系，利用大数据和云计算技术对农业数据进行采集处理，主要包括农业市场、农业科技、农业金融等实时信息，帮助农民方便快捷地了解市场动向及农产品价格，为农民的生产经营活动提供建议，提高决策水平，抵御自然灾害与市场波动带来的风险，提高农产品收益率。完善农业科技服务体系，使农业主体摆脱地域限制，在网上即可进行学习农业科技知识。建立专家指导咨询系统，为农民答疑解惑，指导农业科学化生产经营，提高农业科技化水平，以智慧化生产经营代替单纯依靠经验的传统农业生产经营模式。

参 考 文 献

一、著作类

1.《马克思恩格斯全集》(第4卷),人民出版社1965年版。

2. 习近平:《决胜全面建成小康社会　夺取新时代中国特色社会主义伟大胜利——在中国共产党第十九次全国代表大会上的报告》,人民出版社2017年版。

3. 杨遂全:《民商法争鸣》(第7辑),法律出版社2014年版。

4. 黄季焜等:《中国的农地制度、农地流转和农地投资》,格致出版社、上海三联书店、上海人民出版社2012年版。

5. 梁慧星:《物权法总论》(第5版),法律出版社2010年版。

6. 洪名勇:《马克思土地产权制度理论研究——兼论中国农地产权制度改革与创新》,人民出版社2011年版。

7. 陈犟:《土地银行学》,三联书店上海分店1996年版。

8. 李昌麒:《中国农村法治发展研究》,人民出版社2006年版。

9. 蒲坚:《解放土地——新一轮土地信托化改革》,中信出版社2014年版。

10. 余辉:《英国信托法:起源、发展及其影响》,清华大学出版社2007年版。

11. 柴振国:《农村土地承包经营权出资中若干法律问题研究》,中国检察出版社2011年版。

12. 范兰礼:《农村土地流转评估与规划》,中国农业科技学院出版社2011年版。

13. 郭洁:《土地资源保护与民事立法研究》,法律出版社2010年版。

14. 李炳坤编著:《工农业产品价格剪刀差问题》,农业出版社1981年版。

15. 林毓铭:《社会保障与政府职能研究》,人民出版社2008年版。

16. 陆道平、钟伟军:《农村土地流转中的地方政府与农民互动机制研究》,清华大学出版社2012年版。

17. 张玉香:《农业信息化理论与实践》,中国农业出版社2005年版。

18. 柴振国等:《农民财产权视阈下的农地经营权流转制度创新》,中国检察出版社2017年版。

19. 王利明:《物权法论》,中国政法大学出版社2003年版。

20. 高海燕:《二十世纪中国土地制度变迁》,法律出版社2015年版。

21. 曾庆芬:《土地承包经营权流转新趋势下农地金融问题研究》,中国农业出版社2011年版。

22. 屈茂辉等:《合作社法律制度研究》,中国工商出版社2007年版。

23. [日]三菱日联信托银行编著:《信托法务与实务》,张军建译,中国财经经济出版社2010年版。

24. Douglass C. North. Institutions, *Institutional Change and Economic Performance*, Cambridge, Cambridge University Press, 1990.

25. Commission on Legal Empowerment of the Poor, *Making the Law Work for Everyone*, Vol. Ⅱ, *Working Group Reports*, New York: UNDP, 2008.

二、论文类

1. 冉昊:《“时代正当性”与我国叠代发展下的财产法律建设》,载《法治现代化研究》2017年第4期。

2. 张红宇:《农村土地“三权分置”政策解读》,载《领导科学论坛》2017年第4期。

3. 高帆:《农村土地承包关系长久不变的内涵、外延及实施条件》,载《南京社会科学》2015年第11期。

4. 耿卓:《农地三权分置改革中土地经营权的法理反思与制度回应》,载《法学家》2017年第5期。

5. 陈小君:《我国农村土地法律制度变革的思路与框架——十八届三中全会〈决定〉相关内容解读》,载《法学研究》2014年第4期。

6. 马俊驹、丁晓强:《农村集体土地所有权的分解与保留——论农地“三权分置”的法律构造》,载《法律科学》(西北政法大学学报)2017年第3期。

7. 丁文:《论“三权分置”中的土地承包权》,载《法商研究》2017年第3期。

8. 潘俊:《新型农地产权权能构造——基于农村土地所有权、承包权和经营权的权利体系》,载《求实》2015年第3期。

9. 杨青贵:《集体土地所有权实现的困境及其出路》,载《现代法学》2015年第5期。

10. 申惠文:《法学视角中的农村土地三权分离改革》,载《中国土地科学》2015年第3期。

11. 孙宪忠:《推进农村土地“三权分置”需要解决的法律认识问题》,载《党政视野》2016年第2期。

12. 肖鹏:《农村土地“三权分置”下的土地承包权初探》,载《中国农业大学学报》(社会科学版)2017年第1期。

13. 陶钟太朗、杨遂全:《农村土地经营权认知与物权塑造——从既有法制到未来立法》，载《南京农业大学学报》(社会科学版)2015 年第 2 期。

14. 刘恒科：《“三权分置”下集体土地所有权的功能转向与权能重构》，载《南京农业大学学报》(社会科学版)2017 年第 2 期。

15. 刘兆军、李松泽：《“三权分置”权利关系下的农地流转方式研究》，载《学习与探索》2018 年第 2 期。

16. 周冰、靳涛：《青木昌彦的制度观与制度演化的进化博弈思想评析》，载《江苏社会科学》2004 年第 3 期。

17. 高飞：《农村土地“三权分置”的法理阐释与制度意蕴》，载《法学研究》2016 年第 3 期。

18. 韩松：《论农民集体土地所有权的管理权能》，载《中国法学》2016 年第 2 期。

19. 高圣平：《农地三权分置视野下土地承包权的重构》，载《法学家》2017 年第 5 期。

20. 潘俊：《农村土地“三权分置”：权利内容与风险防范》，载《中州学刊》2014 年第 11 期。

21. 李中、洪必纲：《中西部地区农村土地流转过程中的风险研究》，载《经济纵横》2012 年第 6 期。

22. 黄河：《论我国农业补贴法律制度的构建》，载《法律科学》2007 年第 1 期。

23. 单平基：《“三权分置”理论反思与土地承包经营权困境的解决路径》，载《法学》2016 年第 9 期。

24. 刘征峰：《农地“三权分置”改革的私法逻辑》，载《西北农林科技大学学报》(社会科学版)2015 年第 5 期。

25. 孙宪忠：《推进农地三权分置经营模式的立法研究》，载《中国社会科学》2016 年第 7 期。

26. 冀县卿、钱忠好、葛轶凡：《如何发挥农业补贴促进农户参与农地流转的靶向作用——基于江苏、广西、湖北、黑龙江的调查数据》，载《农业经济问题》2015 年第 5 期。

27. 杨雪、王永聪：《当前我国农村土地金融研究述评》，载《西南金融》2013 年第 11 期。

28. 杜志雄、惠超：《发挥金融对推进乡村振兴战略的支撑作用》，载《农村金融研究》2018 年第 2 期。

29. 高之岩：《基于博弈的我国农户融资机制比较研究》，载《现代财经》2013 年第 2 期。

30. 高圣平：《农地金融化的法律困境及出路》，载《中国社会科学》2014 年第 8 期。

31. 何欣、蒋涛、郭良燕、甘犁:《中国农地流转市场的发展与农户流转农地行为研究——基于2013~2015年29省的农户调查数据》,载《管理世界》2016年第6期。

32. 速韬、朱斌、李体欣:《美日农地金融制度对我国的启示》,载《浙江金融》2014年第6期。

33. 邱蓉、代慧琴:《对地租理论的思考》,载《安徽农业科学》2011年第9期。

34. 刘湘勤、龙海雯:《金融创新与金融结构变迁的演化论解释》,载《人文杂志》2007年第5期。

35. 罗剑朝、庸晖、庞玺成:《农地抵押融资运行模式国际比较及其启示》,载《中国农村经济》2015年第3期。

36. 毛飞、孔祥智:《农地规模化流转的制约因素分析》,载《农业技术经济》2012年第4期。

37. 赵海林:《论农村产权对农村社会保障制度的影响》,载《农村经济》2005年第1期。

38. 孙月蓉、代晨:《中国农地资本化流转风险分析》,载《经济问题》2015年第5期。

39. 李同彬:《农户的融资需求与农村金融的有效供给》,载《理论探讨》2011年第6期。

40. 赵忠世:《关于农地金融问题的几点思考》,载《农村金融研究》2017年第2期。

41. 韩莉:《发展我国农地金融的现实障碍及对策探讨》,载《商业经济》2014年第12期。

42. 梁发超:《农地承包经营权流转模式探讨》,载《西北农林科技大学学报》(社会科学版)2016年第1期。

43. 谢根成、付露露:《农村土地承包经营权信托的必要性与可行性分析》,载《农村经济》2011年第9期。

44. 王铁:《建立农村土地银行的战略构想》,载《管理世界》2008年第11期。

45. 冯子标、王建功:《以土地银行主导农地使用权流转》,载《当代经济研究》2009年第11期。

46. 王乐、夏显力:《杨凌区“土地银行”实践运作及其满意度测评》,载《中国土地科学》2012年第10期。

47. 綦磊、杨绎:《我国土地银行的法律制度构建研究》,载《江西社会科学》2016年第12期。

48. 刘玲玲:《〈中国农村金融发展研究〉调研报告综述》,载《甘肃金融》2009年第11期。

49. 柴振国、盖格:《农村土地流转保险法律制度探讨》,载《河北法学》2016 年第 8 期。

50. 郑长博:《新农村建设中关于农村土地证券化的探讨》,载《特区经济》2008 年第 8 期。

51. 于丽红、池丽旭:《农地融资模式创新》,载《农村经济》2015 年第 8 期。

52. 李停:《我国土地信托模式的选择与实践》,载《华南农业大学学报》(社会科学版)2017 年第 4 期。

53. 周小全、白江涛:《农地金融化机制设计与制度安排研究综述》,载《金融理论与实践》2017 年第 6 期。

54. 文杰:《土地信托制度:农地承包经营权流转机制的创新》,载《商业研究》2009 年第 7 期。

55. 马义华:《农村土地产权流转制度的缺陷与农地证券化选择》,载《改革与战略》2011 年第 2 期。

56. 张周国:《借鉴德美经验发展中国农村土地银行》,载《世界农业》2015 年第 3 期。

57. 左停、周智炜:《建立国家农村土地银行,实现农地公共政策目标》,载《北京社会科学》2014 年第 1 期。

58. 杨成章:《西部贫困地区成立农村土地银行的可行性研究》,载《财政研究》2014 年第 10 期。

59. 张坤、胡建:《农村土地抵押中的风险释缓:域外比较与中国实践》,载《河北法学》2017 年第 8 期。

60. 李蕊:《中国土地银行农地融资制度构建之权衡》,载《政法论坛》2014 年第 4 期。

61. 阮小莉、彭嫦燕:《农地流转与农村土地银行互动持续发展模式探析——基于四川省彭州市土地银行实践》,载《农业经济问题》2014 年第 6 期。

62. 郭骊、陈少强、孙艳丽:《论建立中国特色社会土地银行》,载《中央财经大学学报》2010 年第 4 期。

63. 刘贵斌、吴变兰:《"土地银行"实践——晋中左权个案》,载《中国金融》2014 年 12 月。

64. 刘桂贤、刘庆芳、马慧肖:《发达国家土地银行经营管理的经验借鉴》,载《改革与战略》2018 年第 1 期。

65. 朱大旗、李蕊:《论我国土地银行制度的构建》,载《法学杂志》2016 年第 7 期。

66. 徐药、李欣婷:《我国农村金融发展的困境与突破》,载《宏观经济管理》2013

年第10期。

67. 张新生:《国外涉农保险法律制度的实践及启示》,载《河北法学》2012年第9期。

68. 苏玉娥:《国际视角下我国农地流转风险防范研究》,载《南昌大学学报》(人文社会科学版)2018年第1期。

69. 王德宝、王国军:《我国农业保险的发展成就、存在问题及对策建议》,载《上海保险》2014年第6期。

70. 牛浩、陈盛伟:《农业保险与农村信贷合作产品研究》,载《保险研究》2014年第12期。

71. 段月萍、贾金荣:《基于农业产业化的政策性农业保险模式初探》,载《广东农业科学》2009年第7期。

72. 李媛媛:《我国农业保险立法模式重构困境及其突破路径》,载《法商研究》2017年第2期。

73. 张祖荣、王国军:《农业保险财政补贴效用研究述评》,载《江西财经大学学报》2016年第4期。

74. 刘素春、智迪迪:《农业保险与农业信贷耦合协调发展研究——以山东省为例》,载《保险研究》2017年第2期。

75. 林志勇:《抓住三农保险的历史性机遇》,载《农业与农村发展》2013年第5期。

76. 王德宝、王国军:《我国农业保险的发展成就、存在问题及对策建议》,载《上海保险》2014年第6期。

77. 王国军、王冬妮、陈璨:《我国农业保险不对称信息实证研究》,载《保险研究》2017年第1期。

78. 宋志红:《土地承包经营权入股的法律性质辨析》,载《法学杂志》2010年第5期。

79. 高海、欧阳仁根:《农地承包经营权权利属性的跨越与流转障碍的克服——以民法用益物权向经济法权利的跨越为路径》,载《南京农业大学学报》(社会科学版)2010年第2期。

80. 栾谨崇:《规模化经营下的农业微观组织的演变与选择》,载《理论探讨》2013年第5期。

81. 韩文龙、刘灿:《农民土地财产权的内涵及实现机制选择——基于案例的比较分析》,载《社会科学研究》2013年第4期。

82. 林乐芬、李伟:《农地股份合作组织发育与内部依存性实证分析——基于40个农地股份合作社的问卷调查》,载《学海》2015年第2期。

83. 孙亚范、余海鹏:《农民专业合作社成员合作意愿及影响因素分析》,载《中国农村经济》2012 年第 6 期。

84. 米新丽、姚梦:《农村土地承包经营出资法律问题研究》,载《法学杂志》2010 年第 12 期。

85. 徐小平:《中国现代农业合作社法律制度研究》,西南政法大学 2007 年博士学位论文。

86. 郭晓鸣、廖祖君:《加强风险防范完善农地流转机制》,载《中国社会科学报》2011 年第 10 期。

87. 黄宗智:《十字路口的农民合作组织》,载《改革内参》2009 年第 33 期。

88. 陈幸德、高瞩:《浙江省农村土地股份制改革的现状与对策》,载《浙江国土资源》2013 年第 6 期。

89. 主力军:《股份合作制企业的法律适用问题研究——从一则股份合作企业的股份转让协议效力纠纷案切入》,载《政治与法律》2011 年第 12 期。

90. 张询书:《农村土地承包经营权入股的风险问题分析》,载《乡镇经济》2008 年第 1 期。

91. 高海、刘红:《劳务出资对土地承包经营权入股合作社的启迪——基于重庆、浙江等地方性文件的样本分析》,载《农业经济问题》2010 年第 11 期。

92. 吴玉萍:《土地承包经营权流转中存在的问题与法律建议》,载《政法论丛》2005 年第 1 期。

93. 陈小君、戴威:《对"集体土地上建公租房"政策的法律思考》,载《法律科学》2012 年第 3 期。

94. 姜雪莲:《农村土地承包经营权流转信托的法律问题——以中信安徽宿州农村农地经营权信托为中心》,载《北方法学》2014 年第 4 期。

95. 庞亮:《构建我国农村土地信托制度的法律思考》,载《科学社会主义》2012 年第 5 期。

96. 莫春兰:《基于实物期权理论的农村土地经营权评估探讨》,载《广西经济管理干部学院学报》2016 年第 2 期。

97. 辜寄蓉等:《完善农地流转价格评估体系的思考》,载《中国国土资源经济》2017 年第 10 期。

98. 赵金颖等:《威廉姆森分析范式下农地经营权抵押贷款问题研究——以山东枣庄为例》,载《国土与自然资源研究》2016 年第 1 期。

99. 葛庆敏等:《农村社会保障体系建设中的政府角色及其实现的法制保障》,载《现代法学》2011 年第 6 期。

100. 张心田:《我国城乡社会保障有哪些差异,如何统一》,载《保障论坛》2017

年第 6 期。

101. 宋立:《政府事权、财权划分问题研究》,载《经济要参》2005 年第 38 期。

102. 潘怀明等:《贵阳市社会保障制度城乡一体化的平行对接问题研究》,载《贵州财经学院学报》2011 年第 4 期。

103. 张晓娟等:《我国农村土地经营权流转障碍因素及政策启示》,载《财经理论研究》2016 年第 5 期。

104. 杨建海:《“三权分置”背景下土地养老的信托模式研究》,载《中国软科学》2018 年第 2 期。

105. 范怀超等:《我国农地流转中地方政府职能重塑探析》,载《西华师范大学学报》2017 年第 1 期。

106. 沈费伟等:《政府在乡村治理中的角色分析》,载《长白学刊》2016 年第 5 期。

107. 李功奎等:《农地细碎化、劳动力利用与农民收入——基于江苏省经济欠发达地区的实证研究》,载《中国农村经济》2006 年第 4 期。

108. 白学峰等:《中国农业机械化现状与发展模式研究》,载《农机化研究》2017 年第 10 期。

109. 邹蕴涵:《我国农村基础设施建设现状及存在的主要问题》,载《财经界》2018 年第 1 期。

110. 胡杨名:《城乡统筹发展背景下农村信息化建设问题研究》,载《江西社会科学》2016 年第 2 期。

111. F. W. Maitland, Selected Essays (H. D. Hazeltine, G. Lapsley and P. H. Winfield eds.), Cambridge, Cambridge University Press, 1936.

112. Douglass C. North, “Institutions, Transaction Costs and Economic Growth”, *Economic Inquiry* 1987(7).

图书在版编目(CIP)数据

"三权分置"下农地金融创新的制度研究 / 柴振国等著. -- 北京 : 法律出版社, 2019
ISBN 978 -7 -5197 -3257 -8

Ⅰ. ①三… Ⅱ. ①柴… Ⅲ. ①农业用地-农村金融-金融制度-研究-中国 Ⅳ. ①F832.35

中国版本图书馆 CIP 数据核字(2019)第 044109 号

"三权分置"下农地金融创新的制度研究
"SANQUAN FENZHI" XIA NONGDI JINRONG CHUANGXIN DE ZHIDU YANJIU

柴振国 等著

策划编辑 沈小英 马丽娟
责任编辑 马丽娟
装帧设计 李 瞻

出版 法律出版社
总发行 中国法律图书有限公司
经销 新华书店
印刷 北京虎彩文化传播有限公司
责任校对 晁明慧
责任印制 吕亚莉
编辑统筹 法治与经济出版分社
开本 710 毫米×1000 毫米 1/16
印张 12.25
字数 252 千
版本 2019 年 4 月第 1 版
印次 2019 年 4 月第 1 次印刷

法律出版社/北京市丰台区莲花池西里 7 号(100073)
网址/www.lawpress.com.cn
投稿邮箱/info@lawpress.com.cn
举报维权邮箱/jbwq@lawpress.com.cn
销售热线/010-83938336
咨询电话/010-63939796

中国法律图书有限公司/北京市丰台区莲花池西里 7 号(100073)
全国各地中法图分、子公司销售电话:
统一销售客服/400-660-6393
第一法律书店/010-83938334/8335
西安分公司/029-85330678
重庆分公司/023-67453036
上海分公司/021-62071639/1636
深圳分公司/0755-83072995

书号:ISBN 978-7-5197-3257-8
定价:68.00 元